第二版前言

管理审计的萌芽可追溯到1875年的德国克虏伯公司，真正意义上的管理审计孕育于20世纪30年代。从那个时代算起，迄今为止，管理审计已有80多年的历史。

新中国的审计制度是从1983年恢复的，大多数的内部审计是在政府部门的推动下建立起来的。到了21世纪，政府审计机关提出内部审计行业要自律发展，政府审计则从经济效益审计走向了绩效审计之路，内部审计则走向了自律发展之路。至于民间审计，它在管理审计方面发挥的作用较少。

本书的目的是以管理审计技术为重点，对与管理审计技术相关的理论、原理、操作及应用做全面且深入的阐述。本书由郑石桥主编，各章具体分工如下：第一章至第四章，郑石桥；第五章和第九章，刘雷；第六章和第八章，陈丹萍；第七章，殷丽丽；第十章和第十三章，李乾文；第十一章和第十二章，肖久灵；第十四章至第十六章，李昆。

管理审计涉及的面较广，本书对管理审计相关知识的介绍只是体现了我们对管理审计的理解，这种理解可能存在不当之处，敬请读者指正。

郑石桥

2016年11月

目 录

第一篇

理论篇

本篇对管理审计技术相关理论做一简要介绍，主要包括以下内容：（1）管理审计概述，主要内容包括国外管理审计的产生和发展，我国管理审计的产生和发展，管理审计的本质，管理审计的原因和目标，管理审计的内容和范围。（2）管理审计模式，介绍管理审计模式的概念及不同的管理审计模式分类体系，在此基础上，对主要的管理审计模式做较详细的介绍，其主要内容包括管理审计模式概述，结果导向审计模式、过程导向审计模式和问题导向审计模式，业务导向审计模式、管理导向审计模式和风险导向审计模式，治理服务型审计模式和管理服务型审计模式，独立型审计模式和结合型审计模式，管理审计取证思路。

第一章

管理审计概述

主要知识点

本章对管理审计做一简要介绍，主要内容包括：国外管理审计的产生和发展；我国管理审计的产生和发展；管理审计的本质；管理审计的原因和目标；管理审计的内容和范围。需要说明的是，由于在审计发展的历史上，经营审计、管理审计、绩效审计、经济效益审计等概念在有些时候有区别，而在很多场合经常具有同等意义，所以，本章关于管理审计产生和发展的历史，不区分这些概念。本章的其他内容中则区分上述概念。

关键概念

管理审计；经营审计；绩效审计；效益审计；内向型管理审计；外向型管理审计

第一节　国外管理审计的产生和发展

管理审计的萌芽可追溯到19世纪下半叶和20世纪初。1875年，德国克虏伯公司审计手册中有如下规定：审计售货员要确定法律、合约和程序是否被适当遵守，企业的各项交易是否按既定的方针执行，是否成功，关于这些方面，审计人员要就现在各项措施和程序提出改进建议，就交易合约进行评价并提出改进建议。1919年，美国一家铁路公司和内部审计人员对餐车进行审计，报告了餐车的低效、浪费和欺诈问题。上述两个例子显然是管理审计。然而，大多数人认为，上述例子只是特例，真正意义上的管理审计孕育于20世纪30年代。从那个时代算起，迄今为止，管理审计已有80多年的历史，在其发展过程中取得了许多的成就，也碰到许多的障碍。管理职业界、政府审计界、内部审计界和民间审计界共同推动着管理审计的发展。总的来说，20世纪60年代以前，是管理审计的起步探索阶段，各方力量从管理审计实务和管理审计理论来探索管理审计，但是，管理审计总体上仍处于不规范和无准则的状态。20世纪60年代以后，管理审计进入发展完善阶段，朝着准则化和规范化方向发展。

一、管理审计发展的推动力量

哪些力量推动了管理审计理论和实务的发展，职业界及学术界对此认识不一。美国的戴尔·弗莱谢（Dale L.Flesher）和斯图尔特·西沃特（Stewart Siewert）教授认为，管理审计的概念出现于20世纪30年代，推动管理审计理论和实务发展的有三股力量：政府审计、管理职业界和内部审计。就美国当时的情况而言，这三股力量是：科尔曼·安德鲁斯（T.Coleman Andrews）领导下的美国审计总署（GAO）；杰克逊·马丁德尔（Jackson Martindell）领导下的美国管理协会（AMA）；J.B.舍斯顿（John B.Thurston）领导下的国际内部审计师协会（IIA）。

日本的松田修一教授认为，推动管理审计理论和实务发展的有三股力量：内部审计、政府审计和审计委员会。他强调了审计委员会的作用，但未考虑管理职业界的作用。

从上述内容可以看出，政府审计、管理职业界和内部审计作为推动管理审计理论和实务发展的力量是得到了承认的。但是，AICPA所发布的有关管理审计的各种文告，说明民间审计对管理审计理论和实务的发展也发挥了重要作用，这一点也是不容忽视的。所以，总的来说，推动管理审计理论和实务发展的力量是：管理职业界、内部审计界、政府审计界、民间审计。

二、管理审计的起步探索阶段

明确了管理审计发展的推动力量之后，我们对管理审计的发展历史做一个简要回顾。总的来说，管理审计自20世纪30年代出现以来，迄今为止的发展历史，大致可以分为两个阶段：管理审计的起步探索阶段与管理审计的发展完善阶段。20世纪60年代以前，是管理审计的起步探索阶段，各方力量从管理审计实务和管理审计理论来探索管理审计。但是，管理审计总体上仍处于不规范和无准则的状态。

（一）管理职业界的贡献

总的来说，在这一阶段，管理职业界的贡献主要表现在两个方面：一是创造性地开拓了管理审计；二是对管理审计的内容、评价标准和审计方法做了一定的探索。管理职业界对管理审计的探索主要表现在詹姆斯·麦金西（James O. McKinsey）等人对管理审计实务的倡导和实践以及罗斯（T.G.Ross）等人对管理审计理论的探索。

1.管理审计实务的倡导和实践

美国的詹姆斯·麦金西在20世纪30年代创造性地主张应对企业定期实行战略管理审计，即按照企业现在和未来的环境对企业的各个方面作出评价。这种管理审计，通常是二至五年进行一次，主要内容包括三个方面：首先，研究市场趋势、技术发展和政治及社会环境对企业所在行业的影响，以此来判断企业外部环境的未来状况；其次，将企业和整个行业结合分析，研究企业未来在行业中的地位；最后，在以上两步的基础上，审视企业的目标、政策、规划、人事及财务状况等，完成从总体到个体的全面分析与评价。

2.管理审计理论的探索

（1）罗斯的《管理审计》。1932年，英国机械工程师协会、生产工程师协会和英国管理协会三大协会成员，管理专家罗斯（T.G.Ross）撰写了一部题为《管理审计》的书，这是探讨管理审计的第一部著作。他在长期的技术和管理实践中逐渐产生了用“效率”来计量管理的思想，他认为，应将企业划分为若干个职责不同的部门，并建立用效率来衡量的程序。他认为，一个具有15年以上工作经验并且有管理才能的管理者应能像接受过良好训练的会计师审查会计记录那样，来评价每一个职能部门的效率和成绩。由此可见，罗斯所倡导的管理审计是以职能部门评价和成绩评价为核心的管理审计。

（2）大都会人寿保险公司的《管理审计概论》。1940年，在罗斯的著作和思想的影响下，大都会人寿保险公司编辑出版了《管理审计概论》这本实务指南，这本书对罗斯的著作有所发展，但总体上来说，其仍然是罗斯《管理审计》的翻版。

（3）霍华德·本尼迪克（Howard G.Benedict）的《管理标准》（Yardsticks of Management）。1948年，霍华德·本尼迪克撰写的《管理标准》由纽约管理图书公司出版，他设计了由九大部分组成的问题式调查表让被审计单位来回答，并希望通过因素分析来评价管理工作。

（4）杰克逊·马丁德尔的《对管理的科学评价》。1950年，杰克逊·马丁德尔出版了《对管理的科学评价》一书，这是继罗斯之后，严肃探讨管理审计的第二部著作。在这本著作中，他系统地阐述了管理评价问题，特别注重评价标准和评价方法。杰克逊·马丁德尔在书中提出了如下十项评价标准：经济功能（就公司向社会提供的商品和服务的有用性以及它们对国民经济的贡献进行评价）；组织结构（评价组织设计的总体效率和效果）；收益的健康状况（评价公司收益的数量、质量、稳定性以及与同行业相似企业的比较情况）；对股东的服务（评价投资安全性、资本增长率和合理分红情况）；研究与发展（评价公司研究与发展的实际情况）；董事评价（就每位董事的正直性、责任履行情况、所提供的价值及整个董事会的努力程度进行评价）；财务政策（就公司的财务结构和财务政策的执行以及对长短期经营目标实现的控制进行评价）；生产效率（从维持公司竞争地位出发来评价公司的生产效率）；销售组织（评价公司为销售所作出的努力及其效率，评价公司挖掘销售潜力的能力）；对经理人的评价（评价经理的能力、勤勉和正直性）。

杰克逊·马丁德尔在书中提出的评价方法如下：通过具体的访谈，就上述十个领域的成绩各自打分，加总起来就是公司的总分数；将本公司的总分数与行业标准或以往业绩相比较，即可判断公司管理能力的优劣。

（二）内部审计界的贡献

内部审计界的贡献主要表现在两个方面：一是对管理审计重要性的认识；二是对管理审计理论的探索。

1.对管理审计重要性的认识

内部审计界对管理审计重要性的认识是不断加深的，经历了“附录”与并驾齐驱两个阶段。1947年7月15日，IIA发布了具有里程碑性质的第1号“内部审计师责任说明书”（Statement of Responsibilities of the Internal Auditor，SRIA），SRIA NO.1认为，内部审计是“在组织内部检查会计、财务以及其他业务，从而向管理层提供防护性和建设性服务的独立评价活动。它主要涉及会计和财务事项，但也可以适当地涉及业务性质的事项”。

这一定义清楚地说明内部审计师可以从事经营审计，只不过是经营审计经常出现在财务审计的“附录”中，所以，人们将这一阶段称为经营审计的“附录”阶段。

1957年，IIA修改了“内部审计师责任说明书（SRIA）”，SRIA NO.2将内部审计定义为:“在组织内部检查会计、财务及其他业务，以向管理层提供服务的独立性评价。”内部审计是一种综合审计，它应该做到以下各个方面：检查评价会计、财务及业务控制的健全性、充分性和适用性；查明所定方针、计划和程序的遵循程度；查明公司正确保护资产和防止损失的程度；查明组织内部的会计及其他数据的可靠程度；评价完成本职工作的情况。

与1947年的SRIA相比，1957年的SRIA并未把经营审计放在从属地位，而是将经营审计与财务审计等同视之。

2.对管理审计理论的探索

20世纪50年代中期以前，管理审计文献大多由管理专家撰写，20世纪50年代中期开始，内部审计界对管理审计的研究已占据各领域之首。1954年6月，汉密尔顿（W.A.Hamilton）在《内部审计师》杂志上发表了《经营业绩评价》一文，阐明了财务审计向管理审计的延伸。

1954年7月，弗雷德里克·明茨（Frederic E.Mints）在《内部审计师》杂志上发表了与阿琨·肯特（Arthur H.Kent）共同商讨后的论文，该文题为《经营审计》，它研讨了超越传统财务审计的审计。这篇文章发表之后，引发了数百篇关于这一论题的论文。所以，明茨和肯特的论文是这一时期推动管理审计发展的代表作。1958年，IIA将其17届年会的论文汇集出版，名为《经营审计》，同时，IIA在其审计准则中正式使用“经营审计”一词，这一事件被列为审计发展史上的17件大事之一。

（三）政府审计界的贡献

就在管理职业界和内部审计界大张旗鼓地发展管理审计的同时，政府审计界也加入了这一领域。1945年，美国国会通过了《政府公司控制法》，它要求GAO按照民间审计的原则和程序来审计政府公司，在审查财务报表和内部控制的同时，还要对公司是否按照既定目标有效经营进行判断。1945年，GAO成立了公司审计部，科尔曼·安德鲁斯负责这一部门的工作，他按照《政府公司控制法》的要求设计了比通行的私营公司审计要广泛得多的政府公司审计方案，也即后来的综合审计。科尔曼·安德鲁斯对政府公司的财务审计和管理审计所作出的贡献得到了各界的普遍称赞，AICPA在1947年授予他金质奖章，戴乐·弗莱谢教授说，正是由于科尔曼·安德鲁斯的努力和杰出的工作成绩，使GAO成为国会的左膀右臂。

（四）民间审计界的贡献

20世纪50年代，正当管理职业界、内部审计界和政府审计界大力发展管理审计的时候，民间审计界正大张旗鼓地宣传和实施管理服务，虽然管理服务不同于管理审计，但二者的相似之处很多，主要的事项包括：（1）1953年，AICPA成立了管理服务委员会，专门负责组织和推动管理服务业务。（2）1953年，马奎斯·伊登（Marpuis Eaton）在协会编辑的《CPA手册》中，专章介绍了“作为企业咨询师的CPA”，就CPA咨询发展的理论和实践做了全面的分析。（3）1956年，AICPA的管理服务委员会发布了第一个公告，即“CPA从事管理服务的类型”，这份公告标志着CPA职业开始有组织地拓展鉴证职能，有组织地将CPA由单纯审计财务报表推向集审查财务报表和管理活动于一体的综合审计。公告发布以后，CPA职业界纷纷就此发表意见，AICPA的研究部专门将这些意见整理编辑成《关于CPA履行管理服务的调查》，这些意见得出的结论是，公告中的管理服务事实上已包括了企业经营中的全部活动：综合管理、财务、生产、销售、行政管理、采购、交通和运输、人事、研究与发展。（4）管理服务委员会的第一个公告发布一年之后，其又发布了第二个公告，就管理服务的相关问题做了进一步的解释和说明，这些问题主要包括：独立性与管理服务可否相容；CPA的专业能力；会计公司合伙人及其工作人员的数量和背景。

三、管理审计的发展完善阶段

20世纪60年代以后，管理审计进入发展完善阶段，朝着准则化和规范化的方向发展。

（一）管理职业界的贡献

管理职业界的贡献主要表现在公用事业管理审计的开拓和一般管理审计的理论完善。

1.公用事业管理审计的开拓

（1）公用事业管理审计的原因。

20世纪60年代以后，管理职业界的重点转向公用事业管理审计。这其中的主要原因是公用事业的表现和社会公众的希望相距较远，人们指望通过管理审计来提高公用事业的效率和效果，公司希望通过管理审计来改进管理系统；公用事业管制委员会希望通过管理审计来确保公用事业的效率；社会公众希望通过管理审计来改进管理系统；投资者希望通过管理审计来获得最大资本报酬率。

（2）霍华德·戈林鲍姆（Howard H.Greenbaum）教授的调查。

正当各地开展公用事业管理审计的时候，美国霍夫施特拉大学（Hofstra University）的管理学教授霍华德·戈林鲍姆组织对纽约的公用事业管理审计实践进行了一次调查。调查的结论是：管理审计是判定公用事业管理系统效率和效果好坏的工具；纽约在1975年至1981年所建立的管理审计制度是科学的；管理审计的实施是充分而恰当的。在此基础上，他们对公用事业管理审计做了全面的总结，形成了题为《作为管理工具的管理审计》的翔实报告，并出版发行，报告的主要内容如下：公用事业管理和管理审计；公用事业管理审计拟采用的评价标准；公用事业管理审计的职能；私营投资公用事业公司业务及燃料管理的评价；人力资源管理审计；有关计划和执行方面的评价；用户和供给服务的评价；内部沟通管理审计。报告的前三章阐述了公用事业管理审计的原因，提出了判定管理系统效率和效果好坏的评价标准，分析了公用事业管理审计的运行程序。后五章专门介绍了管理审计程序应用于各个特定职能领域的有效性。

（3）公用事业管理审计的有益经验。

①确定审计项目可以采用三种方法：特别问题法（当社会公众的希望与公用事业的业绩相差较远时，由公用事业管制委员会授权实施管理审计）；强制审计法（通过立法要求对公用事业实行强制性管理审计）；公用事业法（由公用事业公司自己选择审计师来对管理业绩进行完整的评价）。

②公用事业管理审计的审计内容：管理审计的范围包括了整个企业及其管理过程。根据普华永道会计事务所的调查，审计范围主要包括如下职能领域：行政管理、系统规划与设计、组织结构、燃料管理、财务管理、人力资源管理、生产效率、供给服务。

③公用事业管理审计的业绩评价标准：纽约的公用事业管理审计的业绩评价标准是以下述七个方面为基础的：法规标准、行业比较标准、政府审计标准、当地政府标准、效果标准、AICPA标准、可接受的管理惯例。以这七个方面为基础，纽约公用事业管理审计建立了如下评价标准体系：

宏观标准（共有八项）：公众接受，员工士气，资源可得性，发展能力，适应能力，效率性，生产效率，质量；微观标准（共有五项）：组织效果，法律遵守程度，可接受的管理惯例，法规的、技术的和职业的标准，行业内公司间的比较。

④公用事业管理审计的审计程序，共分为以下六个步骤：

管理审计的开始：确定管理审计的需求并授权进行管理审计；制订管理审计计划：确定管理审计的目标、范围和所需资源，选择审计师，拟订工作计划；实施管理审计：与被审计单位建立良好的工作关系，收集审计证据并加以分析，提出建议，编写审计报告；接受报告和建议：提交报告，获取被审计单位对报告的反映，对所提建议的贯彻执行达成一致意见；监控实施阶段：了解建议实施情况，评估建议的贯彻实施过程；总结审计结果：将审计资料归档，总结审计的得失。

2.一般管理审计研究

审计职业界在20世纪60年代将重点转向公用事业管理审计之后，并未停止一般性的管理审计研究，这一时期出版的管理审计著作主要有：1962年，伦纳德（Willam P.Leonard）将管理职业界提出的管理审计和内部审计界提出的经营审计合二为一，撰写了《管理审计》一书，在美国出版；1961年，罗斯的《管理审计》

第三次再版；1969年，AMA出版了诺贝克（E.F.Norbeck）撰写的《用于管理控制的经营审计》；1972年，AMA出版了罗伊·林德伯格（Roy A.Lindberg）和西奥多·科恩（Theodore Cohn）合著的《经营审计》。

这些著作中，影响最大的还是伦纳德的《管理审计》，这本书共分为十八章，旨在说明管理审计作为一种特定工具是如何评价管理方法和企业各个职能领域的业绩的。

（二）内部审计界的贡献

20世纪60年代之后，内部审计在管理审计方面取得了较大的发展，主要表现在内部审计内容和目标的变化以及管理审计方法的规范化和科学化。

1.内部审计内容和目标的变化

（1）SRIA NO.2是内部审计发展史上的一个里程碑，从此之后，内部审计的内容和目标发生了很大的变化。1968年，IIA做了一次调查，当问到各公司的内部审计重点时，回答“财务审计”的为59家（占19%），回答经营审计的为14家（占5%），回答二者兼有的为232家（占75%），不置可否的为3家（占1%）。

（2）1963年，美国工业委员会对177家公司的内部审计目标做过调查，根据调查报告，内部审计的目标如下：

①五项主要目标如下：确定内部控制的恰当性；调查公司方针和规程的符合性；资产的合理保护性和防止或揭露欺诈行为；验证会计和报告制度的可靠性；报告审计结果，必要时提出改进建议。

②八项次要目标如下：帮助提高会计工作效率；为人事部门提供培训基础；与CPA合作完成年度财务审计；评价员工业绩；调查对各项法规的遵守情况；协助开展增加盈利的活动；为管理层提供全面服务；协助制定新的程序。

（3）第3号“内部审计师责任说明书”于1971年颁布，它具有以下两个特点：第一，内部审计的定义发生了变化，SRIA NO.3认为，内部审计是在组织内部检查各种业务活动，以向管理层提供服务的独立评价活动，它是一种通过计量和评价其他控制的有效性来发挥作用的管理控制。第二，内部审计的目标比从前更加广泛，它要求内部审计人员参与为管理层提供服务的各种业务。

（4）1976年，IIA公布了第4号“内部审计师责任说明书”，与SRIA NO.3相比，SRIA NO.4比较明显的变化是反映妇女进入职业界，其他变化只是针对个别词句稍作修改。

（5）1981年，IIA公布了第5号“内部审计师责任说明书”，SRIA NO.5的特点如下：在性质上，内部审计具有检查和评价各种业务活动的独立评价职能，内部审计的服务对象可以由管理层发展为整个组织成员；在审计目标和范围上，强调内部审计包括经济性、效率性和效果性；在内部审计的职责和权限上，强调内部审计应与管理层及董事会之间保持密切的联系。

2.管理审计方法的规范化和科学化

（1）布拉德福·卡德默斯（Bradford Cadmus）的经营审计理论。1964年，IIA

创始人之一，布拉德福·卡德默斯编辑出版了《经营审计手册》这本工具书，它详细地说明了经营审计的具体内容和操作方法，其被誉为继布林克（Brink）的《内部审计》之后，内部审计史上第二部具有划时代意义的杰作。1987年，戴维·科瓦齐斯（David Kowalozyk）将其修订再版，更名为《卡德默斯经营审计》，这部著作在IIA成立50周年时，被列为影响内部审计事业发展的10部著作之一。《卡德默斯经营审计》认为，内部审计师应对制造资源规划、购买、收货、废料及剩余材料、运输、设备、人力资源、广告、保险和信息系统等业务活动及其控制进行审计，此外，还要审计各种基金、行政管理、公司沟通、补偿计划、质量控制、R&D、厂场和数据安全。

（2）劳伦斯·索耶（Lawrence B.Sawyer）的《现代内部审计实务》。1973年，劳伦斯·索耶的《现代内部审计实务》问世。同年，布林克的《现代内部审计——业务法》出版。这些著作的出版标志着卡德默斯经营审计理论和方法的发展，也为经营审计方法的规范化和科学化奠定了基础。

（三）政府审计界的贡献

20世纪60年代初，GAO就开始了国防项目审计，揭开了项目效果审计的序幕。在整个60年代，GAO广泛地开展了“3E”审计，下面列举GAO在1969年前后所从事的审计项目：国务院不动产管理；空军及海军的维护费；国防部采购；人事管理；邮件业务收益；退伍军人管理局组织结构；水污染控制项目。

20世纪70年代，美国政府审计所从事的“3E”审计走向准则化和法制化，整个政府审计界发生了巨大的变化。1972年，埃尔默·斯塔茨（Elmer Staats）审计长发布了GAO历史上的第一部“宪法”——“Standards for Audit of Governmental Organizations，Programs，Activities and Functions”，GAS。这部“宪法”特别强调了“3E”审计的重要性。1974年，美国国会通过的《预算法》正式要求GAO的审计范围超越财务事项，这标志着GAO的“3E”审计纳入了法制化的轨道。关于政府审计的巨大变化，弗雷德里克·莫尔（Frederick C.Mosher）在《审计总署：追查美国政府的受托责任》一书中，归纳为以下九个方面：从关注支出节约到强调效果性；从法规符合性到管理的审查；从对各被审计单位的怀疑和敌对到协调配合；从单项经营审计到系统和项目审计；从惩罚为主到纠正为主；从几乎独立到与国会相互依赖；从关注过去到关注未来；从关注审计本身到关注各被审计单位；从严格的财务审计到项目的成本和效果审计。

20世纪80年代以后，美国政府的“3E”审计准则更加完善。1981年，GAO对1972年的政府审计准则进行了修改，发布了第二份政府审计准则。这份准则的结构如下：一般准则；财务及合规性审计的检查评价准则和报告准则；经济性、效率性和项目效果审计的检查和评价准则；经济性、效率性和项目效果审计的报告准则。从这份准则的结构就可以看出，GAO对“3E”是极为重视的。

1988年，GAO对1981年的政府审计准则进行了修改，发布了第三份政府审计准则。这份准则正式将经济性及效率性审计准则和项目效果审计准则合并，形成

"绩效审计准则"。

加拿大的政府审计以综合审计而著称。1972年，詹姆斯·麦克唐纳（James T. Macdonell）出任国家审计长。在随后的几年里，联邦审计署对公共基金的使用进行了全面的审计，这就是后来的综合审计。1977年，加拿大国会确定审计长的任务之中就包括审查经济性、效率性和效果性。1980年，在詹姆斯·麦克唐纳的领导下，成立了加拿大综合审计基金会，其中心任务就是在各级政府、医院和学校中传播综合审计经验。在公众强烈要求增强政府部门受托责任的背景下，加拿大国会公布了"C-24法案"，这个法案要求审计师必须审查审计对象中的各种制度和措施，看其是否存在严重缺陷，并提出建设性意见。省级政府部门的综合审计在1985年就已经开始，各省政府审计师合作编写的《1985年加拿大综合审计》对综合审计做了全面的介绍，在综合审计的发展史上具有里程碑性意义。加拿大魁北克省议会通过的"C-90法案"要求委托省审计长执行综合审计。这个法案的实行，意味着加拿大各省都已推行了综合审计。1989年，加拿大的丹尼斯·普瑞斯波尔指出，在综合审计中，除了"3E"之外，还要增加以下两个方面：审查对自然资源的有效利用和对生态环境的保护情况，这就是环保性审计（Environment Audit）；审查政府项目及政府活动所产生的收益分配和再分配对社会公平的影响，这就是公平性审计（Equity Audit）。此后，"3E"审计发展为"5E"审计。

（四）民间审计界的贡献

民间审计最早涉足的非会计领域是管理咨询服务（MAS）。20世纪60年代以后的管理审计发展历史表明：先有CPA为管理层服务的管理咨询，后有CPA服务于管理层的内向型管理审计，最后才有为外部人服务的外向型管理审计。

1.20世纪60年代关于MAS是否会影响CPA独立性的讨论

1961年，莫茨（R.K.Mauts）和夏拉夫（H.A.Sharaf）在其合著的《审计哲学》中指出："各种形式的管理咨询活动的实施，无论对职业界的独立性还是对职业人员的独立性，均会产生重要的不利影响，这就产生了矛盾。由于存在这样的矛盾，由同一位会计师向同一位委托人提供管理咨询和审计业务，就是不相容服务的结合。这种矛盾只有通过分开这两种服务才能解决。"针对莫茨和夏拉夫的这种观点，一些专家和AICPA的道德委员会给予了反驳。AICPA的道德委员会在其发布的关于独立性的第12号意见书中指出："总之，委员会的意见认为：AICPA或它的会员为何不能恰当地履行管理咨询服务，没有道德上的原因。只要CPA没有作出有损客观性的管理决策，或在公司有财务利益，或充当公司雇员，他就可以在担任独立审计师的同时，履行管理咨询服务。"

2.20世纪70年代MAS走向准则化

20世纪70年代开始，民间审计对于MAS已从"能否做"转向"如何做"，MAS走向准则化。1969年，AICPA成立了"管理咨询服务执行委员会"（Management Advisory Services Executive Committee，MASEC）。MASEC成立伊始，就发布了三份"管理咨询服务说明书"（Statement on Management Advisory Services by Independent Accounting Firms，SMAS），这三份SMAS有效地指导了20世纪70年代走向全面发展的MAS业务。1974年，MASEC以1969年的SMAS为基础，颁发了“管理咨询服务实务准则”（MAS Practice Standards）。为了保证CPA执行MAS的质量，MASEC研究了CPA应该掌握的知识，颁布了统一的教育方针——MASBOKE（MAS Body of Knowledge and Examination）。管理咨询服务实务准则和统一教育方针的颁布，标志着MAS准则化时代的到来。

3.20世纪80年代CPA由MAS走向内向型管理审计

1978年，AICPA组建了“业务和管理审计特别委员会”（Special Committee on Operational and Management Auditing，SCOMA）。1982年，SCOMA正式发布了《经营审计合约》（Operational Audit Engagement），这份文告所确定的管理审计内容如下：指明过去未曾明确过的组织目标、方针和程序；指明完成组织目标的衡量标准；对具体业务工作有独立客观的评价；对是否遵守了组织目标、方针和程序进行评价；评价经理所建立的控制制度的效果；评价经理报告的可靠性和有效性；指明有问题的地方及其原因；指明提高效益的途径；指出另一种可以选择的运作过程。

4.CPA与外向型管理审计

20世纪60年代初，AICPA成立了以赫尔曼·贝维斯（Herman W.Bevis）为主席的长远目标委员会，研究审计鉴证职能的可能扩展。专家们认为，审计鉴证职能的可能扩展方向如下：与财务信息高度相关的各种数据或信息，具体包括：期中数据；预测数据；物价变动信息；与年度报告相关的管理报表和管理信息；日益增长的揭示错误的责任；制度和管理效率审计；社会审计。

1960年，在AICPA的年会上，阿瑟·威特（Arthur E.Witte）和马文·斯通（Marvin L.Stone）共同讨论了审计职能的扩展问题。他们一致认为，由外部人员对组织的管理方针和方法进行审计是非常必要的，也是非常有益的。事后，阿瑟·威特一直在一个会计公司主持管理审计，公司的实践回答了管理审计的三个基本问题：管理审计由哪些内容组成；CPA怎样利用管理审计为小企业服务；CPA怎样才能成为一名合格的管理审计师。公司的实践还证明，CPA分析管理的现状，对管理业绩发表意见已无须再做争论，所剩的问题是如何做。

1963年，AICPA审计程序委员会发布了第29号审计程序说明书，即“独立审计师检查内部控制的范围”，试图通过定义会计控制和管理控制来拓展审计的鉴证职能。

职业界的管理审计实践也影响了审计教育界。卡内基技术学院工业管理研究生院进行了一次管理审计试验。这次试验把管理审计定义为CPA对管理职能的业绩发表意见，使用公认管理原则作为评价标准。试验证明：尽管CPA开展外向型管理审计有许多困难，但提供一份管理鉴证报告是有可能的，问题的关键在于CPA应该与被审计单位的经理具有同样的水平，所以，会计教育必须和管理教育相结合。

1971年，AICPA审计程序委员会发布了第49号审计程序说明书，即“内部控制报告”，它在第29号审计程序说明书的基础上，再次强调了CPA审查内部控制的要求。同年，SEC在第120号会计系列公告中，明确要求“CPA对会计制度和内部控制发表意见”。此外，其他政府机构和一些法院判例也提出了类似的要求。

四、风险导向管理审计阶段

20世纪90年代起，人类社会发生了深刻的变化，这些变化包括人们的生活方式、交流方式，组织的经营方式、管理方式，国家的管理规则和市场的运作模式等的变化。全球化以及顾客需求的多样性使价值理念在管理中成为主流思想，曾经被视为永恒的股东利益至上已逐步被关注利益相关者价值的趋势所取代，企业致力于增加价值。此价值不仅包括财务，也包括信誉、品牌等其他方面。公司治理、内部控制以及风险管理成为管理的主流问题，世界各国相关法规纷纷出台。这一切都给内部审计带来了压力和机会，风险导向型管理审计就是应对这些压力和适应这些机会而产生的。

1990年IIA在《内部审计职责说明书》中对内部审计的定义又一次进行了修订，修订后的定义为：内部审计是一个组织内部为检查和评价其活动和为本组织服务而建立的一种独立评价活动，它要提供所检查的有关活动的分析、评价、建议、咨询意见和信息，以协助本组织成员有效地履行责任。内部审计是一种独立、客观的保证和咨询活动，其目的是增加组织的价值和改善组织的经营。

2001年《内部审计实务标准构架》指出，审计对象是风险管理、控制和治理，审计目标是增加组织价值并提高运营效率。2009年的IPPF再度确认内部审计是一种独立、客观的确认和咨询活动，其目的是增加组织的价值和改善组织的经营。它通过系统、规范的方法评价和改善组织的风险管理、控制和治理程序的有效性，帮助组织实现其目标。

2009年8月北美《财富》企业的内部审计主管圆桌会议指出，内部审计在风险管理中有10项任务：评估组织目前的业务过程和经营能力；协调其他风险和控制职能；与重要利益相关人一起参加高层会议；协助组织制定近期战略；加强高管的信息沟通渠道；正确界定内部审计的作用；实施审计风险管理；评估内部审计的技能和能力；通过各种有效的报告方式实施审计战略；不断创新审计实务。

五、几点结论

通过上述对管理审计历史的简要回顾，我们可以得出以下几点结论：(1) 管理审计是一个有着广阔前景的审计领域，只要审计界努力耕耘，一定会有丰硕的收获，80多年的管理审计历史证明了这一点。(2) 在管理审计的起步探索阶段，管理职业界发挥着主力军作用；随后，在管理审计的发展完善阶段，内部审计界和政府审计界后来居上，发挥着统帅作用。(3) 在管理审计的发展过程中，管理职业界的主要贡献在于开启了管理审计的先河，并对公用事业管理审计做了深入的探索；内部审计界的主要贡献在于以经营审计的方式，形成了将管理审计和财务审计合为一体的审计模式；政府审计界的主要贡献在于“3E”审计及“5E”审计；民间审计界最早涉足的非会计领域是管理咨询服务（MAS），后有服务于管理层的内向型管理审计，最后才有为外部人服务的外向型管理审计。(4) 经营审计、管理审计和绩效审计虽然有区别，但更多是相同。民间审计一般称之为管理审计或管理咨询，内部审计先是称之为经营审计，后来称之为管理审计，现在则称之为现代内部审计。而政府审计则称之为绩效审计。(5) 虽然管理审计取得了长足的发展，但是，总的来说，管理审计还处于较低的发展水平，主要表现在以下几个方面：审计什么的问题并未解决，对管理审计的对象和内容的认识并未取得共识，这严重地制约了管理审计的规范化和科学化；怎么审计的问题并未解决，既没有成熟的管理审计准则，也没有可行的管理审计评价标准，管理审计人员收集审计证据和发表审计意见，都缺乏可遵循的依据；管理审计理论结构并未形成，使得对管理审计各个局部问题的研究缺乏一个共同基础。

●第二节　我国管理审计的产生和发展

从国外来说，在管理审计的发展过程中，各方面的力量交织着发挥作用。新中国的审计制度是从1983年恢复的，大多数的内部审计是在政府部门的推动下建立起来的。所以，在内部审计的早期阶段，其基本上是跟随政府审计部门的发展而发展。到了21世纪，政府审计部门提出内部审计行业要自律发展，政府审计则从经济效益审计走向了绩效审计之路，内部审计则走向了自律发展之路。至于民间审计，其在管理审计方面发挥的作用较少。所以，本节首先介绍政府审计部门的经济效益审计发展历史，然后介绍内部审计部门的经济效益审计发展历程。

一、政府审计机关开展经济效益审计的简要历程

从1983年审计机关成立至21世纪初期，管理审计是以经济效益审计的形式出现的，2008年开始，政府审计机关正式使用绩效审计取代经济效益审计。我国政府审计机关对经济效益审计的探索体现在两个方面：一是法规条款的规定，二是具体的经济效益审计实践。

从法规条款的规定来说，我国国家审计制度是在改革开放、建立社会主义市场经济体制的过程中建立和完善起来的。国家审计一诞生，经济效益审计就是国家审计机关的法定职责。1983年《国务院批转〈审计署关于开展审计工作几个问题的请示〉的通知》中关于审计机关的任务规定："对国营企业、基本建设单位、金融保险机构，以及县以上人民政府管理的相当于国营的集体经济组织的财务收支，进行审计监督，并考核其经济效益。维护国家财经法纪，对严重的贪污盗窃、侵占国家资财、严重损失浪费、损害国家利益等行为，进行专案审计。"1985年国务院颁布的《关于审计工作的暂行规定》规定，审计机关"通过对国务院各部门和地方各级人民政府的财政收支，财政金融机构、企业事业组织以及其他同国家财政有关的单位的财务收支及其经济效益，进行审计监督，以严肃财经纪律，提高经济效益"。1988年国务院颁布的《中华人民共和国审计条例》第二条规定："审计机关对本级人民政府各部门、下级人民政府、国家金融机构、全民所有制企业事业单位

以及其他有国家资产单位的财政、财务收支的真实、合法、效益，进行审计监督。”1995年1月1日实施的《中华人民共和国审计法》第二条规定：“国务院各部门和地方各级人民政府及其各部门的财政收支，国有的金融机构和企业事业组织的财务收支，以及其他依照本法规定应当接受审计的财政收支、财务收支，依照本法规定接受审计监督。审计机关对前款所列财政收支或者财务收支的真实、合法和效益，依法进行审计监督。”2006年6月1日实施修订后的《中华人民共和国审计法》第二条延续了修订前第二条的内容，但在第一条中增加了“提高财政资金使用效益”的立法目的。2010年2月修订的《中华人民共和国审计法实施条例》第二条指出：“审计法所称审计，是指审计机关依法独立检查被审计单位的会计凭证、会计账簿、财务会计报告以及其他与财政收支、财务收支有关的资料和资产，监督财政收支、财务收支真实、合法和效益的行为。”从上述法规可以看出，我国的政府审计机关，从一开始就将经济效益审计作为重要的审计事项。

从具体的经济效益审计实践来说，我国政府审计机关根据被审计单位承担的经济责任，人大、政府和社会公众对被审计单位经济责任的评价要求，以及审计机关进行经济效益审计的专业胜任能力的发展变化，在不同的发展时期，根据当时的实际情况，对经济效益审计进行了一系列的探索。1983年，随着中华人民共和国审计署的诞生，绩效审计以经济效益审计的名义走进中国，我国审计机关开始独立探索具有中国特色的经济效益审计。我国审计机关成立之初就树立了注重经济效益这一理念。1984年，在全国范围内开展试审，充分关注经济效益问题。全国审计机关对1 263个部门和被审计单位进行了试审，试审中充分注意到经济效益问题，诸如天津铁厂经济效益审计、山西小氮肥行业经济效益审计、鞍钢内部控制评价、山东审计局关于企业内部控制制度评价，都是当时比较典型的经济效益审计案例。试审时对经济效益的关注，对改善单位经营管理、提高经济效益、增收节支起到了积极作用。1991年年初，在全国审计工作会议上，审计署首次提出：“各级审计机关都要确定一批大中型企业进行经常审计，既要审计财务收支的真实性、合法性，又要逐步向检查有关内部控制制度和经济效益方面延伸，并作出适当的审计评价，推动经济效益的提高。”自提出两个延伸后，全国地方一些审计机关继续实施了经济效益审计试点。20世纪90年代后期，我国审计机关还结合宏观经济，开展了一些带有宏观经济效益审计性质的项目。例如，全国审计机关同时开展了建设项目开工前审计，共审计两万多个项目，总投资额105 815亿元，审计后对716个不具备开工条件的建设项目提出了意见，压缩建设规模的总资金额达128.5亿元；同时，还在全国范围内组织对165个国家重点建设项目进行审计，共审计项目总投资额2 007亿元，经审计处理后，为国家节省投资38亿元。国家审计机关开展的行业审计、对五省市公路养路费审计等都带有宏观经济效益审计性质，针对审计中发现的带有普遍性的问题，从宏观上提出加强管理、提高效益的建议，在一定程度上，发挥了审计在改善宏观经济管理中的积极作用。据不完全统计，在审计署成立后十几年开展的经济效益审计中，提出改善经营管理的建议，使企业经济效益增加约

211亿元。2003年，《审计署2003至2007年审计工作发展规划》要求到2007年投入效益审计的力量占整个审计力量的一半左右。2006年，《审计署2006至2010年审计工作发展规划》指出：今后五年审计工作的主要任务是，认真落实修订后的《中华人民共和国审计法》，全面加强审计监督……全面推进效益审计，促进转变经济增长方式，提高财政资金使用效益和资源利用效率、效果，建设资源节约型和环境友好型社会。在审计内容和审计方式上坚持“两个并重”：坚持财政财务收支的真实合法审计与效益审计并重，每年投入效益审计的力量占整个审计力量的一半左右。以专项审计调查为主要方式，以揭露严重损失浪费或效益低下和国有资产流失问题为重点，以促进提高财政资金使用效益和管理水平为主要目标，全面推进效益审计，到2010年初步建立起适合中国国情的效益审计方法体系。2008年，《审计署2008至2012年审计工作发展规划》提出，全面推进绩效审计，促进转变经济发展方式，提高财政资金和公共资源配置、使用、利用的经济性、效率性和效果性，促进建设资源节约型和环境友好型社会，推动建立健全政府绩效管理制度，促进提高政府绩效管理水平和建立健全政府部门责任追究制。到2012年，每年所有的审计项目都开展绩效审计。

二、我国内部审计机构开展经济效益审计的简要历程

我国内部审计机构对管理审计的探索，在2003年之前，与政府审计基本一致，是以经济效益审计的形式出现的。2003年以后，中国内部审计协会陆续发布内部审计准则，经济效益审计被经济性审计、效率性审计、效果性审计等取代。我国内部审计机构对经济效益的探索体现在两个方面：一是法规条款的规定；二是具体的经济效益审计实践。

从法规条款的规定来说，1983年中华人民共和国审计署在向国务院《关于开展审计工作几个问题的请示》中指出：“对下属单位实行集中统一领导或下属单位较多的主管部门，以及大中型企业事业组织，可根据工作需要，建立内部审计机构，或配备审计人员，实行内部审计监督。在审计业务上，要受同级审计机关的指导。”

1985年8月，国务院颁布《国务院关于审计工作的暂行规定》，其中第十条规定：国务院和县级以上地方各级人民政府各部门，大中型企业事业组织应当建立内部审计监督制度，根据审计业务需要，分别设立审计机构或审计人员，在本部门主要负责人的领导下，负责所属单位和本行业的财务收支及其经济效益的审计。

1985年12月，审计署首次颁布的《关于内部审计工作的若干规定》指出：内部审计是部门、单位加强财政财务监督的重要手段，是国家审计体系的组成部分。国家行政机关、国营企业事业组织应建立内部审计监督制度，以健全内部控制，严肃财经纪律，改善管理，提高效益。

1988年11月国务院颁布《中华人民共和国审计条例》。其中第六章规定：国家金融机构、全民所有制大中型企业、大型基建项目的建设单位和财务收支金额较大的全民所有制事业单位以及审计机关未设立派出机构的政府部门等，可以根据需要设立内部审计机构或者审计工作人员。内部审计机构或者审计工作人员在本单位负

责人的领导下，依照国家法律、法规和政策的规定，对本单位及本单位下属单位的财务收支及其经济效益进行内部审计监督。

1989年审计署第二次颁布的《审计署关于内部审计工作的规定》重申内部审计是我国审计体系的组成部分。政府部门、全民所有制企业事业单位应实行内部审计制度，以加强内部的管理和监督，维护财经法纪，改善经营管理，提高经济效益。

1995年7月审计署第三次颁布的《审计署关于内部审计工作的规定》指出，内部审计是部门、单位实施内部监督，依法检查会计账目及其相关资产，监督财政收支和财务收支真实性、合法性、效益性的活动。国务院各部门和地方人民政府各部门、国有的金融机构和企业事业组织，以及法律、法规、规章规定的其他单位，依法实行内部审计制度，以加强内部管理和监督，遵守国家财经法规，促进廉政建设，维护单位合法权益，改善经营管理，提高经济效益。审计机关对各单位的内部审计工作进行指导和监督。

2003年审计署第四次颁布的《审计署关于内部审计工作的规定》提出，内部审计是独立监督和评价本单位及所属单位财政收支、财务收支、经济活动的真实性、合法性和效益性的行为，以促进加强经济管理和实现企业经济目标为目的。

2003年4月以后，中国内部审计协会陆续发布了《内部审计基本准则》《内部审计人员职业道德规范》和二十多个内部审计具体准则、实务指南。《内部审计基本准则》对内部审计的定义是：内部审计是组织内部的一种独立客观的监督和评价活动，它通过审查和评价经营活动及内部控制的适当性、合法性和有效性来促进组织目标的实现。

上述关于内部审计的法规和准则，清楚地表明经济效益审计或后来的经济性审计、效率性审计、效果性审计，是内部审计的重要审计事项。

2005年，中国内部审计协会提出了内部审计转型要求，倡导内部审计工作从传统的财务收支审计为主向财务收支审计与风险导向管理审计并重。通过对内部审计的理念、职能、目标、内容、方式、手段实行改造，把内部审计从传统财务审计推向现代管理审计。主要体现在：在审计理念上，要由注重结果、重在治标向注重过程、重在治本转变；在审计职能上，由单纯监督检查的保护性职能向与咨询服务的建设性职能并重转变；在审计目标上，从以单纯的检查纠正财务会计领域的错弊为主，向以评价并改善风险管理、控制和治理程序的效果为主转变；在审计内容上，由以财务收支为主向与业务控制和信息系统控制并重转变；在审计方式上，由结果导向为主向与过程导向并重转变，由事后监督为主向与事前、事中全过程监督并重转变；在审计手段上，由手工操作为主向利用计算机、网络信息技术为主转变。

从具体的经济效益审计实践来说，我国内部审计机构是在政府审计机关的推动下，积极开展经济效益审计的探索。云南财贸学院内部审计课题组1998年对全国内部审计情况的调查显示，72.8%的内部审计部门开展了经济效益审计，具体情况见表1-1。

表1-1　　内部审计业务类型分布

业务类型	开展该业务的企业占全部企业的比例
财务审计	92.30%
经济效益审计	72.80%
经济责任审计	72.80%
工程预决算审计	10.20%
经济合同审计	15.40%
法纪审计	23.10%
内部控制评审	18.00%

中国内部审计协会内部审计发展研究中心在2008年对国有企业内部审计问卷调查数据显示，各种形式的经济效益审计已经成为内部审计部门的重要审计事项，在全部审计业务中占有重要地位，具体情况见表1-2。

表1-2　　内部审计业务的重要性

业务类型	该业务占全部业务的比例
财务审计	23.70%
经济责任审计	20.21%
专项审计	11.40%
投资审计	10.97%
经营审计	8.41%
内部控制审计	8.37%
采购审计	5.61%
合规审计	3.77%
其他审计	3.13%
风险审计	2.60%
舞弊审计	1.36%
IT审计	0.47%
合　　计	100.00%

●第三节　管理审计的本质

关于管理审计的本质，有许多的观点。王光远教授对此有详细的分析和精辟的见解。他认为，管理审计和管理服务型审计是同义语，并无实质差别，认识管理审计概念、规范管理审计定义，应该从受托责任关系出发，管理审计可以分为两大类：一类是服务于组织内部管理层或内部利害关系人的管理审计，称其为内向型管理审计；另一类是服务于组织外部利害关系人的管理审计，称其为外向型管理审计。本节分析的管理审计的本质，包括管理审计的一些基本问题，包括什么是管理审计？管理审计与经营审计、绩效审计、经济效益审计是什么关系？管理审计与管理是什么关系？

一、管理审计的概念

（一）内向型管理审计

关于内向型管理审计，有多种代表性的观点。一种观点认为，管理审计就是对各职能部门管理控制执行情况的审计。这种观点的代表人物之一是管理咨询师威廉·P.伦纳德，他的《管理审计》系统地吸收了管理职业界和内部审计两大领域专业文献的科学成分，他对管理审计的定义就是站在内部审计的立场上的。他指出，管理审计是对公司、公共机构或政府机构及其处室的组织结构、计划、目标、经营方式及人力和物力的利用情况所进行的综合性和建设性检查；管理审计的目标就是揭露受审项目存在缺陷和违规之处，并提出可能改进建议；管理审计的目的就是帮助管理层对业务活动实行最有效的管理；管理审计检查和评价各个领域所采用的方法和取得的业绩，评价因素包括经济性，组织结构的适当性，方针及程序的符合性，控制的准确性和可靠性，适当的防护措施，出现偏差的原因，人力和设备利用的恰当性，业务方法的满意程度等。

认为管理审计就是对各职能部门管理控制执行情况的审计的另外一个代表人物是阿伦·J.塞尔，他在《管理审计：评价质量管理制度》一书中指出，管理审计是判定为了完成公司对顾客及社会的合同与法律义务所需的管理制度是否得到有效实施，并对检查结果作出表达。所有的公司和企业，无论规模大小，都能从这种管理制度的检查中受益。

关于内向型管理审计的另外一种观点认为，管理审计就是审查组织业务活动的恰当性和有效性的审计。这种观点的代表性人物之一是加拿大的D.多姆布劳尔。他认为，管理审计是为了帮助管理部门更有效地开发自身的资源，采用独立的、客观的分析方法，对整个业务活动的组织、控制和职能进行的检查。其检查结果要与公认的管理和业务概念与组织的目标和标准相比较。

还有一种内向型管理审计的观点认为，管理审计就是审查各职能部门和业务活动的恰当性及有效性的审计。英国的桑托基和IIA的史密斯是这种观点的代表。英国的贾纳斯·桑托基是管理审计的积极倡导者，1974年，他在调查250位工商界知名的董事长、高级经理、会计公司合伙人、管理咨询师及学术界专家后，得出了一个有80%的人士支持的管理审计定义，这个定义指出，管理审计是为了鉴明组织内的所有职能部门和业务活动中现存的和潜在的薄弱点，而对管理人员在贯彻组织目标和方针上的有效性进行独立的、客观的评价，并就现存的和潜在的薄弱点的改进提出建议措施。对于管理审计的范围，桑托基的调查结果如下：评价企业的组织结构，以确保其健全性、与企业目标的一致性，并能最有效地利用所有的员工和其他资源；评价计划和控制方面的管理制度，以确保其充分性和可理解性，并能被连续地运用；评价管理控制技术，例如预算控制和标准成本，以确保各种数据资料能适时、适当地传输给各层管理者并遵照执行；评价计划和控制方面的管理制度，以确保它们是经过审查的、定期修订的；评价总的业绩，看企业的目标是否实现。

1982年，桑托基再次采用调查问卷的形式调查了英国工商界的董事长、高级经理等，结果有70个人支持如下定义：管理审计是对管理人员实现公司目标的情况进行的一种独立的评价。评价时要确定组织内所有的业务和职能部门现存的和潜在的薄弱点，并提出改进这些薄弱点的措施。其最终目标是激发管理层采取正确的行动改善业绩，增强获利能力。因此，它是面向公司未来收益和成功经营的审计。

IIA的史密斯在第19号研究报告中认为，管理审计是对各层次管理活动进行的面向未来的、独立的和系统的评价，其目的是通过促进各种管理职能、项目目标、社会目标及员工发展的实现来增强组织的获利能力，并增进其他组织目标的实现。

财务数据是管理审计证据的来源之一，但管理审计证据的主要来源是业务方针和与组织目标相关的管理决策。管理审计评价的内容包括：对管理控制制度的存在性、符合性和适当性的评价；对决策过程的存在性、符合性以及与完成组织目标的相关性的评价；与组织目标和管理质量相关的管理决策本身的评价。管理审计的报告既要指明存在的问题，又要提出解决问题的建议。

在分析上述内向型管理审计的各种观点的基础上，王光远教授认为，内向型管理审计是对组织内部的各种管理活动进行独立的、客观的、综合的、建设性的、面向未来的检查和评价，以帮助管理层这一资金受托人改进决策，提高获利能力和经营能力，更好地完成受托责任。内向型管理审计的基本职能是建设性职能，这是内向型管理审计和外向型管理审计的根本差别。

（二）外向型管理审计

关于外向型管理审计有两种代表性的观点：一种观点认为，管理审计是对公司的管理业绩和管理活动发表意见；另外一种观点认为，管理审计是对公司年度报告中的管理陈述发表意见。

关于管理审计是对公司的管理业绩和管理活动发表意见的这一观点，杰克逊·马丁德尔在其所撰写的《为经理人和投资者进行的管理评价》中指出，管理审计是对整个管理业绩进行系统的检查、分析和评价，管理审计不仅能从主观上、客观上对一个公司进行彻底的评估，而且还可以对管理本身的有效性作出权威性的判断。尼尔·C.邱占尔和理查德·M.西尔特提出了一个与马丁德尔的观点相近的定义，他们认为，管理审计是一种由注册会计师对管理职能的业绩发表意见的审计。积极倡导并大力支持外向型管理审计研究的会计大师约翰·C.伯顿教授早在20世纪60年代末展望未来审计发展趋势时就指出，如果将来要求审计师不仅应鉴证财务成果，而且应鉴证管理者的受托责任的有效性，那就要考虑管理审计的性质和审计师的资格标准。在这里，伯顿教授将管理审计定义为对管理者受托责任的有效性进行鉴证。T·G.西科伊认为，管理审计是指注册会计师为了利害关系人的利益而对管理业绩作出的独立鉴证。

关于管理审计是对公司年度报告中的管理陈述发表意见的这一观点，罗伯特·W.克拉克认为，管理审计是独立的管理陈述审计，这种审计意味着，通过审计鉴证，即通过独立的第三方专家意见使一方提供给另一方的管理陈述具有可信性。哈罗德·Q.兰根德弗尔和杰克·C.罗伯逊认为，在管理审计的理论结构中，首要的概念是“管理陈述”，从验证信息的角度看，它和财务审计中的财务报表是相平行的概念。管理陈述是财务报表以外的其他报告所陈述的管理信息，独立的管理陈述审计是服务于公司外部利害关系人的审计。杰克·C.罗伯逊和罗伯特·W.克拉克在其合作的一篇文章中指出，管理审计是对管理进行全面的、综合的审计，而管理陈述审计是通向综合管理审计的第一步，管理审计鉴证可以改善企业在公众中的形象，提高公众对企业的信任，当然同时也可解除管理者的受托责任。

在分析上述外向型管理审计的各种观点的基础上，王光远教授认为，外向型管理审计是由独立的注册会计师，为了维护股东、投资者、债权人及其他委托人的利益，通过对组织的资金状况、盈利能力及组织结构等的分项研究，来就组织的管理业绩和管理活动的恰当性发表批判性意见，并对外报告。外向型管理审计的核心职能是批判性职能。外向型管理审计旨在从本质上建立和加强委托人和受托人之间的互信，优化资源的利用。

二、经营审计及其与管理审计的关系

一般认为，经营审计是审计师为了评价被审计单位经营活动的效果和效率，而对其经营程序和方法进行的评价。在经营审计结束后，审计师一般要向被审计单位管理层提出经营管理的建议。在某种意义上，经营审计更像是管理咨询。在经营审计中，审计对象不限于会计，审计师要对企业生产、经营、管理的全过程进行审计，其任务是揭露经营管理过程中存在的问题和薄弱环节，探求堵塞漏洞、解决问题的有效途径，提出改善经营管理、提高经济效益的措施。

从上述对经营审计的界定中，我们可以看出，经营审计与管理审计的区别主要是审计对象不同，经营审计着重于组织的业务经营活动，例如，对于制造业企业来说，供应、生产和销售是主要的业务经营活动；而管理审计着重于组织的管理职能，例如，一般来说，计划、组织、领导、控制是基本的管理职能。然而，我们认为，上述这种区分只是表面上的，事实上，针对业务经营活动的审计，其核心内容就是该业务经营活动的计划、组织、领导、控制，而管理职能则是针对具体的业务经营活动的，离开业务经营活动，管理职能就没有实施对象，所以，针对管理职能

的审计离不开业务经营活动。经营审计和管理审计的上述关系如图1-1所示。

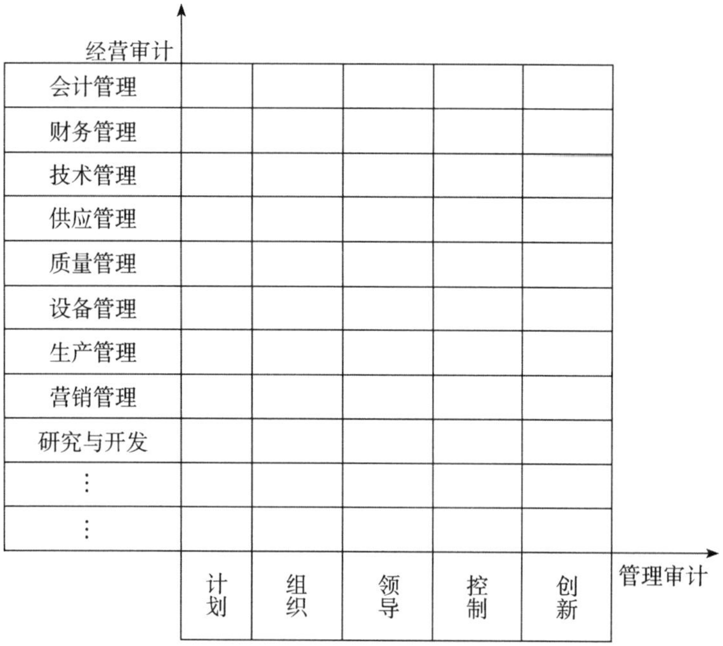

图1-1 经营审计和管理审计的关系

图1-1清楚地表明了经营审计和管理审计的关系，从纵向来看，就是经营审计；从横向来看，就是管理审计。

从横向来说是管理职能，一般认为管理的职能包括计划、组织、领导、控制这四种基本职能。而管理职能就是管理活动要做的几类工作：

（1）计划工作。计划工作表现为确立目标和明确达到目标的必要步骤的过程，包括估量机会、建立目标、制订实现目标的战略方案、形成协调各种资源和活动的具体行动方案等。简单地说，计划工作就是要解决两个基本问题：第一是干什么，第二是怎么干。组织等其他一切工作都要围绕着计划所确定的目标和方案展开，所以说计划是管理的首要职能。

（2）组织工作。组织工作是为了有效地实现计划所确定的目标而在组织中进行部门划分、权利分配和工作协调的过程。它是计划工作的自然延伸，包括组织结构的设计、组织关系的确立、人员的配置以及组织的变革等。

（3）领导工作。领导工作就是管理者利用职权和威信施展影响，指导和激励各类人员努力去实现目标的过程。当管理者激励下属、指导下属的行动、选择最有效的沟通途径或解决组织成员间的纷争时，他就是在从事领导工作。领导职能有两个要点：一是努力搞好组织的工作；二是努力满足组织成员的个人需要。领导工作的核心和难点是调动组织成员的积极性，它需要领导者运用科学的激励理论和合适的领导方式。

（4）控制工作。控制工作包括确立控制目标、衡量实际业绩、进行差异分析、采取纠偏措施等。它也是管理活动中的一个不可忽视的职能。

上述四大职能是相互联系、相互制约的，其中计划是管理的首要职能，是组织、领导和控制职能的依据；组织、领导和控制职能是有效管理的重要环节和必要手段，是计划及其目标得以实现的保障，只有统一协调这四个方面，使之形成前后关联、连续一致的管理活动整体过程，才能保证管理工作的顺利进行和组织目标的完满实现。此外，有人认为，创新也是管理的基本职能，创新职能与上述各种管理职能不同，它本身并没有某种特有的表现形式，它总是在与其他管理职能的结合中表现自身的存在与价值。

如果从横向来看，针对各项管理职能的审计就是管理审计。例如，战略审计、计划审计、组织审计、内部控制审计、公司治理审计、风险管理审计等就属于这种类型。

如果从纵向来看，就表现为组织的各项业务经营活动。当然，不同组织的业务经营活动不同，对于一般的制造业企业来说，会计活动、财务活动、供应活动、生产活动、营销活动、研究与开发活动都是不可缺少的。针对各项业务经营活动的审计就是经营审计。然而，如何对业务经营活动进行审计呢？其核心的内容还是业务经营活动的计划、组织、领导、控制。所以，综合来说，经营审计和管理审计只是坐标图中的不同视角，从横向来看就是管理审计，从纵向来看就是经营审计。经营审计和管理审计是一枚钱币的正反两面。在本书以后的内容中，我们在同等意义上使用经营审计和管理审计。

三、绩效审计及其与管理审计的关系

绩效审计就是审计人员采用系统的方法，客观、系统地对政府及非营利组织的项目、活动和政策，就其实现经济性、效率性和效果性的程度进行独立的评价，提出改进意见，改善公共责任，为有关方面决策提供信息。一般来说，绩效审计目标定位在评价并改善政府项目、中央政府和有关机构的运作，为政府和议会提供相关信息，包括审计发现、审计结论、审计评价以及与被审计单位及其管理和政策有关的审计建议。具体来说，绩效审计的目标可以分解为三个：对被审计单位是否经济、高效或有效执行有关政策进行独立审计检查；对被审计单位和审计对象实现既定目标的程度和所造成的各种影响进行报告，为决策机构提供相关的评价意见；发现并分析审计对象在经济性、效率性、效果性方面存在问题的迹象或绩效不佳的领域，以帮助被审计单位进行整改。

对国家审计机关而言，其主要开展对政府部门和国有企业的审计，因此采用绩效审计术语是国际上较为通行的做法。从使用惯例及我国的传统来看，可以将针对政府及非营利组织的非财务审计称为绩效审计，把针对企业进行的非财务审计称为管理审计。所以，从微观层面可以这么说，绩效审计就是政府及非营利组织的管理审计，而管理审计就是企业组织的绩效审计。

四、经济效益审计及其与管理审计的关系

经济效益审计是中国的特殊称谓。我国主要使用经济效益审计这个称谓，其中的主要原因是，我国经济效益审计始于20世纪80年代末，当时正值经济体制改革

和计划经济向市场经济转化的阶段，企业效益问题成为深化改革的突出问题，审计自然要将促进企业提高经济效益作为审计目标纳入其审计职责范围。经济效益审计主要是从挖掘企业潜力，分析企业投入产出的角度开展的，在这种背景下，用经济效益审计术语来表示绩效型审计当然就成为了主流用法。关于经济效益审计的概念，娄尔行教授认为可将经济效益审计分为企业经营审计和管理审计。竹德操教授等认为，经济效益审计是独立的审计机构或审计人员，对被审计单位或项目的经济活动进行综合的、系统的审查、分析，对照一定的标准评定经济效益的现状和潜力，提出提高经济效益的建议，促进其改善管理、提高效益的一种审计活动。李凤鸣教授认为，经济效益审计是以审查评价实现经济效益的程度和途径为内容，以促进经济效益提高为目的所实施的审计。邢俊芳研究员认为，绩效审计和效益审计是同一含义。我们认为，经济效益审计是我国特殊时期对绩效审计和管理审计的称谓，在当今背景下，这个称谓已经被绩效审计和管理审计所取代。

五、管理审计与管理的关系

管理审计与管理的关系问题，是一个较复杂的问题。我们这里仅从两个视角做一简要分析：一是从PDCA循环中来分析，二是从风险管理中来分析。

PDCA循环又叫质量环，是管理学中的一个通用模型，最早由休哈特（Walter A.Shewhart）于1930年构想，后来被美国质量管理专家戴明（Edwards Deming）博士在1950年再度挖掘出来并广泛运用于持续改善产品质量的过程中。PDCA循环是能使任何一项活动有效进行的一种合乎逻辑的工作程序，PDCA四个英文字母所代表的意义如下：P（Plan）——计划，包括方针和目标的确定以及活动计划的制订；D（Do）——执行，就是具体运作，实现计划中的内容；C（Check）——检查，就是要总结执行计划的结果，分清哪些是对的、哪些是错的，明确效果，找出问题；A（Act）——行动（或处理），对总结检查的结果进行处理，对成功的经验加以肯定，并予以标准化，或制定作业指导书，便于以后工作时遵循，对于失败的教训也要总结，以免失败重现。PDCA循环的上述含义如图1-2所示。

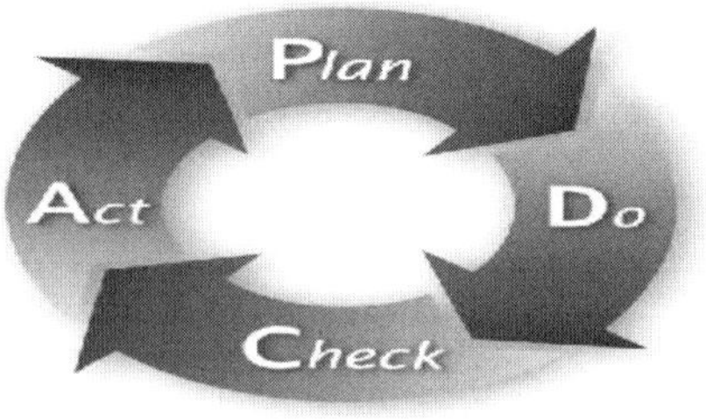

图1-2 PDCA循环

在PDCA循环中，管理审计可能有两种情形：一种是置身于其中，成为其中的C，并部分发挥A的作用，审计是业务流程中的监督和检查；另外一种情形是置身于PDCA循环之外，成为对PDCA循环的监督，是业务流程之外的再监督、再检查，成为对监督的再监督，对检查的再检查。

风险管理是指通过风险识别、风险估计、风险驾驭、风险监控等一系列活动来防范风险的管理工作。图 1-3 是较公认的内部审计在风险管理中应该做什么和不应该做什么的界定。图 1-3 显示，内部审计在风险管理中是有所为、有所不为的。为什么呢？这其中的原因就是内部审计和管理的区分。属于审计的事项，内部审计部门应该有所为，不属于审计的事项，内部审计应该无所为，所谓不越位也不缺位。

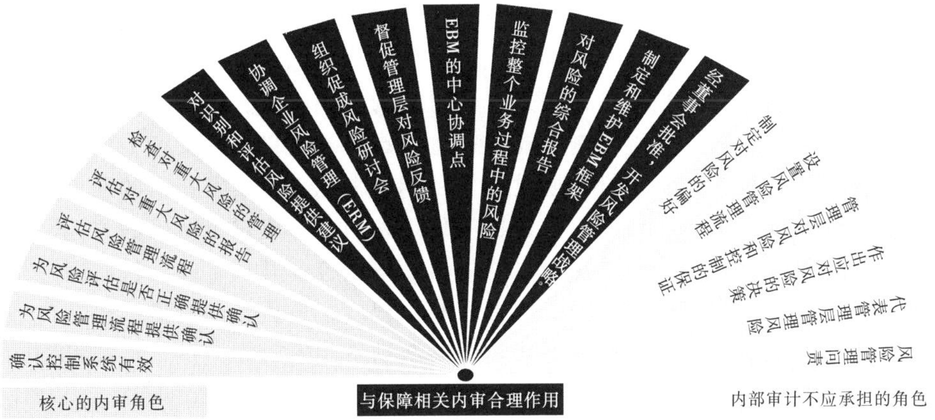

图 1-3　内部审计在风险管理中的作用

●第四节　管理审计的原因和目标

为什么会开展管理审计？管理审计能达到什么目标呢？本节以审计是问责信息机制为基础，分析开展管理审计的原因，并以此为基础，分析管理审计的目标定位。

一、开展管理审计的原因

委托代理是因为财产权利的分割而产生的社会经济关系，当财产的所有者将财产托付给他人时，所有者就成为委托人，而接受财产者就成为代理人。一般来说，将企业组织的委托代理关系称为私营委托代理关系，而政府部门的委托代理关系称为公共委托代理关系。可以说，现代社会就是由各种委托代理关系构成的网络社会，委托代理关系是现代社会的主要社会经济关系，离开委托代理关系，则整个社会将不复存在。

然而，由于委托人与代理人之间存在激励不相容和信息不对称，代理人有可能背离委托人的利益或不忠实委托人的意图而采取机会主义行为，发生道德风险和逆向选择，于是随之而产生的委托代理成本就困扰着委托代理关系的良好运行。激励不相容和信息不对称是代理人机会主义行为的前提，而道德风险和逆向选择则是代理人机会主义的主要形式。

委托人如何应对代理人的机会主义行为呢？主要有两条路径：一是抑制代理人机会主义行为的前提条件，这就是降低激励不相容和信息不对称程度；二是直接控制代理人的机会主义行为。降低激励不相容和信息不对称程度，可以降低代理人机会主义行为的需求，而直接控制代理人的机会主义行为则是降低代理人机会主义行为的可能性。一般来说，委托人需要将这两条路径结合起来。怎么做呢？主要有两种机制：一是治理机制，二是问责机制。治理机制主要是从降低代理人机会主义行为的可能性这个角度来发挥作用。通过委托人、代理人及代理人内部的权利分配，为代理人科学决策及预防严重机会主义行为提供制度基础。问责机制包括三方面的含义：一是确定代理人的责任目标；二是获取代理人责任目标运行情况的信息；三是评价代理人责任目标的实现程度，并根据责任目标实现程度给予奖励或处罚。问责机制主要是通过抑制代理人机会主义行为的前提条件来发挥作用的。首先，问责机制通过责任目标清晰地表达了委托人的期望，为评价代理人的业绩提供了明确的标准，也为代理人的努力提供了明确的方向，可以在一定程度上降低代理人与委托人之间的激励不相容；其次，问责机制通过代理人报告其责任目标履行情况，降低信息不对称程度；最后，问责机制根据代理人的业绩进行奖励或处罚，可以降低代理人的激励不相容程度。虽然治理机制和问责机制是应对机会主义的手段，但如果委托人本身对自己的利益不关心，对代理人的机会主义行为不介意，则治理机制和问责机制也就不一定被需要或者不一定会真正发挥作用。我们不能指望代理人自己来完善和执行治理机制和问责机制，这是委托人的责任。现实生活中，一些机会主义很严重的领域长期不能得到抑制，主要原因是委托人不作为或没有作为能力。

委托人为了抑制代理人的机会主义行为，建立了治理机制和问责机制。委托人有了治理机制和问责机制是否就可以高枕无忧呢？这里的关键问题是，这两种机制是否真的在起作用？第一，代理人可能不遵守委托人建立的治理机制，所以，委托人需要知道代理人是否遵守了治理机制；第二，就问责机制来说，代理人可能提供虚假信息或者不提供完整信息，使委托人无法了解其责任目标的真实状况。委托人如何解决这些问题呢？

就治理机制的遵守情况来说，委托人要求代理人报告其对治理机制的遵守情况，所以，董事会报告中必须提供报告期间的治理活动情况。但是，没有遵守治理机制的代理人完全有可能作出虚假报告，报告其遵守了治理机制。怎么办？这就产生了管理审计的需求。

就问责机制相关信息的真实性和完整性来说，代理人所提供的信息是否真实，通过审计可以得到鉴证，这就形成了基于责任方认定的审计；对于代理人没有提供而委托人又关心的信息，委托人也可以通过审计途径获得，这就形成了直接报告业务。设想一下，如果没有审计，问责机制会是什么状况。如果没有审计，一方面，代理人可能会向委托人提供虚假信息；另一方面，委托人问责所需要的一些信息可能无法获得。由于问责信息的真实性和完整性没有保障机制，问责机制可能也会陷入困境。所以，从本质上来说，审计是问责信息保障机制，要么鉴定代理人提供的问责信息的真实性，要么直接提供问责信息。当鉴定问责信息的真实性时，就是基于责任方认定业务；当直接提供问责信息时，就是直接报告业务。当然，从另外一方面来说，如果没有问责需求，也就不会有问责信息需求，从而也就没有审计需求。正是问责信息需求催生了审计。有问责才有审计，没有问责就没有审计。虽然问责机制的存在是审计存在的前提，但是，并不一定有问责才会有审计。如果委托人相信代理人的业绩报告，则审计就没有必要存在了。只有委托人认为代理人的业绩报告需要进行鉴证时，才会有审计需要。

所以，总体来说，当委托人需要抑制代理人的机会主义行为时就需要问责机制，当委托人不相信代理人的业绩报告时就需要审计。即使代理人机会主义存在，但当委托人不介意代理人的这种行为时，也不需要问责机制。即使问责机制存在，但当委托人相信代理人的业绩报告时，也不需要审计。上述关系如果用数学语言表述，则如式（1）所示。

委托代理≥机会主义行为≥问责机制≥审计　　(1)

从审计内容来说，有多种类型的审计，如合规性审计、财务审计、管理审计等。既然审计是基于问责而产生的，为什么会有多种审计业务类型呢？这其中的原因是问责内容决定审计业务类型。有什么样的问责内容就会有什么样的审计业务类型。正是问责主体的问责内容需求决定了审计业务类型。

一般来说，委托人的问责会包括这些内容：财产安全、真实报告相关信息、遵守国家相关法律法规、有效使用财产。其中，财产安全、真实报告相关信息和遵守国家相关法律法规是最基本的要求，由于其主要是与财务会计相关，因此可以称其为财务责任。有效使用财产的含义较为模糊，根据杨时展教授的解释，有效使用财产就是最大善意使用财产。一般来说，其包括三个方面的内容：第一，遵守委托人建立的治理机制；第二，完成业务运营目标，追求业务运营的经济、效率和效果；第三，实现战略目标。这三个方面的问责是较高的要求，由于其主要与代理人的管理相关，因此可以称其为管理责任。

如果委托人的问责主要是财务责任，则审计业务就是合规性审计和财务审计。如果委托人主要关心管理责任，则审计业务就是管理审计，也可能会出现治理审计（例如，现在美国及其他一些国家要求上市公司进行内部审计就是这种性质）。如果委托人既关心财务责任，也关心管理责任，就会出现综合审计。并且，可以预见，委托人的问责内容可能还会发展，审计业务类型也会发展。

既然是问责内容决定审计业务类型，为什么不同组织的审计业务类型会不同呢？这其中的原因就是问责主体的问责内容需求不同。如果问责主体主要关心财务责任甚至是财务责任的某一方面，则审计业务当然就是以真实性、合法性审计为主；如果问责主体主要关心管理责任，则管理审计会成为主要审计业务；如果问责主体对治理机制特别关心，则治理审计就会登台亮相。那么，为什么不同问责主体的问责内容会不同呢？这是个较为复杂的问题。总体来说，代理人在某些方面的表现让委托人的不满意程度越高，这些方面越有可能成为问责内容。当然，也可能是委托人还没有觉悟到一些可以问责的内容，所以，就没有这种问责，当然也就没有这种审计业务。

二、管理审计的目标

审计目标是审计活动的既定方向和要达到的预定结果，也是审计理论联系审计实践的桥梁。审计目标是审计与外部环境的纽带，它直接反映社会环境的需求。影响和制约审计的外部环境的变化，会对审计目标提出调整要求，进而引起审计实践的变革。同时，审计目标对审计人员的审计责任也有直接影响，有什么样的审计目标就有什么样的审计责任。

关于管理审计的目标，有多种观点。这些观点之间并无实质性差别，所以，也可以称为多种表述。

（1）开展管理审计的原因表明，有问责才有审计，没有问责就没有审计，问责内容决定了审计业务类型，审计是抑制代理人机会主义行为的机制。所以，总体来说，管理审计的目标是抑制代理人在履行管理责任方面的机会主义行为，从而提高资源的使用效率和效果。

（2）管理审计的目标是查找组织内部管理中存在的漏洞和不完善之处，从而优化管理、降低风险、增加价值。

（3）公司治理和公司管理是两个不同的层面。在公司治理和公司管理两个层面下，内部审计相应地分为公司治理层面下的内部审计和公司管理层面下的内部审计，分别称为治理服务型内部审计和管理服务型内部审计。

（4）管理审计的目标在于为组织增加价值和提高组织的运作效率。它通过系统化和规范化的方法评价和改进风险管理、控制及治理过程的效果，帮助组织实现其目标。管理审计目标要反映企业最本质的内生变量的产权属性和公司治理属性。股东的终极目标是实现自身财富的不断增长，而在有效的公司治理构架下，经营者与股东的目标趋于一致。在这个组织目标统辖下，管理审计目标就是协助组织成员增加企业价值和提高组织运作效率，帮助组织实现目标。

（5）审计目标是一个审计项目的出发点和归宿点，它直接影响着审计的范围、内容、所需证据类型、审计方法与技术手段，以及审计结论的表达方式和最终的处理结果。管理审计的最终目标是提高管理绩效，其具体目标包括以下三方面：第一，提供对被审计单位是否经济、高效或有效执行有关政策、有关财政财务和资源管理绩效的独立的信息、咨询和建议，同时，开展管理审计也是为决策提供参考的要求。第二，确定被审计单位的管理责任履行情况。第三，确定并分析显示审计项目在经济性、效率性、效果性方面存在的问题，帮助被审计单位改善经济性、效率性、效果性。

●第五节 管理审计的内容和范围

一般来说，管理审计的内容是指管理审计究竟审计什么，而管理审计的范围则指根据管理审计的内容，具体来说，有些什么审计项目。本节先介绍管理审计的内容，然后介绍管理审计的范围。

一、管理审计的内容

关于管理审计的内容，目前有两种主流观点：一是认为管理审计的内容是管理责任；二是国际内部审计准则界定的风险、控制和治理。我们分别介绍这两种观点。

（一）管理审计的内容是管理责任

这种观点认为，管理审计的内容是管理责任。但是，对于管理责任的组成内容却认识不一，大致有三种主要观点：管理过程观、管理过程和管理业绩观、管理陈述观。管理过程观认为，管理责任的内容是优化管理过程；管理过程和管理业绩观认为，管理责任的内容是优化管理过程和取得良好的管理业绩；管理陈述观认为管理审计的对象是管理陈述。无论是管理过程，还是管理业绩，综合起来，可以概括为经济性、效率性、效果性。经济性是指经济活动耗用资源的节约程度。劳动消耗的节约程度越大，经济效益就越大。经济性通常以成本降低额、降低率，资金节约额等来衡量。效率性是指经济活动的投入和产出比率关系，反映对社会资源的利用程度。效率越高，就意味着资源得到了越合理的配置。效率性通常以劳动生产率、资金使用率、原材料利用率等相对数来衡量。效果性是指经济活动所取得的有效结果或成果，反映经济活动的有效性。经济活动的成果越大，经济效益就越好。通常，效果性以产量、产值、利润等绝对数来衡量。

关于经济性、效率性、效果性的具体内容，2013年颁布的《第2202号内部审计具体准则——绩效审计》第八条规定，绩效审计主要审查和评价下列内容：有关经营管理活动经济性、效率性和效果性的信息是否真实、可靠；相关经营管理活动的人、财、物、信息、技术等资源取得、配置和使用的合法性、合理性、恰当性和节约性；经营管理活动既定目标的适当性、相关性、可行性和实现程度，以及未能实现既定目标的情况及其原因；研发、财务、采购、生产、销售等主要业务活动的效率；计划、决策、指挥、控制及协调等主要管理活动的效率；经营管理活动预期的经济效益和社会效益等的实现情况；组织为评价、报告和监督特定业务或者项目的经济性、效率性和效果性所建立的内部控制及风险管理体系的健全性及其运行的有效性；其他有关事项。

很显然，这里并未明确区分经济性、效率性、效果性。但是，在此之前的内部审计准则明确区分了经济性、效率性、效果性，并对各自的内容做了明确界定。①

《内部审计具体准则第25号——经济性审计》第十一条　经济性审计审查评价的主要内容包括：资金的取得和使用是否节约；人力资源的取得及配置是否恰当；物资财产的取得及消耗是否节约；资源取得和配置在时间消耗上的适当性；资源取得的机会成本；资源的取得、使用和管理是否合理，是否遵循有关法律、法规；组织是否建立了健全的管理控制系统，以评价、报告和监督特定业务或项目的经济

① 《内部审计具体准则第25号——经济性审计》《内部审计具体准则第26号——效果性审计》《内部审计具体准则第27号——效率性审计》，合并成为《第2202号内部审计具体准则——绩效审计》，简化了原准则中的内容，并无实质性变化。

性；管理层提供的有关经济性方面的信息是否真实、可靠；其他有关事项。

《内部审计具体准则第26号——效果性审计》第十一条　效果性审计审查评价的主要内容包括：组织经营活动的目标是否适当、相关及可行；组织经营活动达到既定目标或实现预期经济和社会效果等情况；组织为实现既定目标所采取的程序和方法的合法、合理性，以及对有关政策、计划、预算、程序、合同等的遵循情况；分析组织经营活动未能及时达到既定目标的原因；分析组织无法按原定计划开展相应项目、业务或者中途停止项目、业务的原因；组织是否建立了健全的管理控制系统，以评价、报告和监督特定项目或业务的效果性；管理层提供的有关效果性方面的信息是否真实、可靠；其他有关事项。

《内部审计具体准则第27号——效率性审计》第十条　效率性审计审查评价的主要内容包括：组织采购、销售等商业活动的效率；组织研发、生产等技术活动的效率；组织筹资、投资等财务活动的效率；组织为确保财产、信息及人员的安全以及对风险的管理所采取措施的效率；组织计划、控制等管理活动的效率；为提高上述经营活动效率所采取的措施是否遵循有关法律、法规；管理层提供的有关效率性方面的信息是否真实、可靠；其他有关事项。

（二）内部审计的内容是风险、控制和治理

国际内部审计准则指出，内部审计采取系统的、规范的方法来评价并帮助改进组织的风险管理、控制和治理程序。其主要内容摘录如下：

2110风险管理

内部审计活动应帮助组织发现并评价重要的风险因素、帮助改进风险管理与控制体系。

2110.A1内部审计部门应监督、评价组织风险管理体系的有效性。

2110.A2内部审计部门应评价组织的治理、运营及信息系统方面的风险因素：

- 财务与运营信息的可靠性与完整性；
- 运营的效果与效率；
- 资产的护卫；
- 法律、法规及合同的遵守情况。

2110.C1在开展咨询业务时，内部审计师应根据业务目标解决风险方面的问题，还应对其他的严重风险保持警惕。

2110.C2内部审计师应结合开展咨询服务时了解到的风险情况，查找、评价组织的重大风险因素。

2120控制

内部审计活动应该评价控制的效率与效果、促进控制的不断改善，以此来帮助组织保持有效的控制。

2120.A1在风险评估结果的基础上，评价控制的充分性与有效性，范围包括组织的治理、运营及信息系统。此类评价应当包括：

- 财务与运营资料的可靠性与完整性；

- 运营的效果与效率；
- 遵守法律、法规与合同的情况；
- 资产的护卫情况。

2120.A2 内部审计师检查运营与项目目标的确定程度、检查它们与组织目标的一致程度。

2120.A3 内部审计师应对运营与项目进行评价，检查其结果与既定目标的一致程度、判断这些运营和项目是否按计划得到执行或操作。

2120.A4 评价控制需要遵循的适当的标准。内部审计师应检查管理层已制定的、用于判断目标是否实现的标准的适当性。如果此标准适当，内部审计师应在评价中加以应用。如果不适当，内部审计师应与管理层合作，制定适当的评价标准。

2120.C1 在开展咨询工作的时候，内部审计师应该解决与此工作目标相一致的控制事项，并且应警惕是否存在控制薄弱环节。

2120.C2 内部审计师应利用从咨询工作中了解到的控制情况，将其用于发现并评价组织的重大风险。

2130 治理

内部审计活动应该评价并为改进组织的治理程序提出适当的建议。

2130.A1 内部审计师应评价与道德相关的组织目标、计划和行动的设计、实施和效果。

2130.C1 咨询业务的目标应与组织的整体价值和目标相一致。

- 促进组织形成恰当的道德和文化；
- 保证有效的组织绩效管理和相应责任；
- 向组织内适当的阶层有效地沟通风险和控制信息；
- 有效地协调董事会、外部审计师、内部审计师和管理层之间的信息交流。

二、管理审计的范围

与管理审计的内容一样，对于管理审计的范围也有不同的表述，下面，我们介绍几种有代表性的表述。

（一）管理审计分为两种：管理职能审计和管理素质审计

管理职能审计就是对决策、计划、组织、领导、控制、激励等基本职能的审查。与决策职能相关的审计内容包括：审查企业以及所属部门有无明确目标，经营目标的可行性及目标的实施措施和步骤。与计划职能相关的审计内容包括：审查各项计划的执行情况及执行结果，计划的编制是否与企业的目标相适应，计划的完成是否符合成本效益原则等。与组织职能相关的审计内容包括：审查企业内部机构的设置是否合理，各机构之间的分工和职责是否明确，企业对各机构的授权是否充分，企业最高领导层与各个机构之间，以及各机构相互之间的信息交流是否充分等。与领导职能相关的审计内容包括：企业各级领导者的领导才能和责任感；领导层对下级的各项指标是否简明易行，对问题的处理是否及时；各级管理人员与职工的关系是否正常；管理人员是否掌握了现代管理科学知识与技能，是否具有开拓精神等。与控制职能相关的审计内容包括：审查内部控制制度是否健全，不相容职务的分工是否合理；内部控制制度是否适应本单位的特点和管理需要；内部控制制度的执行情况如何，在执行中存在的问题及改进措施怎样；内部控制制度对偏离正常轨道的差异是否能及时加以纠正等。与激励职能相关的审计内容包括：审查企业是否实行民主管理，职工参与企业管理的意识是否强烈；职工工作安排是否合理，制订的计划、目标是否切实可行；职工工作是否具有挑战性；领导层对职工的成绩能否客观公正地评价，奖惩是否合理等。

管理素质审计是对管理人员素质的审计，包括对管理人员素质整体的审查评价和企业主要管理人员素质的审查评价。企业管理人员群体素质的审查和评价内容包括：管理人员群体的知识水平是否达到现代化管理的基本要求，管理人员群体的专业知识结构的合理性，管理人员的年龄结构与经济管理的适应性，管理人员岗位安排的适当性，企业管理人员的配置是否做到了开拓型人才与稳健型人才相结合、管理型人才与技术型人才相结合等。企业主要管理人员素质审查内容包括：审查企业主要管理人员的学历、资历和思想品质，即管理人员潜在的素质；审查企业主要管理人员的决策能力、发现问题的能力、分析问题的能力、决断能力、灵活应变能力以及发现和利用人才的能力；审查企业主要管理人员运用时间的能力，看其是否能合理地安排用于研究企业发展战略、方针以及处理日常生产事务的时间等。

（二）管理审计分为两种：治理服务型审计和管理服务型审计

就管理审计的范围而言，在公司管理层面下，管理审计的对象是企业管理层领导下的、企业内部的经营管理活动和与之相配套的内部控制制度。在公司治理层面下，管理审计的对象是风险管理、控制及治理程序。治理服务型审计是融风险管理、公司治理和内部控制审查于一体的综合审计，更加注重在公司治理框架内发现风险、管理风险，关注企业管理层及其经营管理行为可能出现的风险，关注企业在治理过程中的决策风险和经营风险。

（三）管理审计分为两种：管理过程审计和管理部门审计

管理过程审计是指以计划、组织、决策和控制等管理职能为对象的一种管理审计。它通过对各种管理职能的健全性和有效性的评估，以考查管理水平的高低，管理素质的优劣以及管理活动的经济性、效率性，并针对管理中所存在的问题，提出改进的建议和意见。如对决策职能的审查，主要应查明是否制定科学的决策和程序，是否遵守合理的决策原则；决策的方法是否科学、恰当，决策的结果是否正确等。对控制职能的审查，主要应查明有无健全和科学的内部控制制度，各项控制制度是否严格执行，其实际效果如何等。

管理部门审计是以企业的各管理部门为基本对象，通过对企业各管理部门应承担的经济责任及其履行状况以及管理人员素质的审计，促进企业提高经济效益的一种审计活动。如对设备物资管理部门的审计，应查明是否履行了对物资消耗和存储定额的制定、采购、保管、收发和维护等职责。对财务部门的审查，应查明会计工作是否遵循了会计法规，有无严格的成本控制制度；是否采取了有效措施进行资金的筹措，减少资金占用，提高资金使用效率等。企业内部审计部门开展管理审计后，从过去的纠错防弊、扮演“警察”角色为主向高层次的“参谋、耳目、助手”方向发展；从真实性、合规性审计为主向注重效益审计方向发展；从以财务报表为中心的财务收支审计向以内部控制为中心的财务基础审计方向发展；从事后审计向事前、事中审计方向发展。

（四）管理审计分为三种：管理活动审计、资本经营审计和业务经营审计

管理活动审计就是对被审计单位各项管理进行分析审查，找出管理中的薄弱环节，通过改善管理素质，提高管理水平和效益，促进企业提高经济效益。具体包括管理职能审计、管理制度审计和管理方法审计。其中对管理职能的审计包括对计划职能、组织职能、控制职能、决策职能、激励职能等的审计。

资本经营审计是针对企业资产经营与生产经营“双轨”运行的状况而产生的，是对企业资本经营效益、兼并活动效益、外部资本筹措活动效益等进行的审计，以评价企业资本的效率性和效果性。

业务经营审计是对业务经营过程的合理性和生产力诸要素开发利用及其经济效益实现程度进行的审计。具体包括经济资源利用效益审计和业务经营过程审计。经济资源利用效益审计是指对资金使用效益、人力资源利用效益等的审计。业务经营过程审计则是对企业的供、产、销过程的审计，主要包括对业务经营计划的完成情况、各个生产要素的利用情况及组合情况等进行的审计。

（五）管理审计分为三种：经营目标计划执行情况审计、管理职能效益审计、经营活动效益审计

经营目标计划执行情况审计主要包括被审计单位是否取得了预计的经营成果、完成了计划任务等，确定已经实现的经营成果水平是否真实；与计划进行比较，审查目标完成情况；与相关指标进行比较进而总结其成绩并揭示存在的差距；从利润、收入、成本费用等多方面审查企业经济效益的实现程度。管理职能效益审计体现在四个方面：一是经营决策审计；二是组织效能审计；三是内部控制制度审计；四是经济合同审计。经营活动效益审计贯穿于企业生产经营的全过程，体现在四个方面：一是物资采购审计；二是生产过程资源利用效益审计，包括生产物料能源投入产出审计、生产技术审计、资金利用审计、成本费用审计；三是产品销售审计；四是固定资产投资效益审计。

（六）管理审计分为四种：总体经济效益评价、主要业务经营活动审计、专项经济活动审计、主要经济资源利用审计

总体经济效益评价主要是考察被审计单位是否取得了预期的经营成果、完成了计划任务等。总体经济效益评价的主要审查内容包括：（1）确定已实现的经营成果水平，主要是确定所实现的营业收入、营业利润、利润总额、资产利润率等各项经济指标水平。（2）审查计划目标的完成情况，主要是将被审计单位实际数与计划数、目标数相比较，确定完成程度。（3）与相关指标进行比较，进而总结其成绩并揭示其存在的差距。通过与被审计单位不同历史时期经济指标的比较，或者与其他

单位、同行业先进水平等进行比较，可以发现存在的差距与不足和取得的成绩，为进一步提高经济效益明确方向。

主要业务经营活动审计主要是将有关指标的实际水平与计划、定额、先进水平等进行比较，作出评价。其具体内容包括：(1) 采购业务审计，主要审查采购计划制订的正确性，采购计划的完成情况，采购方式的合理性，采购批量确定的科学性，采购成本水平的变化以及采购费用水平的高低等。(2) 存储业务审计，主要审查储备定额制定的科学性，储备计划的完成情况，储备场地的利用情况，仓库管理制度的健全与有效性，材料物资的保证程度等。(3) 生产业务审计，主要审查生产计划制订的科学性及其完成情况，生产任务与生产能力的平衡状况，生产过程的组织与管理水平，产品质量水平，生产成本水平等。(4) 销售业务审计，主要审查销售计划制订的科学性及其完成情况，销售方式的合理性，销售费用的高低，销售收入水平等。

专项经济活动审计包括对外投资、固定资产购建与改造、新产品开发、市场开发等活动的审查。

主要经济资源利用审计，包括固定资产利用、原材料利用、能源利用以及资金利用的审查。

复习思考题

1.国外管理审计的产生和发展经过了哪些阶段？
2.我国管理审计的产生和发展经过了哪些阶段？
3.什么是管理审计？它与经营审计、绩效审计、经济效益审计是什么关系？
4.开展管理审计的原因是什么？
5.管理审计的目标是什么？
6.管理审计的内容包括什么？
7.管理审计的范围包括什么？

第二章
管理审计模式

主要知识点

本章首先介绍管理审计模式的概念及不同的管理审计模式分类体系，在此基础上，对主要的管理审计模式做较详细的介绍。其主要内容包括：管理审计模式概述；结果导向审计模式、过程导向审计模式和问题导向审计模式；业务导向审计模式、管理导向审计模式和风险导向审计模式；治理服务型审计模式和管理服务型审计模式；独立型审计模式和结合型审计模式；管理审计取证思路。

关键概念

管理审计模式；管理审计取证思路

●第一节　管理审计模式概述

模式的含义甚多，审计模式也有多种含义，本节首先界定模式和审计模式，在此基础上，介绍管理审计模式的概念及不同分类方法。

一、模式

关于模式，从不同的视角有不同的表述方式。一种表述方式指出，模式标志事物之间隐藏的规律关系，而这些关系并不必然是图像、图案，也可以是数字、抽象的关系，甚至是思维的方式。前人积累的经验的抽象和升华固定下来，也可以称为模式。所以，模式就是从不断重复出现的事件中发现和抽象出来的规律。模式是一种认识论意义上的确定思维方式，是人们在生产生活实践当中经过积累的经验的抽象和升华，是从不断重复出现的事件中发现和抽象出来的规律，是解决问题形成经验的高度归纳总结。另外一种表述方式指出，模式就是解决某一类问题的方法论，把解决某类问题的方法总结归纳到理论高度，那就是模式。每个模式都描述了一个在环境中不断出现的问题，然后描述了该问题的解决方案的核心，通过这种方式，可以无数次地使用那些已有的解决方案。

模式有不同的领域，商业领域有商业模式，管理领域有管理模式，审计领域也有审计模式。当一个领域逐渐成熟的时候，就会出现不同的模式。商业模式就是公司通过什么途径或方式来赚钱。例如，饮料公司通过卖饮料来赚钱，快递公司通过送快递来赚钱，网络公司通过点击率来赚钱，通信公司通过收话费赚钱，超市通过平台和仓储来赚钱等。只要有赚钱的机会，就有商业模式存在。管理模式是在人性假设的基础上设计出的一整套具体的管理理念、管理内容、管理工具、管理程序、管理制度和管理方法论体系，并将其反复运用于企业，是企业在运行过程中自觉加以遵守的管理规则，"管理模式=理念+系统+方法"。

二、审计模式

模式这个词在审计领域使用较多，有时甚至可能是错误使用。例如，审计模式的含义之一是审计机构报告关系，即审计机构的直接领导是谁。根据这种含义，政府审计区分为立法模式、司法模式、行政模式和独立模式，而内部审计则区分为治理导向模式、管理导向模式和财务导向模式。显然，这里的模式不是方法论，也不是事物之间的规律关系，只是事物的不同表现方式。所以，这里的模式本身不是模式，而是体制，这里的审计模式应该用审计体制来表述。

审计模式的第二种含义是，审计模式是审计目标、审计范围、审计对象、审计内容、审计立项原则、审计准则、审计方法和技术、审计程序、审计报告和审计结果等主要审计要素的组合。不同国家在上述方面存在差异，就形成不同的国家审计模式，例如，美国模式、德国模式、法国模式、中国模式等。不同的审计业务类型在主要审计要素方面也存在差异，从而，也会形成不同的审计模式，例如，合规性审计模式、会计报表审计模式、管理审计模式等。很显然，这种意义上的审计模式，给模式本身赋予的含义太多，从而模糊了模式的特定含义。

审计模式的第三种含义是，审计模式是为实现特定的审计目标所采取的审计策略、方式和方法的总称，它规定了审计取证工作的切入点，规定了审计人员在实施审计工作时，从何处入手、如何入手、何时入手等问题。随着社会经济的发展，审计目的在不断变化，被审计单位的具体情况在不断变化，因而，审计模式也在不断发展。财务审计通常可归集为账项基础审计模式、制度基础审计模式、传统风险基础审计模式和现代风险基础审计模式。显然，这时的审计模式具有方法论的含义，也包含了事物之间的规律关系，是真正意义的审计模式。

三、管理审计模式的分类

根据上述对审计模式的分析，管理审计模式应该是为实现特定的审计目标所采取的管理审计策略、方式和方法的总称，它规定了管理审计取证工作的切入点，规定了管理审计人员在实施管理审计工作时，从何处入手、如何入手、何时入手等问题。尽管管理审计在国外已经有80多年的历史，但是，人们对管理审计模式仍然存在不同的观点或从不同的视角来概括管理审计模式。下面，我们对这些不同的管理审计模式分类做一个简要介绍，对主要管理审计模式的详细介绍是本章随后各节的内容。

（一）二分法

二分法就是将管理审计模式区分为两种，有多种分类体系。一是将管理审计模式区分为以结果为重点的方法和以问题为重点的方法两大类。二是将管理审计模式区分为治理服务型审计模式和管理服务型审计模式。三是根据管理审计与其他审计的关系不同，将管理审计模式区分为独立型管理审计模式和结合型管理审计模式。

（二）三分法

三分法就是将管理审计模式区分为三种类型。内部审计有多种模式，除了财务导向内部审计模式外，其他各种内部审计模式都可以归纳为管理审计模式，在内部审计的发展过程中，除了财务导向审计模式外，还有业务导向审计模式、管理导向审计模式和风险导向审计模式。

（三）四分法

四分法就是将管理审计模式区分为四种类型，包括结果导向审计模式、过程导向审计模式、问题导向审计模式、风险导向审计模式。

（四）五分法

五分法就是将管理审计模式区分为五种类型，又有两种分类体系。一种分类体系将管理审计模式区分为过程导向审计模式、“3E”导向审计模式、结果导向审计模式、制度导向审计模式、风险导向审计模式。另外一种分类体系将管理审计模式区分为结果导向审计模式、过程导向审计模式、问题导向审计模式、业务导向审计模式、风险导向审计模式。

（五）六分法

六分法就是将管理审计模式区分为六种类型，包括结果导向审计模式、控制系统导向审计模式、“3E”导向审计模式、问题分析导向审计模式、责任机制导向审计模式、“成本-效益”分析导向审计模式。

以上介绍了管理审计模式的不同分类体系，本章随后各节将对主要管理审计模式做较详细的介绍。根据各种管理审计模式之间的关系，本章对审计模式的具体介绍分为四节，它们是：结果导向审计模式、过程导向审计模式和问题导向审计模式，业务导向审计模式、管理导向审计模式和风险导向审计模式，治理服务型审计模式和管理服务型审计模式，独立型审计模式和结合型审计模式。

●第二节　结果导向审计模式、过程导向审计模式和问题导向审计模式

管理审计模式有不同的分类体系，本节介绍从审计取证思路来界定的几种管理审计模式，包括：结果导向审计模式、过程导向审计模式和问题导向审计模式。

一、结果导向审计模式

结果导向审计模式又称为事后审计模式。在这种模式下，审计人员不是一开始就检查被审计单位的管理责任履行过程，而是直接检查管理责任履行结果，对其是否遵守既定标准进行评价。它的一般过程是，检查目标完成情况；分析效率性、效果性和经济性；分析原因；审计建议。该模式放弃了使用已久的对程序和系统的关注，而直接关注工作是否达到了预期的目标。在结果导向审计模式下，审计人员对被审计单位管理的结果进行分析评价，以此为线索追踪到导致结果的原因，追踪到业务过程和活动中，然后对这些过程和活动进行详细审计。这里的结果通常是指经过审计被证实为真实与合法的财务会计报表资料或根据绩效考核指标所计算的数据。被审计单位一定时期的绩效通过财务会计报表和其他资料反映出来，审计人员在确信这些资料准确无误后，就可以计算与被审计单位有关的业绩评价指标，然后将计算结果与一定的标准进行比较，对差距较大的指标进一步分析，找出绩效变化的原因。为了保证对关键原因分析的可靠性，审计人员采取一定的方法进行验证，直到反映真实情况为止。

这种模式的优点是，审计证据易收集，审计目标易实现，占用的审计资源较少。但它只能是“秋后算账”式，无法有效发挥预防作用。

为什么结果导向管理审计模式会成为管理审计的一个主导模式？可能有两方面的原因：第一，源于委托人问责需求。管理审计实质上是监督资源或资金的管理和使用，委托人最为关心的一般是资源的使用结果而不是管理和使用过程。因此，管理审计工作的设计应该以“结果”为导向，向委托人提供他们所关心的“资源使用结果”及“管理业绩”方面的信息。这就使得结果导向管理审计模式应该成为管理审计的主导模式。当然，对这里的“结果”包含的含义可能有不同的理解，不同的审计项目有不同的内容，总体来说，可以归纳为经济性、效率性和效果性。第二，源于审计资源的限制和审计风险控制。在有限的审计资源条件下，如何有效地开展管理审计以满足委托人的问责需要，是审计机构需要认真研究的问题。从审计思路来说，就是要在事前审计、事中审计、事后审计以及全过程审计模式中进行选择。事前审计模式是一种带有预测性质的分析和评估，这种模式所获取的审计证据大多为预测性质的证据，这需要审计人员必须具有更多的专业知识，必须具有更高超的分析预测水平和技术，所以，这种事前审计证据更难收集，审计的风险也更大。因此，事前审计模式不是管理审计最优的审计模式。事中审计模式是以管理过程或控制系统为导向的管理审计。一般来说，对控制系统、管理过程进行分析的成本较高，而且确定控制系统缺陷对预期结果的影响也比较困难。因此，这一审计模式的成本明显过高。全过程审计模式包括事前审计、事中审计和事后审计，该模式不仅需要更多数量和更高素质的审计人员，而且需要更多的审计经费和审计时间。就事后审计模式来说，其获取的审计证据一般都是已经发生的事实证据，审计人员比较容易获取这些审计证据，因而审计的风险相对不大。同时，由于事后审计不需要对复杂的管理过程和程序进行全面审计，因而审计成本也相对不高。所以，比较而言，事后审计模式是可选择的管理审计模式。

二、过程导向审计模式

过程导向审计模式是指围绕审计事项过程收集审计证据的一种管理审计模式。目前，过程导向审计模式应用较多的是跟踪审计。与事后审计相比，全过程审计能随时发现建设项目在决策、立项、施工管理等环节存在的问题，提出整改意见，做到防患于未然。但这种模式的劣势也很明显，需要耗费巨大的审计资源。

跟踪审计均始于建设项目，其实质是实时审计，又称为同步审计。这种审计方法的使用始于事后审计对象，往往是既成事实的建设项目，很难进行事先的预防和控制，反馈的信息也严重滞后。另外，现实工作中，项目管理过程中的舞弊现象还比较严重，假签证、假变更、假发票等现象不断出现。事后审计无法深入现场核实与确认审计信息的真伪，尤其是隐蔽工程部分，信息失真可能会导致审计结论失偏，不仅影响了审计有效性目标的实现，本身还意味着巨大的审计风险。选择跟踪审计，是变革建设项目审计方式的必然要求。跟踪审计的主要模式有两种：第一种是全过程跟踪审计模式，审计主体跟踪建设程序，有计划地从建设项目的立项、可行性研究设计、征地拆迁、招投标、合同签订、工程价款结算、竣工验收直至项目投产或使用进行审计；第二种是阶段性跟踪审计模式。跟踪审计的跟踪有四种方式：一是阶段性跟踪审计，二是环节性跟踪审计，三是同步跟踪审计，四是批量跟踪审计或行业、系统跟踪审计。

关于跟踪审计产生的理论基础，有一种观点认为，受托经济责任依据其履行逻辑关系来划分，分为过程责任和结果责任。受托责任人的责任履行过程的合法性与效益性是受托责任人责任履行结果合法性与效益性的前提与基础，受托责任人责任履行结果的合法性与效益性又是受托责任人责任履行过程合法性与效益性的直接效果。所以，审计要促进受托经济责任切实有效履行，关键是要促进受托责任人责任履行过程的合法性和有效性。跟踪审计是对受托责任人的责任履行过程进行跟踪式监控，相对于非跟踪审计方式而言，能够更好地促进受托经济责任的有效履行。

与非跟踪审计相比，跟踪审计具有强调过程性、时效性和预防性的特点。强调过程性是与非跟踪审计相比，跟踪审计所具有的最突出的特点。例如，在对建设项目进行跟踪审计时，由于实际情况不同，各地在跟踪审计的具体方法上存在较大差异，有的地方对建设项目从立项到竣工进行全过程跟踪，有的地方选择重点项目、关键时段进行全过程跟踪。所以，这些都是强调过程的审计。与非跟踪审计相比，跟踪审计的时效性主要体现在发现和纠正问题的及时性。跟踪审计对于发现的问题可以随时向有关责任方提出，在过程中发现，在过程中纠正，在过程中规范，使问题能够及时得到有效解决，克服了非跟踪审计纠正问题的滞后性。跟踪审计区别于非跟踪审计的显著特点是，它不是审计事项结束后的事后监督，而是将审计事项分成多个阶段，对各个阶段进行事中或事后监督，对于审计中发现的问题或其萌芽，建议有关方面建章立制，防范问题发生，从而发挥预防作用。

跟踪审计注重从源头上及时发现和制止违法违规问题，弥补了非跟踪审计方式的固有缺陷，充分发挥了审计的预防作用。跟踪审计切实提高了资源在实际项目中的使用效率。当然，跟踪审计可能面临一些冲突：一是偏离审计目标，侵入项目管理。二是增加审计成本，难以衡量审计价值。开展建设项目跟踪审计，审计对象增加了，审计范围扩大了，审计内容丰富了，审计环境复杂了。跟踪审计的广泛性、全面性、过程性决定了其审计成本相对于常规审计要高。但目前还无法准确确认在高成本条件下，是否达到了比较好的审计效果，是否实现了管理审计目标，审计价值难以衡量。如何在成本与效益之间进行取舍，是这种审计模式能否广泛开展的最大制约因素。三是审计依据不足，审计实践被动。四是审计能力不足，审计质量难以保证。

三、问题导向审计模式

问题导向审计模式，是以结果为导向的审计模式的一种特例，它是指审计人员以被审计单位暴露的突出问题为线索，从问题发生的原因追查被审计单位业务运行和管理的薄弱环节，提出有针对性的改进建议的审计方法。这种审计模式的应用前提是重大问题已经暴露。

问题导向管理审计模式，主要关注问题的确认和分析，一般不需要预定管理审计标准。在这一审计模式下，缺点和问题是审计的起始点，而不是审计的终点。该模式审计的主要任务是核对问题的存在，并从不同角度分析其原因，在此基础上通过完善相应的体制、机制、制度等，来推进问题的解决，达到发挥审计建设性作用的目的。

在具体实践应用中，问题导向管理审计需要着重把握以下几个关键点：第一，从问题出发确定立项选择。在项目的选择中要注重三个环节：注重项目选择来源渠道的广泛性；注重项目关注问题的实地调查和多方确认；注重项目效果的预见性分析。第二，通过分解问题确定审计的主要内容。项目确定后，将审计要回答的总括性问题，自上而下分解为多个层次的子问题，形成“逻辑结构树”。通过不断发展逻辑结构树直至最低层，确定审计组的基本审计任务，确定完成审计工作所需的资源，合理分配审计人员的工作。该逻辑结构树可以帮助审计人员明确审计目标，从杂乱无章的信息中，筛选出有价值的审计证据，并用这些证据搭建出一座通往审计目标的桥梁。第三，在实施过程中寻找评价标准。问题导向管理审计模式主要关注问题的确认和分析，一般不需要预定管理审计标准。因此，在审计实施过程中，需要通过对审计事项的全面了解和深入分析，寻找到恰当的评价标准。第四，对问题产生的原因进行综合提炼。问题的原因分析是问题导向管理审计的主要内容。第五，提出解决问题的多层次建议。第六，强化审计结果利用。发现问题和分析问题仅仅是管理审计的初步目标，最终目标是发挥审计的建设性和预防性作用。要提高审计结果利用效果，关键是区分不同对象对审计结果利用的不同需求，开发出多层次的审计成果，推进审计成果的综合利用。

第三节　业务导向审计模式、管理导向审计模式和风险导向审计模式

内部审计有多种模式，在内部审计发展过程中，除了财务导向审计模式外，还有业务导向审计模式、管理导向审计模式和风险导向审计模式，本节介绍这三种审计模式。

一、业务导向审计模式

在内部审计的发展历史中，科学管理理论及一般管理理论对内部审计理论及实务产生了深远的影响，随着上述管理理论的出现，内部审计界开始关注管理活动，以科学管理理论提出的效率至上以及一般管理理论提出的管理控制要素为核心，内部审计将审计重点从财务账簿转向了经营活动和管理控制，内部审计进入了业务导向审计阶段。业务导向审计将视线投向更广的经营和管理领域。内部审计的重点是具体业务和管理控制的分析与评价，旨在通过提高业务活动、管理控制的效率而实现盈利的目标，其职责是评价受托管理责任的履行情况。

业务导向审计模式，是以本组织的重大业务为线索，对该项业务的过程和结果进行检查分析，判断业务活动是否正常，是否达到预期效果，进一步找出导致业务活动出现偏差的因素，提出改进建议的一种审计方法。这里的重大业务是对本组织业绩有重大影响的业务，它是本组织素质的综合表现，是业务活动绩效的集中反映，通过对重大业务活动的追踪审计，能够捕捉到本组织的多方面信息，可以收到立竿见影的效果。

要有效地开展内部控制和业务审计，提供建设性服务，就要深入调查经营管理的现状，找出薄弱环节和经营不善之处，并寻求改进的措施，而这就需要取得被审计部门和人员的理解、参与和合作。正如内部审计大师劳伦斯·索耶所述：在对复杂的经营活动进行深入、全面的审计时，被审计人员的技术专长和内部审计人员的业务专长相结合是唯一可行和有效的方法。

成本-效益分析导向审计是业务导向审计模式的一种方式，它主要对被审计单位、项目或活动的成本和效益进行分析和比较。该模式有两个特点：第一，对任何单位、项目或活动进行评价，均从成本和效益两方面入手；第二，在判断一个事项是有利（效益）还是无利（成本），是重要还是不重要时，应该明确地站在公众的立场上。

二、管理导向审计模式

20世纪中后期的资本主义世界，企业规模的发展壮大及世界性经济危机等外部环境更深刻地影响着企业内部管理，在这种背景下，内部审计关注的重点已从业务层级转向管理和决策。公司治理理论及实践的逐步成熟，特别是审计委员会制度的建立，提高并保障了内部审计更高的地位，也为内部审计对高层受托管理责任的审查提供了保障，内部审计开始进入管理导向阶段，在“为管理”进行审计的同时

增加了“对管理”进行审计。内部审计人员不仅应该关注企业是否正确地做事（经济性和效率性），而且他们必须考虑企业是否在做正确的事（效果性）。管理导向审计已由具体的业务转向管理目标、方针、决策等层面，对组织内部的各种管理活动进行独立、客观、建设性、面向未来的检查和评价，目的在于协助组织的管理层有效履行其职责，把握经营管理的关键所在，帮助管理层改进决策，提高企业未来的获利能力和经营能力，更好地完成受托管理责任。

在实际工作中，制度导向审计、控制导向审计、责任机制导向审计模式可以归纳为管理导向审计的具体实现方式。制度导向审计认为，业绩的好坏与该组织的制度有密切的因果关系，制度导向审计模式就是从这一因果关系出发，寻求和确定被审计单位经济效益变化的原因，为进一步审计提供重点方向。制度导向审计的关键是对被审计单位的制度，尤其是对其中的管理控制部分进行评价。通过评价，基本掌握被审计单位的制度缺陷和薄弱环节，在此基础上深入分析管理制度上的漏洞，及可能导致的绩效上的风险和不良后果。控制导向审计主要对被审计单位的控制系统进行分析、检查和测试。审计人员根据对实现关键结果的重要性来选择一些控制环节进行审计，确定主要缺陷，采取进一步的措施确定问题的原因和对预期结果的影响或潜在影响。事实上，控制导向审计与制度导向审计并无实质差别。责任机制导向审计将责任机制作为管理审计的中心内容，主要判断不同层次的负责人员在多大程度上实现了相关目标和要求。在这种模式下，审计人员要去发现问题，并对所发现问题背后的原因进行分析，但其重点是要发现，是谁犯了错误和没有尽到应有的责任。

三、风险导向审计模式

20世纪90年代，人类社会已从工业经济时代步入信息时代，管理环境不仅变得日益复杂，而且愈来愈不稳定，变化更加迅速和彻底，全球化经营使企业竞争环境从区域转向全球，企业管理由以产品为中心转向以顾客为中心，从大规模生产转向个性化定制。内部审计要适应这样的管理环境，自身也必须进行变革。在这种背景下，国际内部审计师协会对内部审计的界定是，内部审计是一种独立、客观的确认和咨询活动。它通过系统化、规范化的方法来评价和改善风险管理、内部控制及治理程序的效果，以帮助实现组织目标。风险导向审计模式通过对组织的风险管理、控制及监督过程进行评价，进而提高过程效率，帮助组织实现目标。

风险导向型企业内部审计的主要审计类型是融风险管理、公司治理和内部控制于一体的综合审计。这种综合审计相比管理导向内部审计而言，更强调关注公司治理框架中的风险发现与风险管理，关注管理者及其经营管理行为可能出现的风险，关注组织在整个治理过程中的决策风险与经营风险。风险作为一个核心理念，贯穿于整个内部审计过程中。

风险导向内部审计要求内部审计人员自始至终都要关注风险，根据风险选择项目，以降低风险为导向，运用系统化、规范化的方法，从组织战略层次到具体业务层次，对组织进行全面风险管理活动的鉴定和评价，提出改进建议，以帮助组织实现各个层次上的目标。

在风险导向阶段，内部审计的职能有了很大的发展空间，从传统的监督、评价发展为确证及咨询。确证及咨询职能都是紧密结合内部审计的增值目标而发展起来的。这种模式的内部审计，重视与组织目标直接相关联的风险分析，密切关注高风险领域，并根据风险评估结果调整审计战略与确定审计重点，从而能提供更相关、更符合管理层和董事会需要的确证信息，能帮助组织创造价值并提高经营效率。

风险导向审计立足于对审计风险进行系统分析和评价，并以此为出发点制订审计计划，实施审计实务。这种模式强调对组织风险的关注与评估，并以此为核心，对效果性、效率性和经济性进行审计。这里所说的风险是指组织的各个单位、各项业务活动和各项财产物资，受到不确定因素的影响，导致绩效不利变动的可能性。风险导向审计模式下，审计人员对被审计单位的各项业务或财产物资进行风险评估，按照风险评估结果的高低来确定进一步审计的内容。

风险导向审计使审计人员从被动地承受风险转变为主动地控制和降低审计风险，在提高审计效率的同时，又有针对性地控制和降低了审计风险，在一定范围内控制并且减轻了审计人员的责任，从而为现代审计开拓了新的思路。

●第四节　治理服务型审计模式和管理服务型审计模式

公司治理和公司管理是两个不同的层面。公司治理关注的是高层次的科学决策，确定公司的使命和目标；公司管理则是执行决策、完成使命、实现目标的具体活动，其核心是确定公司目标实现的途径。公司管理是经营和运作公司，公司治理是确保这种经营和运作处在正确的轨道上。公司治理规定了整个企业运作的基本网络框架，公司管理则是在这个既定的框架下驾驭企业奔向目标。在公司治理和公司管理两个层面下，内部审计相应地分为公司治理层面下的内部审计和公司管理层面下的内部审计，分别称为治理服务型内部审计和管理服务型内部审计。在治理服务型审计模式下，审计人员被置于董事会的直接领导下，在公司治理的框架下发挥作用。在管理服务型审计模式下，审计人员被置于管理层的直接领导和控制之下，在公司管理的组织框架内发挥作用。相应地，管理审计区分为治理服务型管理审计和管理服务型管理审计。在管理服务型管理审计下，管理审计的目标自然要体现企业管理层的意志，受企业管理层的制约，因此，管理服务型管理审计的目标只能涵盖企业管理层所关注的目标，而不可能涵盖企业管理层本身可能存在的问题。在治理服务型管理审计下，管理审计的目标向增值功效转变。通过开展管理审计，可以帮助组织预防和减少损失，当管理审计成本小于损失的减少时，公司价值就增加了。此外，通过开展管理审计，客观上会对企业管理层和其他职能部门产生警示作用，促使其不得不努力改善工作成效，从而也起到增加企业价值的作用。从欧美国家许多大公司的实践看，管理审计确有增值功效，主要实现途径为：介入经营风险管理，包括对内部控制状况进行独立评估、在员工中普及内部控制和内部审计的专业教育、确立风险防范方法和工具、开展尽职调查；触动经营效率改进，包括诊断并减少经营管理缺陷、建立知识库、分享模范实务；改善经营效果，包括参与经营程序改进、增进信息技术资源、培训潜在领导者。

●第五节 独立型审计模式和结合型审计模式

在多数情况下，管理审计是独立作为审计项目来开展的，这就是独立型审计。在有些情形下，管理审计可能与其他审计项目合并进行，这就是结合型审计。

一、独立型审计模式

独立型审计就是将管理审计作为一个独立的项目来开展，不是将管理审计的内容融于其他类型的审计项目中。一般来说，大多数管理审计都属于独立型审计。

从我国目前的情况来看，独立型审计项目应该作为探索的重点方向。独立型管理审计项目的选择，首先应紧密联系实际，要与组织的工作重心相结合，从组织的热点问题入手。其次，审计立足点要高，有利于贯彻和体现管理审计的理念，具有一定的审计可增值性。同时，还必须考虑审计项目的可操作性，选择审计力所能及而且能够尽可能获得被审计单位和相关部门接受、支持配合的项目。一般来说，独立型管理审计的重点方向包括：

（1）以揭露问题为抓手的制度建设管理审计模式。在实践管理审计过程中，正确处理好揭露问题与解决问题的关系，真正把重大损失浪费、影响组织目标实现的问题揭示出来，提出有针对性、可操作性的审计建议。从体制、制度层面提出建议，为领导提供决策依据，并从管理体制及运营体制等制度方面提出审计建议。

（2）以资金使用效能为基础的行政管理审计模式。在实践管理审计的过程中，正确处理好资金使用绩效与管理效能的关系，把评价资金使用绩效与评价管理效能统一起来。通过审查分析资金使用的效果性、效率性和效益性，提高资金使用效益，维护经济安全，促进可持续发展。

（3）以专项资金调查为方式的调查管理审计模式。在实践管理审计的过程中，以提高专项资金使用效益为目标，加强对专项资金的审计调查，重点对政策措施的制定、落实执行情况及政策制定的合理性、有效性进行审查，揭示有关政策落实方面存在的问题，促进相关政策制度的完善。

（4）以建设项目效益为内容的固定资产投资管理审计模式。在实践管理审计过程中，以完善投资管理体制、促进提高固定资产投资效益为目标，开展对重点投资项目的管理审计，评价投资项目的效益，重点揭露影响投资经济、社会和生态效益的主要问题。

二、结合型审计模式

结合型审计就是将管理审计与其他类型的审计项目结合起来进行，通过一个审计项目，完成多种审计类型的审计目标。有中国特色的管理审计实质上是在财务审计向成熟的管理审计发展过程中要必然经历的一个阶段，这需要一个较长期的过程，并非一朝一夕可以成功。从实践上来说，内部审计人员在探索提高管理审计工作水平的方式和方法，但总的来讲，具有突破性的创新较少。管理审计本身具有的全面性、综合性、前瞻性等特点，使得管理审计难以形成统一的审计模式，这也使得管理审计的水平在短期内难以提高。而结合型管理审计既是审计实践的产物，也是一种思维方式，将其再应用于实践，有利于提升管理审计的水平。在结合型管理审计模式下，审计类型不是单纯地将某个项目作为财务收支审计项目或者是经济责任审计项目，而是要将真实性、合法性、效益性结合起来开展审计。在结合型管理审计模式下，注重将管理审计与常规审计相结合，把握管理审计重点，拓宽管理审计范围，注重从政策执行、资金使用、资源利用、行政效能等诸多方面综合分析和评价资金的效益、效率和效果，促进提高资源配置使用的合理性和有效性，充分发挥审计建设性作用。

一般来说，结合型审计模式的融合或审计范围的拓展主要有以下方式：

（1）在财务审计中体现管理审计理念。在开展财务审计时，注重审查财务收支的合规性和科学性，关注财务支出结构分析、财务支出增长情况分析，关注资金使用效益、运行成本和效能，揭示和反映组织在财务收支过程中存在的缺陷和问题，提出完善财务收支管理体制、健全财务收支业绩评价体系等建议，促进规范财务收支管理，提高资金使用效益。

（2）在经济责任审计中引入业绩评价。在对领导干部进行经济责任审计时，通过管理审计理念的引入，丰富和充实经济责任审计的内容。重点关注领导干部的经济发展能力、科学决策能力、内部管理能力及个人廉洁情况，对领导干部任职期间财务收支的真实性、合法性、效益性进行评价，对重大经济决策事项是否存在决策失误、损失浪费、国有资产流失等问题，进行真实的反映，作出客观的评价。

（3）在投资领域大力推进管理审计。在开展投资审计时，坚持以财务收支审计为基础，通过检查资金的拨付、管理和使用情况，揭示投资建设过程中存在的问题，深层次剖析投资管理体制中的缺陷和不适应经济发展的方面和环节，促进减少损失浪费和节约资源，完善投资管理体制，提高工程建设管理水平和投资效益。同时，加大对投资效益的分析和对投资决策、投资管理机制的评价。

●第六节　管理审计取证思路

本章以上各节介绍了不同类型的管理审计模式。事实上，审计的核心内容是取证，而审计取证的思路也是某种意义上的审计模式。本节介绍管理审计的不同取证思路。

一、因果分析法与果因分析法

因果分析法是从事件的起因查起，最终查出所对应的结果的一种分析方法。果因分析法则正好相反，是从事件所产生的结果查起，最终透析出问题产生的原因的一种分析方法。这两种方法各有优缺点。因果分析法的优点是循序渐进，环环相扣，审计内容较为全面；不足之处是审计所需时间较长，技术难度较大。果因分析法的优点是溯果撷因，方法简便，需要时间较短；不足之处是审计过程容易以点带面，内容不够全面。究竟哪种方法的效果更好，这要视具体的审计情况和审计目的而定。一般来说，在没有审计线索的情况下，更多地采用因果分析法，如果审计人员掌握了审计线索，为了提高审计效率，便可以考虑采用果因分析法。

二、窗帘中间拉开式审计法

如果一个窗帘由两幅组成，在阳光充足的早晨，我们从中间拉开，眼前便会迅速地明亮起来。这种拉窗帘的方法应用到管理审计中，也会起到事半功倍的效果。具体来说，就是审计人员根据掌握的审计线索，依据自己的职业经验，对问题产生的原因作出判断。同时，向“左”追查问题产生原因的整体脉络，向“右”验证分析自身判断的准确性。这种方法也可以称为“先入为主”法。例如，某项工程成本管理审计，已知该项工程成本过高。审计人员根据经验判断，知道问题产生的原因是材料采购成本过高。依此判断，审计人员便可向“左”追寻材料采购过程及管理方式，向“右”可通过抽查票据的方式，具体验证材料采购成本是否真的过高。如果向“右”的结果验证了审计人员的判断，向“左”的工作业已完成，此项管理审计便可初步结束。这种审计方法的优点是工作效率会大大提高，缺点是如果审计人员的判断出现偏差，反而会使审计工作进度迟滞。因此，职业经验不足的审计人员不宜使用该审计方法。

三、遵循性审计法与思维创新审计法

遵循性审计法是针对管理审计中发现的问题，依据已有的管理模式和固有的思维习惯，对问题的是与非作出判断。思维创新审计法则相反，它根据被审计单位的实际情况，打破原有的思维方式，对问题进行判断。举例来说，企业临时用工问题，按照国企固有的管理模式及固有的思维方式，企业临时用工是不可取的，因为国企本身已经存在冗员情况。按照遵循性审计法，就会否定企业临时用工的做法。但我们如果采用思维创新审计法，换个角度去思考问题，可能又会得出不同的结论。如果临时用工可以使生产效率提高，所带来的经济效益大于用国有企业闲置职工，而这种大于效益又足可以抵偿临时工用工成本的话，用临时工也未尝不可。因此，审计人员不能因循守旧，死抱框框。否则，审计结论不可能是实事求是的，甚至会给企业决策带来一定的误导作用。

四、解剖麻雀审计法与高屋建瓴审计法

管理审计强调，要进行深入细致的分析与解剖，并不是说管理审计要一味地在微观世界中探索。深入地了解微观世界之后，审计人员还要“跳”出来，站在一定的高度，对微观进行总结、提炼，使之上升到一定的高度，这就是我们所说的高屋建瓴审计法。通常所说的既要进得去又要出得来，就是这个道理。解剖麻雀审计法停留在微观层次，高屋建瓴审计法则提高到了“宏观世界”，二者相辅相成，缺一不可。微观是宏观的基础，没有微观只有宏观是不可能的，同样只有微观没有宏观也是不行的，站在微观和站在宏观的角度所得出的审计结论也可能是不同的。如一

个集团公司，内部有许多子公司，某一个子公司车辆需要进行修理，经过考察，委托集团公司以外的单位进行修理，比集团公司内部其他公司的价格要低得多。如果站在这个子公司微观的角度考虑问题，就会得出用外部单位进行修理的结论，但如果站在集团公司这个宏观角度考虑问题，从集团公司整体效益出发，又会得出用集团公司其他子公司进行修理的结论。可见，看问题的角度和高度不同，会在很大程度上影响审计结论。

五、否定之否定审计法

在实际审计工作中，由于受环境和知识水平等因素的影响，审计人员作出的审计结论往往不可能一次完成，先前的审计结论可能存在一定的偏差。这时，如果审计人员发现了这一偏差，应对原有的审计结论进行否定，重新得出正确的结论。否定之否定才是肯定。审计人员只有勇于面对自己的错误，才能不断得出正确的结论。我们所说的否定之否定，并不是单指一次否定，在有些情况下，可能需要多次否定才能得出正确的结论。

复习思考题

1.管理审计模式有哪些？
2.结果导向审计模式的基本思路是什么？
3.过程导向审计模式的基本思路是什么？
4.问题导向审计模式的基本思路是什么？
5.业务导向审计模式的基本思路是什么？
6.管理导向审计模式的基本思路是什么？
7.风险导向审计模式的基本思路是什么？
8.治理服务型审计模式的基本思路是什么？
9.管理服务型审计模式的基本思路是什么？
10.独立型审计模式的基本思路是什么？
11.结合型审计模式的基本思路是什么？
12.管理审计取证思路有哪些？

第二篇

技术篇

本篇介绍管理审计的主要技术原理及操作方法，包括以下内容：（1）管理审计技术概述，主要内容包括：管理审计步骤，审计证据，管理审计准则，管理审计标准。（2）管理审计项目选择方法和审计计划方法，主要内容包括：层次分析法，决策分析法，统计分析法，经营预测法，PERT网络分析法，德尔菲法，PDCAR法则。（3）管理审计现场取证的方法，主要内容包括：管理审计基本方法，经济活动分析方法，科学管理方法，项目管理方法。（4）管理审计分析和评价方法，主要内容包括：管理审计常规分析方法，管理审计独特分析方法，管理审计评价方法。（5）管理审计报告方法、沟通方法和后续审计方法，主要内容包括：审计报告设计方法，审计报告编写步骤与方法，管理审计业务沟通，审计报告的复核和呈送，管理审计后续审计方法。（6）信息技术在管理审计中的应用，主要内容包括：人工智能，工作流技术，数据挖掘技术，人工神经网络。

第三章

管理审计步骤、技术方法概览和审计证据

主要知识点

管理审计步骤就是管理审计项目从开始到结束需要经历的阶段。有人将审计步骤称为审计程序，认为审计程序就是指为完成审计工作所需经历的步骤。我们认为，这是对审计程序的望文生义之理解，事实上，审计程序（Audit Procedure）就是获取审计证据的方法，方法本身可能有步骤，但是，审计程序本身不是指整个审计项目所经历的阶段，而是获取审计证据的技术或方法。根据上述对审计步骤的界定，本章有三个主题：一是介绍管理审计步骤；二是对管理审计各步骤可能用到的审计技术方法做一个清单式的列示，各种审计技术方法的具体内容在下一章介绍；三是介绍管理审计证据的相关内容。具体来说，本章包括以下内容：管理审计步骤；管理审计技术方法概览；管理审计证据。

关键概念

管理审计步骤；管理审计技术方法；管理审计证据

●第一节　管理审计步骤

由于现代内部审计是以管理审计为主的，所以，内部审计步骤实质上主要是管理审计步骤。本节介绍几种有代表性的内部审计步骤。

一、中国内部审计协会《内部审计基本准则》规定的审计步骤

中国内部审计协会《内部审计基本准则》对内部审计步骤的规定主要体现在作业准则、报告准则和内部管理准则三个方面，大致包括审计计划、审计实施、审计

报告三个阶段。

（一）审计计划

第五章内部管理准则第二十八条规定，内部审计机构应当编制中长期审计规划、年度审计计划、本机构人力资源计划和财务预算。

第三章作业准则第十二条规定，内部审计机构应当根据组织的风险状况、管理需要及审计资源的配置情况，编制年度审计计划。

（二）审计实施

第三章作业准则第十四条规定，内部审计机构应当在实施审计三日前，向被审计单位或者被审计人员送达审计通知书，做好审计准备工作。

第三章作业准则第十五条规定，内部审计人员应当深入了解被审计单位的情况，审查和评价业务活动、内部控制和风险管理的适当性和有效性，关注信息系统对业务活动、内部控制和风险管理的影响。

第三章作业准则第十六条规定，内部审计人员应当关注被审计单位业务活动、内部控制和风险管理中的舞弊风险，对舞弊行为进行检查和报告。

第三章作业准则第十七条规定，内部审计人员可以运用审核、观察、监盘、访谈、调查、函证、计算和分析程序等方法，获取相关、可靠和充分的审计证据，以支持审计结论、意见和建议。

第三章作业准则第十八条规定，内部审计人员应当在审计工作底稿中记录审计程序的执行过程，获取的审计证据，以及作出的审计结论。

（三）审计报告

第四章报告准则第二十条规定，内部审计机构应当在实施必要的审计程序后，及时出具审计报告。

第四章报告准则第二十一条规定，审计报告应当客观、完整、清晰，具有建设性并体现重要性原则。

第四章报告准则第二十二条规定，审计报告应当包括审计概况、审计依据、审计发现、审计结论、审计意见和审计建议。

第四章报告准则第二十三条规定，审计报告应当包含是否遵循内部审计准则的声明。如存在未遵循内部审计准则的情形，应当在审计报告中作出解释和说明。

二、国际内部审计准则界定的审计步骤

国际内部审计准则指出，审计负责人应有效地管理内部审计活动，确保内部审计活动为机构增加价值。对内部审计步骤的界定体现在工作标准中，大致分为审计计划、开展审计业务、报告审计结果和后续审计过程四个阶段。

（一）审计计划

审计负责人应根据风险制订计划，来确定符合机构目标的内部审计的工作重点。内部审计活动的业务计划应至少一年进行一次，并在风险评估的基础上制订。在制订计划的过程中，应考虑到高级管理层和委员会的意见。审计负责人应把内部审计活动的计划与资源要求（包括重要的及临时性的变化）提交高级管理层和委员

会报告、审议通过。审计负责人还应说明资源方面的限制可能带来的后果。内部审计师在开展每项审计业务时都应制订并记录审计计划，包括范围、目标、时间和资源分配。

（二）开展审计业务

内部审计师应收集、分析、评价并记录足够的信息，实现审计业务目标。内部审计师应收集到充分、可靠、相关、有用的信息，实现审计业务目标。内部审计师应在适当的分析和评价的基础上得出审计结论和审计结果。内部审计师应记录相关的信息，支持审计结论和审计结果。审计负责人应对审计业务记录的使用加以管理。审计负责人在把这些记录适当向外界公布之前，应征得高级管理层或/和法律顾问的同意。应对审计业务进行适当的监督，以确保实现目标、保证质量、提高职员素质。

（三）报告审计结果

内部审计师应及时报告审计结果。报告内容包括审计目标、审计范围及适用的审计结论、建议和行动计划。在适当情况下，审计结果的最后报告中应包含内部审计师的总体意见或结论。审计报告应对令人满意的业绩予以承认。在向组织外部发布业务结果时，报告中应包括发送限制和业务结果的使用限制。报告时要做到精确、客观、清晰、简洁、完整、及时、富有建设性。审计负责人应将审计结果发布给适当的对象。

（四）后续审计过程

内部审计师所进行的后续审计是指他们用以确认管理层针对报告中的审计发现和建议（包括外部审计师和其他人员的审计发现和建议）所采取的行动是否充分、有效和及时的工作过程。内部审计师应确认已经采取有关纠正行动并正在达到期望的结果，或者确认高级管理层或董事会已经承担了对所报告的审计发现不采取纠正行动而产生的风险。审计负责人应建立后续审计过程，以监督、保证管理行为得到有效落实，或高级管理层已接受了不采取行动所带来的风险。审计负责人应确定后续审计的性质、时间和范围。在确定合适的后续审计程序时应考虑以下因素：所报告的审计发现和建议的重要性；纠正所报告问题需要的努力程度和费用；如果纠正措施失败，可能会产生的影响；纠正措施的复杂性；所涉及的时间期限。审计负责人应负责安排后续审计工作，并把它作为制订审计工作计划的一部分。制订后续审计工作安排应以所涉及的风险及实施纠正措施的困难程度和时间安排的重要性为依据。

三、某大型企业的内部审计步骤

国内某大型企业的《内部审计章程》中规定，内部审计工作程序一般分为审计准备阶段、审计实施阶段、审计终结阶段三部分，后续审计作为审计终结阶段的一部分。

（一）审计准备阶段

审计准备阶段的主要工作包括：制订审计计划、进行审前调查、制订审计实施方案、送达审计通知书等。公司审计部门应当以风险为导向制订审计计划，报公司总经理批准后实施。公司审计部门应当合理安排审计人员，组成项目组，并指定项目组长或主审。项目组应当编制审计方案或作业计划，并按照有关审计作业规范组织实施现场审计。

（二）审计实施阶段

审计实施阶段的主要工作包括：查证、收集审计证据；编制审计工作底稿；与被审计单位交流和沟通、签认审计工作底稿等。公司审计部门应当在实施审计前5个工作日，向被审计部门或单位送达审计通知书。对于特殊审计事项，审计通知书可在实施审计时送达。被审计部门或单位接到审计通知书后，应当根据审计要求做好接受审计的各项准备。

（三）审计终结阶段

审计终结阶段的主要工作包括：出具审计报告初稿；征求审计报告意见；修改并审定审计报告；向被审计单位下达审计意见书或审计决定；审计项目资料整理归档；根据需要，进行后续审计等。审计结束后，审计项目组应当编制审计报告，并在征求被审计单位意见后报审计管理部门。被审计单位对审计报告有异议的，应当在10个工作日内提出书面意见；逾期不提出的，视为无异议。公司审计部门依据审计报告，向被审计单位下达审计意见书或审计决定。涉及重要问题的，应报公司总经理审定。公司审计部门对已办结的内部审计事项，应当按照档案管理规定建立审计档案并归档。

第二节　管理审计技术方法概览

本节首先介绍国外和国内关于管理审计技术方法概况，在此基础上，列出管理审计技术方法清单。

一、管理审计技术方法概况

在审计发展历史上，经营审计、绩效审计、经济效益审计等相互交错，相互渗透，有时甚至是同一事项的不同称呼。所以，本节在介绍审计技术方法概况时，不区分这些审计类型。

（一）国外管理审计技术方法概况

Pollitt根据5个欧洲国家的管理审计实践，将绩效审计方法归纳为：文件检查、访谈、二手资料评价、问卷调查、行为观察、沟通、与基准比较、国际比较、案例分析、统计技术、向第三方/外部专业咨询、建立模型、询问、抽样检验、访问专家。

关于审计方法的分类，国外有很多种观点。英国国家审计署将审计方法分为定量分析法和定性分析法；瑞典国家审计局认为应该适应审计发展的要求，将其分为常规的审计方法和独特的审计方法。

路敦常根据澳大利亚维多利亚审计局出具的19份绩效审计报告，将绩效审计方法归纳为：访谈、检查、鉴定和验证、调查、评价、查阅、审阅、统计分析、详细审核、现场察看、借鉴、专业组织协助、收集信息、讨论、比较、观察、数据分析、趋势分析、专题分析、专业鉴定、摄像、抽查、试点项目、资料整理、咨询。路敦常认为，调查法、访谈法和分析法等方法是绩效审计中最常用、最有效的审计方法。调查法既可以用来调查事实，收集资料，也可以用来调查对特定问题的看法，总体可以分为内部调查和外部调查两大类。在具体实施调查的过程中，调查又可以采用不同的形式，如实地调查、电话调查、信函调查、抽样调查等。访谈法一般用于获取一些背景资料和审计线索，常用于揭示有关问题，为审计结论提供支持。访谈分直接访谈和间接访谈。分析法是将被审计事项放在一个相应的空间和时间范围内，运用指标对比、趋势估计和比率计算等方法来确定事项的性质与状态。

（二）国内经济效益审计技术方法概况

刘家义认为，经济效益审计的基本方法包括：数学分析法、经济活动分析法、技术经济论证法。经济效益审计中的数学分析法是指在进行经济效益审计时，综合运用数学和一定的计算手段，通过建立经济数学模型，进行生产经营活动及其成果的数量计算和分析，从而对企业的生产经营活动进行调节、控制和监督，主要包括以下方法：线性规划法、计划评审法、回归分析法、指数平滑法、库存模型法等。经济活动分析法是指对企业生产经营活动及其成果进行全面系统的研究，对企业经济效益作出全面的评价，主要包括以下方法：对比分析法、因素分析法、平衡分析法、指数分析法、TQC分析法、雷达图分析法。技术经济论证法也称为技术经济分析法，是对生产建设中的不同方案进行技术上和经济上的计算评价、分析研究，在众多的方案中选择最优方案，使每一项生产建设既要在经济上合理，又要在技术上先进，主要包括投资分析法、方案比较法、系统分析法和成本效益分析法四类。

王允孚认为，审计的方法作为一个科学的完整体系，应包括审计一般方法和审计的技术方法。审计一般方法，就是进行审计工作所应遵循的基本原则，而审计的技术方法，就是进行审计工作在技术上所要采用的具体方法。经济效益审计所应遵循的基本原则与其他审计是一致的。经济效益审计的技术方法中要广泛地应用比较分析法、指数分析法和分数评价法。

郁云龙认为，经济效益审计的方法有很多，它大量运用了调查、对比、分析的方法，但也需要对财务会计资料进行审查核对。因此，经济效益审计可以说是财务审计和经济分析等各种方法的综合运用。经济效益审计可采用“听、看、查、比、问、盘、记、证”的方法。“听”就是听取相关人员对企业情况的全面介绍。“看”就是深入实际，实地观察了解企业内部控制制度是否完备，各项规章制度是否执行。“查”就是查阅各种报表账册、凭证、经济合同、有关文件和企业内部各项规章制度。“比”就是对各项财务经济指标进行各种纵向横向对比。“问”就是在工作过程中，对一些不清楚的问题，向有关人员进行询问了解。“盘”就是对企业的库存物资进行监督性的盘点。“记”是不厌其详地随时记入审计工作日记，并及时整理归纳。“证”就是取证。取证的方法包括谈话笔录、录音、实物照片、录像、复印件等各种形式。

周华檐认为，管理会计与经济效益审计具有密切的“姻缘”关系。将管理会计方法引入经济效益审计不仅是十分必要的，而且也是可行的。运用管理会计开展经济效益审计，是发展审计技术方法的有效途径。

竹德操、吴云飞认为，经济效益审计的技术方法归纳起来，主要有传统审计方法、经济活动分析方法、图表审计方法、数学分析方法和现代管理方法。

邓国淮、李芳全认为，经济效益审计一般技术方法包括：传统查账方法、查询测试法、定量分析法、对比分析法、因素分析法。现代管理方法包括：系统工程方法、方案比较方法、投资决策方法、价值工程方法、成本效益分析方法。

张泓认为，经济效益审计必须明确企业经济效益的好坏，所以，要以企业经济效益指标体系为依据，选取若干个主要指标，根据各个指标的重要程度，采取加权的方法进行综合计分，对经济效益的好坏程度进行量化。

汪照全认为，经济效益审计的方法包括：本量利分析法、价值分析法、因素分析法、系统分析法、投资效益分析法、对比分析法、定量分析法。

李平认为，经济效益审计的技术方法包括：传统审计法、查询测试法、对比分析法、因素分析法、差额分析法、平衡分析法、动态分析法。

马云虎、辛丛敏认为，经济效益审计仍然要采用一般的审计方法来核实数据和查明问题。经济活动分析、管理会计、经济数学等学科的一些方法，需要作为辅助方法引入经济效益审计。根据经济效益审计的对象、职能及目的，经济效益审计方法体系包括：审计调查方法、一般技术方法、特殊技术方法和审计评价方法。

白协建认为，经济效益审计方法具有复杂性、综合性、灵活性和多样性的特征，完整的经济效益审计方法，应包括技术方法、思想方法和工作方法。经济效益审计的思想方法和工作方法是完成经济效益审计的前提条件，是对经济效益审计人员提出的一般性要求。

李兆文、李庆堂认为，实施经济效益审计所使用的审计技术方法应该是多种多样的，首先，要采用一些传统的审计技术方法，如查阅法、审阅法、抽查法、盘查法、观察法、分析性复核法等常用的审计方法。同时，由于经济效益审计的特殊性，还应该使用一些特有的审计技术方法，如调查表法、管理系统图法、金额计算法、参与式审计法。

经济效益审计中的效率性是个相对的概念，指产出与投入的比值。EDA（探索性数据分析）方法解决多输入、多输出及计量单位不统一等问题，是经济效益审计中计量管理效率性的有效工具。

王丹宇认为，与财务审计相比，经济效益审计的方法具有如下特点：经济效益审计需要多学科的知识和创新的方法；经济效益审计的方法具有多样性。王丹宇认为，经济效益审计方法基本可分为传统审计方法和专门用于经济效益审计的方法。专门用于经济效益审计的方法包括：管理分析、可行性研究报告评价、盈亏平衡分析方法。

张光军认为，经济效益审计要创新审计方法：一是要采取“望、闻、问、切”的方法。这些方法是中医诊断疾病的传统方法，又称为“四诊”。医生运用这四种治疗手段，下药除病。这些方法灵活地运用到审计工作中去，同样可以起到事半功倍的效果。“望”就是运用视觉，通过察言观色了解被审计单位的经营状态。“闻”就是运用听觉，收集被审计单位的信息，真实、快捷地掌握财务管理情况。“问”就是嘘寒问暖，与被审计单位的员工闲聊，有意无意中了解所需情况。二是要采取“询、查、访”的方法。询者，征求意见也。查者，检查调查也。访者，走访群众，了解情况也。三是要采取“对、核、思”的方法。对者，对着政策法规实施检查也。核者，仔细地考察，核算核实也。思者，悉心考虑，认真分析也。

崔颖川认为，经济效益审计需要的是全面、系统、相互联系的证据，不但需要财务会计资料，还需要经济技术资料、信息资料等。在方法和手段上除了应用传统的审计方法外，还需要大量应用经济活动分析方法、预测方法、决策方法、数理统计方法和现代管理方法。

黄辉认为，经济效益审计除了要运用财务审计和财经审计的方法外，还要运用其他方法。专门运用于经济效益审计工作中的方法包括经济活动分析方法、经济预测方法、现代管理方法等。

施青军认为，经济效益审计证据收集的主要方法有：审阅法、观察法、访谈法、抽样和案例研究法、二手分析与文字查询法、研讨和征求意见法。证据分析的主要方法有：比较分析法、比率分析法、统计分析法、成本效益分析法、前后对比法。

曾祥记区分了经济效益审计的组织实施方法、查证方法、分析方法、评价方法，认为经济效益审计的方法是一个有机整体，是个完整的综合体系，不能将它们孤立起来，而应根据审计对象、审计目的和要求，综合运用各种审计方法，才能收到更好的效果。关于经济效益审计查证方法主要分为两大类：传统技术方法和现代管理技术方法。传统技术方法主要包括顺查法、逆查法、详查法、抽查法、审阅法、核对法、验算法、调查法与盘点法等。现代管理技术方法，是指经济效益审计中为达到特定的审计目的而采用的现代管理技术方法。相对于常规技术方法，它主要针对于经济效益审计对象的特殊方面而选用，如集合意见法、回归分析法、时间序列预测法、自适应模型预测法等。经济效益审计分析方法主要有：价值分析法、因素分析法、对比分析法。关于经济效益审计的评价方法，很有必要借鉴财务管理的方法对评价方法进行改进，考虑风险、时间价值等因素，这样得出来的数据才更符合经济效益审计目标。

袁海兰认为，开展企业经济效益审计的方法有如下几种：(1)经济效率指标比较法，指对反映企业经济效益的主要经济效率指标进行验算，把审计期内的各项经济效益指标与上年度、本单位历史最好水平及同行业先进水平比较，从中找出差距，分析原因，为提高经济效益提供目标和依据。(2)经济活动分析法，常用的方法有三种：对比法、因素法和平衡法。(3)技术经济论证法，主要是对工业企业生产经营活动中的有关技术方案和决策进行审计，以正确处理技术上先进和经济上合理之间的关系，克服决策上的盲目和随意性，以尽可能少的投入取得尽可能多的产出。

侯倩茹认为，在经济效益审计中，可运用的技术经济分析方法有：线性规划法、网络计划技术法、回归分析法、投入产出法、因素分析法、量本利分析法、价值分析法、投资分析法、方案比较法。

二、管理审计技术方法概览

根据国外和国内的管理审计技术方法概况，我们将管理审计技术方法分为七类：管理审计项目选择方法和审计计划方法；管理审计现场取证方法；管理审计分析和评价方法；管理审计报告方法和沟通方法；管理审计后续跟踪审计方法；管理审计质量控制方法；信息技术在管理审计中的应用。本节对上述各类管理审计技术方法做一个归纳，列示清单，介绍各种方法的具体内容是随后各章的任务。

（一）管理审计项目选择方法和审计计划方法

管理审计项目选择方法和审计计划方法主要包括：层次分析法，决策分析法，统计分析法，经营预测法，PERT网络分析法，德尔菲法，PDCAR法则。

（二）管理审计现场取证方法

管理审计现场取证方法主要包括：管理审计基本方法，经济活动分析方法，科学管理方法，项目管理方法。

（三）管理审计分析和评价方法

管理审计分析和评价方法主要包括：管理审计常规分析方法，管理审计独特分析方法，管理审计评价方法。

（四）管理审计报告方法、沟通方法和后续跟踪审计方法

管理审计报告方法、沟通方法和后续跟踪审计方法主要包括：审计报告设计方法，审计报告编写步骤与方法，管理审计业务沟通，审计报告的复核和呈送，管理审计后续审计方法。

（五）信息技术在管理审计中的应用

信息技术在管理审计中的应用主要包括：人工智能，工作流技术，数据挖掘技术，人工神经网络。

●第三节　管理审计证据

本节首先介绍审计证据的概念、内容、形式和特性，在此基础上，介绍管理审计证据的相关内容。

一、审计证据

审计证据是指审计机关和审计人员获取的，用以证明审计事实真相，形成审计结论的证明材料。审计证据的来源具有广泛性，除了书面证据、实物证据、口头证据、勘验笔录等证据，还有其他证据。由于审计人员要依据审计证据作出审计结论

并提供审计建议，所以，审计证据是审计质量的主要保证。同时，由于审计的本质是为委托人提供问责信息，所以，审计证据是解除或追究被审计人经济责任的依据。

国际会计师联合会颁发的《国际审计准则第500号——审计证据》将审计证据分为：会计报表所依据的原始凭证与会计记录、其他来源的佐证信息。美国注册会计师协会颁布的《审计准则第32号说明书》，把审计证据分为所依据的会计资料和佐证信息两大类，并且规定佐证信息又包括以下七种形式：实物证据、文书证据、声明书、函证、口头证据、数学性证据和分析性证据。以上所述审计证据种类的不同，是由于其内容不一致、形式不相同和取得的来源不尽相同所造成的。国际会计师联合会和美国注册会计师协会都将其他来源的佐证信息作为审计证据之一。可用作审计证据的其他信息包括：（1）审计人员从被审计单位内部或外部获取的会计记录以外的信息，如被审计单位会议记录、内部控制手册、询证回函、分析师的报告、与竞争者的比较数据等；（2）通过询问、观察和检查等审计程序获取的信息，如通过检查存货获取存货存在性的证据等；（3）自身编制或获取的可以通过合理推断得出结论的信息，如审计人员编制的各种计算表、分析表等。

为了使审计证据的收集、整理和评价工作更为有效，一般将审计证据分为实物证据、书面证据、口头证据和环境证据。

实物证据是指审计人员通过实地观察和参加清查盘点所获得的，用以证明有关实物资产是否存在的证据。实物证据对某项实物资产是否存在的证明力最强，效果最为显著。它可以对该实物的状态、数量、特征给予有力的证明。

书面证据是审计人员通过实施测试程序和运用不同的方法所获取的以书面资料为存在形式的审计证据。书面证据按其来源渠道可以分为亲历证据、外部证据和内部证据三类。亲历证据是指由审计人员（包括助理人员、外聘专家）通过运用专业判断和相应的程序与方法，对被审事项的有关资料进行计算和分析而得到的证据，包括审计人员动手编制的各种计算表、分析表等。外部证据指由被审计单位以外的，与被审事项有一定联系的第三者提供的相关证据。外部证据除有关单位提供的业务询证证据和书面证明以外，还包括不在书面证据范围内的有关实物证据和外部人员的陈述等。内部证据是指由被审计单位内部机构或职员编制并提供的有关书面证据。

口头证据是经审计人员询问而由被审计单位有关人员或其他人员进行口头答复所形成的审计证据。审计人员获取口头证据的目的不外乎两个方面：其一，印证某一结果是否与审计人员的判断相一致。其二，发掘一些新的重要审计线索，从而有利于对有关事项进行进一步调查取证。

环境证据是指影响被审事项的各种环境事实。环境证据一般不属于基本证据，不能用于直接证实有关被审事项，但它可以帮助审计人员了解被审事项所处的环境或发展的状况，为判断被审事项和确证已收集其他证据的程度提供依据，因而，环境证据仍然是审计人员进行判断所必须掌握的资料。具体地划分，环境证据包括：反映内部控制状况的环境证据、反映管理素质的环境证据、反映管理水平和管理条件的环境证据。

审计证据要成为作出审计结论和提供审计建议的依据，必须具备足够的证明力。而这种证明力又来源于审计证据的特性。审计证据的特性是指审计证据内在的特征和性质，具体体现为审计人员围绕这些特征和性质收集审计证据时应达到的基本要求。对审计证据的特性，在国际上有不同的描述。国际审计准则认为审计证据的特性包括充分性和适当性，其中适当性又包括相关性和可靠性两个方面。美国审计准则提出审计证据特性包括充分性和胜任性，其中胜任性可以从可靠性和相关性两个方面进行解释。我国审计准则沿用了国际审计准则的提法，强调审计证据的充分性和适当性。审计证据的充分性是指审计证据的数量足以使得审计人员形成审计意见，即收集的审计证据数量是否足够。审计证据的适当性是指审计证据的相关性和可靠性，即审计证据应当与审计目标相关联，并能如实反映客观事实。审计证据的适当性实质上是指审计证据的质量因素，它和审计证据的充分性互为补充，共同体现其证明力的作用。

二、管理审计证据

（一）管理审计给审计证据带来的变化

1.收集方式更多样

财务审计基本上是围绕会计凭证、会计账簿、会计报表等会计资料，以及计划、预算、会议记录和各种规章制度等其他有关资料，通过检查、监盘、观察、查询、函证、计算等方法，审查被审计单位开户银行、会计凭证、会计账簿、会计报表，查阅与审计事项有关的文件、资料，检查现金、实物、有价证券和被审计单位利用电子计算机管理财政收支、财务收支的财务会计系统，取得审计证据。管理审计证据的收集手段，除此之外，还包括了非财务数据分析、问卷调查、实地观察、走访类似企业、组建专家组、召开研讨会或者讨论会等方法。

2.收集范围更宽广

财务收支审计一般为财务报表审计或者财务收支合法、真实性审计，审计证据的收集范围也主要在与财务资料相关的范围内。管理审计的目标在于提高组织业绩，审计的目标和内容扩大了，这就要求审计人员在更广的范围内收集审计证据。

3.收集难度更大

实施管理审计，围绕管理审计评价标准，很多审计人员一是不知收集哪些证据，二是不知到哪儿收集证据。因为管理审计涉及范围广，非财务类的内容多，所有这些都直接导致了审计证据收集难度的加大。

4.分析手段更复杂

财务审计只对审计收集的证据进行结果确认，较少将这些结果连贯起来，进行进一步综合分析。管理审计就需要将所有收集的证据材料进一步汇总分析。通常的数据分析方法有：比较分析法、事前事后分析法；对统计信息进行分析的方法还会用到用以理解数据分布的统计方法和回归分析法；其他常用的分析方法还有对目标实现情况的分析、项目逻辑模式分析、成本效益分析等。

（二）管理审计证据的内容

管理审计证据要为经济性、效率性和效果性提供证明，如何证实？从何入手？一般认为，管理审计证据的内容应包括四个方面：

（1）证实数据真实。无论是评价经济性、效率性、效果性，还是评价与此有关的数据，首先应当审查核实，做到真实、合法，才能保证评价管理业绩有可靠根据。

（2）证实管理业绩优劣。根据审计项目的目的、内容和要点而取得的审计证据，必须具有充分性、可靠性和相关性，并有足够的证明力，对照经过确定的标准，衡量和确定其管理业绩的高低。

（3）证实管理业绩差距。与一定标准对比表明的管理业绩高低体现了其间存在的差距，这种差距无论优劣，都要被分析和评价，查明其中有多少是主观产生或客观影响的，以便寻求消除、改善或弥补差距的措施。

（4）证实管理业绩潜力。管理审计不应止于评价优劣和差距，还应从差距中解剖、分析、评价其能够提高管理业绩的潜力。当然，对管理业绩低劣的差距进行分析后，属于主观造成的需从内部整改加以缩减，属于外部影响的也应同有关方面研究，适当解决。此外，管理业绩优良的差距，也不能忽视其可能增效的潜力。通过管理业绩审计寻求改善差距的措施一般只是方向性的，而具体的举措是在提出审计报告后由有关业务部门制定。

（三）保证管理审计证据质量的措施

一是要确定何种证据可以用于回答问题，即相关性问题。任何一个审计评价标准体系的定性、定量评价都是由审计证据来支撑的。我们在审计评价标准体系确定了以后，就应该选择相对应的审计证据来证明。这里应该充分考虑取证的可行性。比如，道路环境评价标准确定后，就要根据这些评价确定应该收集行车噪声、道路绿化覆盖率、汽车尾气排放指标等审计证据，也就是要用这三项指标来回答该条道路环境评价的问题。

二是要研究审计证据的来源，即客观性和合法性问题。确定应该获取哪些证据后，就应该考虑从哪里去获取这些证据，是从外部获取，还是从内部获取等。还是道路环境评价的例子，我们可以确定行车噪音、汽车尾气排放指标可以从环保部门获得，道路绿化覆盖率可以从工程设计图纸中获得。

三是要考虑取证的步骤和方法，即充分性的问题。制定的方法一定要可行。管理审计的取证方法除了传统的方法，还应该包括文件检查，抽样和案例研究，文件资料的分析和查询，调查，访谈，研讨会和听证会，课题组与咨询专家，实验，实地观察。

复习思考题

1.国际内部审计师协会确定的审计步骤是什么？其是否适用于管理审计？

2.管理审计技术方法有哪些？

3.管理审计证据有什么特征？

4.管理审计证据要证明什么？

第四章

管理审计准则和管理审计标准

主要知识点

管理审计就是根据管理审计准则收集审计证据，并以管理审计标准为尺度进行评价，在此基础上，得出审计结论。本章介绍管理审计准则和管理审计标准。

关键概念

管理审计准则；管理审计标准

第一节　管理审计准则

本节首先界定审计准则，在此基础上，介绍国际内部审计准则和我国管理审计准则建设情况。

一、审计准则

审计准则，是指审计人员在实施审计工作时所必须恪守的行为规范和专业指南，也是判断审计工作质量的权威性准绳。审计准则是审计人员实践经验的总结，这是适应时代需要，为保障审计的职业声誉而产生的。世界上最早的审计准则是美国的民间审计准则。后来，内部审计和政府审计都出现了审计准则。审计准则诞生于20世纪40年代，相对于审计的起源与发展而言，审计准则起步较晚，在50多年的时间里迅速地发展和完善起来，现已成为指导审计工作、规范审计行为的原则和标准。

考察世界范围审计准则发展的历史，可以发现，各种审计准则正在不断趋向国际化。在政府审计方面，1977年在联合国支持下，最高审计机关国际组织在秘鲁首都利马举行的会议上通过了一份关于国家审计机关审计规则的国际性文件《利马宣言——审计规划指南》，主要内容包括：总则，独立性，最高审计机关同议会、政府和行政机构的关系，最高审计机关的职权，审计方法、审计人员和国际知识交流，报告，最高审计机关的审计权力。此后该组织又多次召开有关审计准则问题的国际研讨会，并设立审计准则委员会负责国际政府审计准则的制定工作。在民间审计方面，对审计准则达到国际间协调化作出最大贡献的是1977年成立的国际会计师联合会。它的常设委员会之一的国际审计实务委员会先后发布了一系列的国际审计指南，对各国审计界产生了重大的影响。在内部审计方面，国际化倾向也日趋明显。国际内部审计师协会20世纪50年代以后逐步发展成为一个国际性学术组织，已有100多个会员国，内部审计准则体系已经多次修订。审计准则国际化原因主要有社会需求国际化、审计准则的技术特性和国际审计组织的积极贡献。

审计准则在内容上明确了审计主体的资格要求，规定了审计人员在审计业务中可以做什么，不可以做什么。因此，审计准则是一种规范，是关于审计主体资格及其行为的专业规范，它不仅可以指导审计人员开展审计工作，而且还为判断审计工作质量的好坏，判断审计报告真实、公允与否提供了依据。

审计准则具有如下作用：(1) 审计准则是衡量审计质量的客观标准。对审计工作的质量很难进行直接的测定，评价审计质量只有依据对审计人员和审计过程中的专业评价标准，审计准则恰恰提供了这种评价依据。(2) 审计准则是明确审计责任的依据，也能保护审计人员的合法权益。审计人员承担着职业责任和法律责任。审计准则规定了审计职业责任的最低要求。如果审计人员严格按照审计准则的要求执业，就可以最大限度地降低审计风险，充分利用审计准则以保护其正当权益。(3) 审计准则是审计组织与国内社会各界进行沟通，与世界各国进行经验交流的中介。审计工作专业性强，通过制定审计准则，可以使社会各界了解审计工作的基本内容和审计质量的基本水准；审计准则是审计实践经验的总结和升华，已成为审计理论的重要组成部分，通过各国审计准则的协调，有利于推动各国审计经验的交流，促进全球经济的共同繁荣与发展。(4) 审计准则是完善内部管理的基础。科学可行的审计准则，是审计机构改进管理、提高审计质量与效率的基础，以审计准则为依据制定各种内部管理制度是保证审计规范化、制度化的有效措施。

二、国际内部审计准则

1978年，国际内部审计师协会（IIA）正式颁布了《内部审计实务准则》。这是内部审计准则的雏形。1999年6月国际内部审计师协会及其下属的研究基金在反复进行讨论、研究、向各方征求意见后，正式颁布《内部审计实务框架》（Professional Practice Framework，PPF），涵盖原先的《内部审计实务准则》。2001年1月，国际内部审计师协会重新修订并颁布了其中的《内部审计实务准则》。2009年1月，国际内部审计师协会发布全新的《国际内部审计专业实务框架》（International Professional Practice Framework，IPPF），并重新组建了专业实务委员会（Professional Practice Council，PPC），负责协调IPPF的审核与发布工作。上述国际内部审计准则的变迁过程显示，《内部审计实务框架》尽管已经由《国际内部审计专业实务框架》取代，但是，《国际内部审计专业实务框架》只是对《内部审计实务框架》的修订，所以，了解《内部审计实务框架》仍然是有意义的。我们分别对《内部审计实务框架》和《国际内部审计专业实务框架》做一简要介绍。

（一）《内部审计实务框架》

《内部审计实务框架》包括三个层次的内容，不同层次内容的权威性不同。

1.第一个层次

第一个层次是强制性的，其核心内容有《内部审计定义》《道德准则》《内部审计实务准则》。

《内部审计定义》中将内部审计定义为，内部审计是一项独立、客观的鉴证和咨询服务，其目标在于增加价值并改进组织的经营。它通过一套系统、规范的方法评价和改进风险管理、控制和治理过程的效果，以帮助组织达到目标。

《道德准则》的目的是在内部审计职业内促进道德文化的发展。道德准则对于内部审计职业来说是必要和适当的，这是由于内部审计是建立在一种信任的基础上的，这种基础对风险管理、控制和治理提供了客观保证。《道德准则》在《内部审计定义》的基础上加以扩展。

《内部审计实务准则》分为属性标准（Attribute Standards）、业绩标准（Performance Standards）和特殊审计业务执行标准三部分。内部审计属性标准描述了执行内部审计活动的组织和个人的特征，其主要条款有：1000条款“宗旨、权力和职责”，1100条款“独立性和客观性”，1200条款“专业熟练性和应有的职业谨慎”和1300条款“质量保证和改进程序”。内部审计业绩标准描述了内部审计工作的性质，并为衡量审计工作业绩提供了质量标准。其主要内容包括：2000条款“管理内部审计工作”，2100条款“工作的性质”，2200条款“审计项目计划”，2300条款“执行审计工作”，2400条款“交流审计结果”，2500条款“监督进度”和2600条款“管理层对风险的接受”。

2.第二个层次

第二个层次是《实务建议》，相当于指南，不是强制性的，但经国际内部审计师协会批准并强烈推荐使用。它能够帮助解释内部审计实务准则，或将准则运用于特定的内部审计环境。虽然有一些实务建议可能适用于所有内部审计师，但其他的主要用于特定的行业、特定的审计领域，或者特定的地域。下面列示了一些实务公告：

实务公告1000—1：内部审计章程

实务公告1000.C1—1：内部审计师开展咨询活动的原则

实务公告1000.C1—2：内部审计师开展正式咨询业务的其他考虑

实务公告1110—1：机构的独立性

实务公告1110—2：审计执行主管的报告对象

实务公告1110.A1—1：披露要求获取信息的原因

实务公告1120—1：审计师个人的客观性

实务公告1130—1：对独立性或客观性的损害

实务公告1130.A1—1：评价内部审计师以前负责的运营工作

实务公告1130.A1—2：内部审计开展其他工作（非审计工作）

实务公告1200—1：专业水平和应有的职业审慎性

实务公告1210—1：专业水平

实务公告1210.A1—1：获取有关服务为内部审计工作提供支持或补充

实务公告1210.A2—1：发现舞弊

实务公告1210.A2—2：发现舞弊的职责

实务公告1220—1：应有的职业审慎性

实务公告1230—1：继续职业发展

实务公告1310—1：质量项目评价

实务公告1311—1：内部评价

实务公告1312—1：外部评价

实务公告1320—1：质量项目的报告过程

实务公告1330—1：使用“内部审计工作依据《标准》开展”的声明

实务公告2000—1：管理内部审计部门

实务公告2010—1：为内部审计部门制订计划

实务公告2010—2：将审计计划与风险相联系

实务公告2020—1：内部审计部门计划的报告和审批

实务公告2030—1：资源管理

实务公告2030—2：美国证券监督委员会对外部审计师提供内部审计服务的独立性要求

实务公告2040—1：政策和程序

实务公告2050—1：协调

实务公告2050—2：采购外部审计师的服务

实务公告2060—1：向董事会和高级管理层报告

实务公告2060—2：与审计委员会的关系

实务公告2100—1：工作性质

实务公告2100—2：信息安全性

实务公告2100—3：内部审计在风险管理过程中的作用

实务公告2100—4：内部审计

实务公告2100—5：在评价合规项目时的法律考虑

实务公告2110—1：评估风险管理过程的充分性

实务公告2120.A1—1：对控制过程的评价和报告

实务公告2120.A1—2：应用控制自我评价

实务公告2120.A1—3：内部审计在季度财务报告、披露和管理层证明方面的

作用

实务公告2120.A4—1：控制标准

实务公告2130—1：内部审计部门

实务公告2200—1：审计业务计划

实务公告2210—1：审计目标

实务公告2210.A1—1：审计业务计划过程中的风险评价

实务公告2230—1：审计业务资源的分配

实务公告2240—1：审计工作方案

实务公告2240.A1—1：审计工作方案的审批

实务公告2310—1：收集信息

实务公告2320—1：分析与评价

实务公告2330—1：记录信息

实务公告2330.A1—1：对审计记录的控制

实务公告2330.A1—2：对授权接触审计记录的法律考虑

实务公告2330.A2—1：对记录的保留

实务公告2340—1：对审计的监督

实务公告2400—1：报告审计结果时的法律考虑

实务公告2410—1：报告标准

实务公告2420—1：审计报告的质量

实务公告2421—1：错误与遗漏

实务公告2440—1：发布审计结果

实务公告2440—2：对外发布审计报告

实务公告2500—1：对审计结果处理情况的监督

实务公告2500.A1—1：后续审计过程

实务公告2600—1：管理层对风险的接受

3.第三个层次

第三个层次是《发展和实务指南》，包括各类由国际内部审计师协会开发或者批准的材料，不具有强制性。其中包括研究报告、书籍、讨论会以及其他还没有资格成为强制性准则的与内部审计实务有关的产品和服务，是《内部审计实务框架》中内容最多、最广泛的部分。《发展和实务指南》用以帮助实施《道德准则》、《内部审计实务准则》和《实务建议》，提供了最佳的实务提示和技巧。

（二）《国际内部审计专业实务框架》

《国际内部审计专业实务框架》和《内部审计实务框架》相比，有四个方面的变化：

（1）《发展和实务指南》不再纳入框架体系。IPPF的范围缩减到只包括由IIA技术委员会按照适当程序制定的权威标准，该权威标准由强制性指南和强力推荐指南两部分组成。强制性指南包括：《内部审计定义》、《职业道德规范》和《国际内部审计专业实务标准》，其制定遵循既定的尽职审查程序，还包括公布征求意见稿，广泛听取各界的意见。强力推荐指南是IIA通过正式批准程序认可的，阐述有效执行《内部审计定义》、《职业道德规范》和《国际内部审计专业实务标准》的实务。这类指南不具有强制性，而是为满足强制性指南的要求提供一系列适用的解决方案，同时，这些解决方案并非旨在为特定情况给出明确的答案，而是由胜任的内部审计师凭借其专业判断加以运用。强力推荐指南包括：立场公告、实务公告和实务指南。《国际内部审计专业实务框架》各项目是属于强制性的还是属于强力推荐的具体信息见表4-1。

表4-1 **《国际内部审计专业实务框架》各项目的强制性级别分类**

项目	强制性	强力推荐
《内部审计定义》	★	
《职业道德规范》	★	
标准和释义	★	
立场公告		★
实务公告		★
实务指南		★

（2）缩减实务公告的内容和范围。实务公告主要帮助内部审计师运用《内部审计定义》、《职业道德规范》和《国际内部审计专业实务标准》，同时推动良好的实践。原框架中涉及工具或技术方法的内容已经移至实务指南部分。

（3）新增释义、实务指南和立场公告。除了用“词汇表”对《国际内部审计专业实务标准》所用术语的特定含义进行解释外，IPPF还增加了“释义”，对《国际内部审计专业实务标准》中的术语和短语作出进一步的阐释。为了正确理解和运用《国际内部审计专业实务标准》，需要同时考虑相关阐释和释义。“实务指南”侧重于在工具和技术的具体运用方面提供指引。“立场公告”（Position Paper）表明IIA对于内部审计在特定事项中的角色及职责所持的立场或观点，其有助于对内部审计感兴趣的社会各界了解重大的治理、风险或控制事项，以及内部审计在其中扮演的角色和发挥的作用。

（4）调整《国际内部审计专业实务标准》部分条款的名称、内容和编号。为了适应全球内部审计实务的发展变化，结合最新的内部审计方法和最佳实践，IIA在IPPF中调整了部分属性标准、工作标准，实务公告的名称、内容和编号。尽管有些条款取消了，但相应的内容体现在其他新增的条款中。

三、中国内部审计准则

（一）基本情况

中国内部审计协会一向注重内部审计准则的建设，早在1990年，当时的中国内部审计协会就起草了一份《中国内部审计标准（草案）》（简称《标准草案》），并组织翻译了国际内部审计师协会制定的《内部审计职业实务准则（1993年版）》，这些工作对于我国内部审计的法制化、制度化和规范化都有重要的意义。

2003年3月，审计署发布《审计署关于内部审计工作的规定》。根据这个规定和《中华人民共和国审计法》（以下简称《审计法》）及相关法律法规，中国内部审计协会组织有关方面的专家和内部审计实务工作者，从2000年年初到2002年年末，历时3年，制定了一套既符合国际内部审计惯例，又适合中国国情的内部审计准则，首批公布并于2003年6月1日起施行的有《内部审计基本准则》、《内部审计人员职业道德规范》以及10项内部审计具体准则。2013年，中国内部审计协会组织对内部审计准则做再次修改，新的准则于2014年开始实施。至今，已经修订公布了1项基本准则、22项具体准则和5项实务指南。

我国制定内部审计准则要达到4个目标：贯彻落实《审计法》、《审计署关于内部审计工作的规定》以及相关法律法规，加强内部审计工作，实现内部审计的制度化、规范化和职业化；促使内部审计机构和人员按照统一的内部审计准则开展内部审计工作，保障内部审计机构和人员依法行使职权，保证内部审计质量，提高内部审计效率，防范审计风险，促进组织的自我完善与发展；明确内部审计机构和人员的责任，发挥内部审计在强化内部控制、改善风险管理、完善组织治理结构、促进组织目标实现的作用；建立与国际内部审计准则相衔接的中国内部审计准则。

中国内部审计准则由内部审计基本准则、内部审计具体准则、内部审计实务指南三个层次组成。内部审计基本准则是内部审计准则的总纲，是内部审计机构和人员进行内部审计时应当遵循的基本规范，是制定内部审计具体准则、内部审计实务指南的基本依据。内部审计具体准则是依据内部审计基本准则制定的，是内部审计机构和人员在进行内部审计时应当遵循的具体规范。内部审计实务指南是依据内部审计基本准则、内部审计具体准则制定的，为内部审计机构和人员进行内部审计提供具有可操作性的指导意见。

内部审计基本准则、内部审计具体准则是内部审计机构和人员进行内部审计的执业规范，内部审计机构和人员进行内部审计时应当遵照执行。内部审计实务指南是对内部审计机构和人员实施内部审计的具体指导，内部审计机构和人员在进行内部审计时应当参照执行。

中国内部审计准则适用于内部审计机构和人员进行内部审计的全过程。中国内部审计准则适用于各类组织。无论组织是否以营利为目的，也无论组织规模大小和组织形式如何，内部审计机构和人员在进行内部审计时，都应遵循内部审计准则。

（二）《内部审计基本准则》

《内部审计基本准则》共六章33条，第一章总则，共3条，明确内部审计准则的制定依据、内部审计的概念及内部审计准则的适用范围。第二章一般准则，共6条。第四条规定，组织应当设置与其目标、性质、规模、治理结构等相适应的内部审计机构，并配备具有相应资格的内部审计人员。第五条规定，内部审计的目标、职责和权限等内容应当在组织的内部审计章程中明确规定。第六条规定，内部审计机构和内部审计人员应当保持独立性和客观性，不得负责被审计单位的业务活动、内部控制和风险管理的决策与执行。第七条规定，内部审计人员应当遵守职业道德，在实施内部审计业务时保持应有的职业谨慎。第八条规定，内部审计人员应当具备相应的专业胜任能力，并通过后续教育加以保持和提高。第九条规定，内部审计人员应当履行保密义务，对于实施内部审计业务中所获取的信息保密。第三章作业准则，共10条。第十条规定，内部审计机构和内部审计人员应当全面关注组织风险，以风险为基础组织实施内部审计业务。第十一条规定，内部审计人员应当充分运用重要性原则，考虑差异或者缺陷的性质、数量等因素，合理确定重要性水平。第十二条规定，内部审计机构应当根据组织的风险状况、管理需要及审计资源的配置情况，编制年度审计计划。第十三条规定，内部审计人员根据年度审计计划确定的审计项目，编制项目审计方案。第十四条规定，内部审计机构应当在实施审计三日前，向被审计单位或者被审计人员送达审计通知书，做好审计准备工作。第十五条规定，内部审计人员应当深入了解被审计单位的情况，审查和评价业务活动、内部控制和风险管理的适当性和有效性，关注信息系统对业务活动、内部控制和风险管理的影响。第十六条规定，内部审计人员应当关注被审计单位业务活动、内部控制和风险管理中的舞弊风险，对舞弊行为进行检查和报告。第十七条规定，内部审计人员可以运用审核、观察、监盘、访谈、调查、函证、计算和分析程序等方法，获取相关、可靠和充分的审计证据，以支持审计结论、意见和建议。第十八条规定，内部审计人员应当在审计工作底稿中记录审计程序的执行过程，获取的审计证据，以及作出的审计结论。第十九条规定，内部审计人员应当以适当方式提供咨询服务，改善组织的业务活动、内部控制和风险管理。第四章报告准则，共4条。第二十条规定，内部审计机构应当在实施必要的审计程序后，及时出具审计报告。第二十一条规定，审计报告应当客观、完整、清晰，具有建设性并体现重要性原则。第二十二条规定，审计报告应当包括审计概况、审计依据、审计发现、审计结论、审计意见和审计建议。第二十三条规定，审计报告应当包含是否遵循内部审计准则的声明。如存在未遵循内部审计准则的情形，应当在审计报告中作出解释和说明。第五章内部管理准则，共8条。第二十四条规定，内部审计机构应当接受组织董事会或者最高管理层的领导和监督，并保持与董事会或者最高管理层及时、高效的沟通。第二十五条规定，内部审计机构应当建立合理、有效的组织结构，多层级组织的内部审计机构可以实行集中管理或者分级管理。第二十六条规定，内部审计机构应当根据内部审计准则及相关规定，结合本组织的实际情况制定内部审计工作手册，指导内部审计人员的工作。第二十七条规定，内部审计机构应当对内部审计质量实施有效控制，建立指导、监督、分级复核和内部审计质量评估制度，并接受内部审计质量外部评估。第二十八条规定，内部审计机构应当编制中长期审计规划、年度审计计划、本机构人力资源计划和财务预算。第二十九条规定，内部审计机构应当建立激励约束机制，对内部审计人员的工作进行考核、评价和奖惩。第三十条规定，内部审计机构应当在董事会或者最高管理层的支持和监督下，做好与外部审计的协调工作。第三十一条规定，内部审计机构负责人应当对内部审计机构管理的适当性和有效性负主要责任。第六章附则，共2条。

（三）内部审计具体准则

1.第2101号内部审计具体准则——审计计划

2.第2102号内部审计具体准则——审计通知书

3.第2103号内部审计具体准则——审计证据

4.第2104号内部审计具体准则——审计工作底稿

5.第2105号内部审计具体准则——结果沟通

6.第2106号内部审计具体准则——审计报告

7.第2107号内部审计具体准则——后续审计

8.第2108号内部审计具体准则——审计抽样

9.第2109号内部审计具体准则——分析程序

10.第2201号内部审计具体准则——内部控制审计

11.第2202号内部审计具体准则——绩效审计

12.第2203号内部审计具体准则——信息系统审计

13.第2204号内部审计具体准则——对舞弊行为进行检查和报告

14.第2205号内部审计具体准则——经济责任审计

15.第2301号内部审计具体准则——内部审计机构的管理

16.第2302号内部审计具体准则——与董事会或者最高管理层的关系

17.第2303号内部审计具体准则——内部审计与外部审计的协调

18.第2304号内部审计具体准则——利用外部专家服务

19.第2305号内部审计具体准则——人际关系

20.第2306号内部审计具体准则——内部审计质量控制

21.第2307号内部审计具体准则——评价外部审计工作质量

22.第2308号内部审计具体准则——审计档案工作

（四）内部审计实务指南

1.内部审计实务指南第1号——建设项目内部审计

2.内部审计实务指南第2号——物资采购审计

3.内部审计实务指南第3号——审计报告

4.内部审计实务指南第4号——高校内部审计

5.内部审计实务指南第5号——企业内部经济责任审计指南

●第二节　管理审计标准

本节首先界定审计标准，在此基础上，介绍国外的管理审计标准和我国已经建立的内部审计准则中对管理审计标准的规定。

一、审计标准

审计标准也称为审计依据，是据以作出审计结论、提出处理意见和建议的客观尺度。审计标准可按不同的标准进行分类，不同种类的审计标准有着不同的用途。对审计标准进行适当的分类，有利于审计人员根据需要选用恰当的审计标准。

按审计标准的来源分类，审计标准可以分为外部制定的审计标准和内部制定的审计标准。外部制定的审计标准包括国家制定的法律、法规、条例、政策、制度；地方政府、上级主管部门颁发的规章制度和下达的通知、指示文件等，涉外被审事项，所引国际惯例等。内部制定的审计标准包括被审计单位制定的经营方针、任务目标、计划预算、各种定额、经济合同、各项指标和各项规章制度等。

按审计标准的内容性质分类，审计标准包括：（1）法律、法规。法律是国家立法机关依照立法程序制定和颁布，由国家强制保证执行的行为规范总称，如宪法、刑法、民法、会计法、审计法、预算法、税收征管法、海关法、各种税法、企业法、公司法、合同法等。法规是由国家行政机关制定的各种法令、条例、规定等，如《全民所有制工业企业转换经营机制条例》《中华人民共和国价格管理条例》《企业会计准则》《企业财务通则》等。（2）规章制度。主要有国务院各部委根据法律和国务院的行政法规制定的规章制度；省、自治区、直辖市根据法律和国务院的行政法规制定的规章制度；被审计单位上级主管部门和被审计单位内部制定的各种规章制度等。如国家主管部门制定的各项财务会计制度，单位内部制定的各项内部控制制度等。（3）预算、计划、合同。如国家机关事业单位编制的经费预算，企业单位制订的各种经济计划，被审计单位与其他单位签订的各种经济合同等。（4）业务规范、技术经济标准。如人员配备定额、工作质量标准、原材料消耗定额、工时定额、能源消耗定额、设备利用定额等。此外，还有国家制定的企业等级标准、优秀企业的管理条例等。

按审计标准的衡量对象分类，审计标准包括财务审计标准和管理审计标准。财务审计的主要目标是对被审计单位经济活动的真实性和合法性作出审计和评价。因此，财务审计的主要依据有国家的法律、法规；国家主要部门或地方各级政府制定的规章制度；单位自己制定的会计控制制度、计划、预算、合同等。管理审计的主要目标是对被审计单位经济活动的有效性作出审计和评价。因此，管理审计的主要依据有单位的管理控制制度、预算、计划、经济技术规范、经济技术指标，可比较的各种历史数据、同行业的先进水平、优秀企业的标准及管理规范等。

审计标准具有如下特征：（1）权威性。审计标准是判断被审计单位经济活动合法性、有效性及真实性的准绳，又是提出审计意见、作出审计决定的根据或理由。因此，任何审计标准都必须具有一定的权威性或公认性，否则不足以被引为依据。当然，不同层次的依据，其权威性程度不一样。例如，预算、计划、定额、标准、历史数据等，是用来衡量经济活动优劣的重要依据，对于这类依据主要强调它的公认性和可接受性，一般要由审计人员和被审查单位协商后确定。(2) 层次性。审计标准一般是由审计主体以外的国家机关、管理部门、业务部门、技术部门和单位制定的，因管辖范围和权威性程度不同而有不同的层次。一般来说，制定的单位级别越高，其管辖的范围就越广，其权威性就越强。(3) 地域性。由于各国的社会经济制度不同和生产力发展水平不同，其审计标准和内容也各不相同，因此一个国家不能照搬另一个国家的审计标准。我国各地区、各部门的实际情况和发展水平也不相同，因此，其适用的审计标准也各不相同。审计人员在进行审计判断时，必须注意到地区差别、行业差别和单位差别。(4) 时效性。各种审计标准都有一定的时效性，不是在任何时期、任何条件下都适用。审计人员在审计工作中，应密切注意各种依据的变化，选用在被审计事项发生时有效的判断依据，不能以过时的法律、法规、规章制度作为判断依据，更不能以旧的审计标准来否定现行的经济活动，也不能用新的审计标准来否定过去的经济活动。(5) 相关性。审计标准的相关性，主要是指所引用的审计标准应与被审计项目和应证实的目标相关。审计标准的相关性，一是表现在所选用的依据与被审计事项是相关的，能够判定被审计事项是否真实、合法与有效；二是能说明审计人员提出的审计意见、作出的审计决定有充足的理由；三是针对某一被证实的事项而言，所选用的各种依据能从不同的角度去证实，并能说明在一定的程度上这些依据也是相关的。

二、中国内部审计准则中的审计标准

我国相应的内部审计具体准则，对适用于本类型审计项目的审计标准作出明确规定。

《第2201号内部审计具体准则——内部控制审计》第九条规定，内部审计机构可以参考《企业内部控制基本规范》及配套指引的相关规定，根据组织的实际情况和需要，通过审查内部环境、风险评估、控制活动、信息与沟通、内部监督等要素，对组织层面内部控制的设计与运行情况进行审查和评价。

《第2202号内部审计具体准则——绩效审计》第十一条规定，内部审计机构和内部审计人员应当选择适当的绩效审计评价标准。绩效审计评价标准应当具有可靠性、客观性和可比性。第十二条规定，绩效审计评价标准的来源主要包括：有关法律法规、方针、政策、规章制度等的规定；国家部门、行业组织公布的行业指标；组织制定的目标、计划、预算、定额等；同类指标的历史数据和国际数据；同行业的实践标准、经验和做法。第十三条规定，内部审计机构和内部审计人员在确定绩效审计评价标准时，应当与组织管理层进行沟通，在双方认可的基础上确定绩效审计评价标准。

《内部审计实务指南第5号——企业内部经济责任审计指南》第五十条规定，评价企业内管干部经济责任的方法，主要包括业绩比较法、量化指标法、环境分析法、主客观因素分析法、责任区分法等。

复习思考题

1.国外与管理审计相关的准则有哪些？主要内容是什么？
2.国内与管理审计相关的准则有哪些？主要内容是什么？
3.管理审计标准有什么特征？
4.中国内部审计准则中确定的管理审计标准有哪些？

第五章

管理审计项目选择方法和审计计划方法

主要知识点

本章介绍管理审计项目选择方法和审计计划方法，主要内容包括：层次分析法，决策分析法，统计分析法，经营预测法，PERT网络分析法，德尔菲法，PDCAR法则。

关键概念

管理审计项目；管理审计项目选择；管理审计计划

第一节　层次分析法

一、层次分析法的概念

层次分析法（The Analytic Hierarchy Process，AHP），在20世纪70年代中期由美国运筹学家托马斯·塞蒂（T. L. Saaty）正式提出[①]。它是一种定性和定量相结合的、系统化的、层次化的分析方法。由于它在处理复杂的决策问题上的实用性和有效性，其很快在世界范围得到重视。它的应用已遍及经济计划和管理、能源政策和分配、行为科学、军事指挥、运输、农业、教育、人才、医疗和环境等领域。

层次分析法的基本思路与人对一个复杂的决策问题的思维、判断过程大体上是一样的。不妨以假期旅游为例：假如有3个旅游胜地A、B、C供你选择，你会根据

① SAATY T L. The analytic network process: decision making with dependence and feedback [M]. Pittsburgh: RWS Publications, 2001: 84-136.

诸如景色、费用和居住、饮食、旅途条件等一些准则去反复比较这3个候选地点。首先，你会确定这些准则在你的心目中各占多大比重，如果你经济条件允许、醉心于旅游，自然看重景色条件，而平素俭朴或手头拮据的人则会优先考虑费用，中老年旅游者还会对居住、饮食等条件寄以较大关注。其次，你会就每一个准则对3个地点进行对比，譬如A景色最好，B次之；B费用最低，C次之；C居住等条件较好等。最后，你要将这两个层次的比较判断进行综合，在A、B、C中确定哪个作为最佳地点。

二、层次分析法的优点

运用层次分析法有很多优点，其中最重要的一点就是简单明了。层次分析法不仅适用于存在不确定性和主观信息的情况，还允许以合乎逻辑的方式运用经验、洞察力和直觉。也许层次分析法最大的优点是提出了层次本身，它使得买方能够认真地考虑和衡量指标的相对重要性。

三、层次分析法的基本步骤

1.建立层次结构模型

在深入分析实际问题的基础上，将有关的各个因素按照不同属性自上而下地分解成若干层次，同一层的诸因素从属于上一层的因素或对上层因素有影响，同时又支配下一层的因素或受到下层因素的作用。最上层为目标层，通常只有1个因素，最下层通常为方案或对象层，中间可以有一个或几个层次，通常为准则或指标层。当准则过多时（譬如多于9个），应进一步分解出子准则层。

2.构造成对比较矩阵

从层次结构模型的第二层开始，对于从属于（或影响）上一层每个因素的同一层诸因素，用成对比较法和1～9比较尺度构造成对比较矩阵，直到最下层。

3.计算权向量并做一致性检验

对于每一个成对比较矩阵计算最大特征根及对应特征向量，利用一致性指标、随机一致性指标和一致性比率做一致性检验。若检验通过，特征向量（归一化后）即为权向量；若不通过，需重新构造成对比较矩阵。

4.计算组合权向量并做组合一致性检验

计算最下层对目标的组合权向量，并根据公式做组合一致性检验。若检验通过，则可按照组合权向量表示的结果进行决策，否则需要重新考虑模型或重新构造那些一致性比率较大的成对比较矩阵。

四、应用层次分析法的注意事项

如果所选的要素不合理，其含义混淆不清，或要素间的关系不正确，都会降低AHP法的结果质量，甚至导致AHP法决策失败。

为保证递阶层次结构的合理性，需把握以下原则：

（1）分解简化问题时把握主要因素，不漏不多；

（2）注意相比较元素之间的强度关系，相差太悬殊的要素不能在同一层次比较。

五、层次分析法应用实例

1.建立递阶层次结构

将问题包含的因素分层：最高层（解决问题的目的）；中间层（实现总目标而采取的各种措施、必须考虑的准则等，也可称为策略层、约束层、准则层等）；最低层（用于解决问题的各种措施、方案等）。把各种所要考虑的因素放在适当的层次内。用层次结构图清晰地表达这些因素的关系。

2.构造两两比较判断矩阵（正互反矩阵）

对各指标之间进行两两对比之后，按9分位比率排定各评价指标的相对优劣顺序，依次构造出评价指标的判断矩阵。

比较第i个元素与第j个元素相对上一层某个因素的重要性时，使用数量化的相对权重a_{ij}来描述。设共有n个元素参与比较，则$A=(a_{ij})_{n\times n}$称为成对比较矩阵。

成对比较矩阵中a_{ij}的取值可参考Saaty的提议，按下述标度进行赋值。a_{ij}在1～9及其倒数中间取值。

- $a_{ij}=1$，元素i与元素j对上一层次因素的重要性相同；
- $a_{ij}=3$，元素i比元素j略重要；
- $a_{ij}=5$，元素i比元素j重要；
- $a_{ij}=7$，元素i比元素j重要得多；
- $a_{ij}=9$，元素i极其重要；
- $a_{ij}=2n$，n=1，2，3，4，元素i与j的重要性介于$a_{ij}=2n-1$与$a_{ij}=2n+1$之间；
- $a_{ij}=\frac{1}{n}$，n=1，2，…，9，当且仅当$a_{ji}=n$。

成对比较矩阵的特点：

$a_{ij}>0$，$a_{ij}=1$，$a_{ij}=\frac{1}{a_{ji}}$　（当i=j时，$a_{ij}=1$）

3.针对某一个标准，计算各备选元素的权重

关于判断矩阵权重计算的方法有两种：几何平均法（根法）和规范列平均法（和法）。

（1）几何平均法（根法）

计算判断矩阵A各行各个元素m_i的乘积；

计算m_i的n次方根；

对向量进行归一化处理；

该向量即为所求权重向量。

（2）规范列平均法（和法）

计算判断矩阵A各行各个元素m_i的和；

将A的各行元素的和进行归一化；

该向量即为所求权重向量。

（3）计算矩阵A的最大特征值λ_{max}

对于任意的i=1，2，…，n，式中为向量AW的第i个元素。

4.一致性检验

构造好判断矩阵后，需要根据判断矩阵计算针对某一准则层各元素的相对权重，并进行一致性检验。虽然在构造判断矩阵A时并不要求判断具有一致性，但判断偏离一致性过大也是不允许的。因此需要对判断矩阵A进行一致性检验。

从理论上分析得到：如果矩阵A是完全一致的成对比较矩阵，应该有：

$a_{ij}a_{jk}=a_{ik}$，$1\leq i, j, k\leq n$

但实际上，在构造成对比较矩阵时要求满足上述众多等式是不可能的。因此退而要求成对比较矩阵有一定的一致性，即可以允许成对比较矩阵存在一定程度的不一致性。

由分析可知，对完全一致的成对比较矩阵，其绝对值最大的特征值等于该矩阵的维数。对成对比较矩阵的一致性要求转化为要求绝对值最大的特征值和该矩阵的维数相差不大。

检验成对比较矩阵A的一致性的步骤如下：

• 计算衡量一个成对比较矩阵A（n>1阶方阵）的不一致程度的指标CI：

$$CI=\frac{\lambda_{max}(A)-n}{n-1}$$

RI是这样得到的：对于固定的n，随机构造成对比较矩阵A，其中a_{ij}是从1，2，…，9，1/2，1/3，…，1/9中随机抽取的，这样的A是不一致的，取充分大的子样得到A的最大特征值的平均值见表5-1。

表5-1 **A的最大特征值的平均值**

n	1	2	3	4	5	6	7	8	9
RI	0	0	0.58	0.90	1.12	1.24	1.32	1.41	1.45

注解：

• 从有关资料查出检验成对比较矩阵A的一致性的标准RI，RI称为平均随机一致性指标，它只与矩阵阶数n有关。

• 按下面公式计算成对比较矩阵A的随机一致性比率CR：

$$CR=\frac{CI}{RI}$$

判断方法如下：当CR<0.1时，判定成对比较矩阵A具有满意的一致性，或其不一致程度是可以接受的；否则就调整成对比较矩阵A，直到达到满意的一致性为止。

可以用MATLAB语句求矩阵A的特征值：〔Y，D〕=eig（A），Y为成对比较矩阵的特征值，D的列为相应特征向量。

在实践中，可采用下述方法计算成对比较矩阵A=（a_{ij}）的最大特征值λ_{max}（A）和相应特征向量的近似值。

$$U_k=\frac{\sum_{j=1}^{n}a_{kj}}{\sum_{i=1}^{n}\sum_{j=1}^{n}a_{ij}}，U=(u_1，u_2，\cdots，u_n)^2$$

U可以近似地看作矩阵A的对应于最大特征值的特征向量。

$$\lambda=\frac{1}{n}\sum_{i=1}^{n}\frac{(AU)_i}{u_i}=\frac{1}{n}\sum_{i=1}^{n}\frac{\sum_{i=1}^{n}}{\frac{\sum_{j=1}^{n}a_{ij}u_j}{u_i}}$$

λ可以近似看作A的最大特征值。实践中可以由λ来判断矩阵A的一致性。

第二节　决策分析法

一、决策分析法的概念

决策分析一般指从若干可能的方案中通过决策分析技术，如期望值法或决策树法等，选择其中一个方案的决策过程的定量分析方法。①它主要应用于大气科学中的动力气象学等学科。

早在1738年，伯努利就已提出决策分析中的效用概念。从1763年贝叶斯发表条件概率起就出现统计推断理论的萌芽。1815年，拉普拉斯又将它推向一个新的阶段。统计推断理论实际上是在有风险的情况下的决策理论。1931年，拉姆齐基于效用和主观概率两个基本概念来研究决策理论。1944年，J.冯·诺依曼与O.摩根斯特恩在著名的《竞赛论与经济行为》②一书中，独立地研究了在不确定情况下进行决策所用的近代效用理论。沃尔德在1950年提出的统计决策函数是决策理论的又一重要进展。1954年，萨维奇为决策方法提供了公理系统和严格的哲学基础。20世纪60年代初期，美国哈佛商学院开始运用统计决策理论解决商业问题，并定名为应用统计决策理论。1966年，美国霍华德首先应用“决策分析”这个名词。后来，决策分析又有许多新的发展，并广泛吸取有关的决策方法，从而形成一个内容广泛、实用性很强的学科分支。现代决策分析的发展动向是研究人们决策的行为思想方面和研制与计算机结合的决策支持系统等。

二、决策分析的步骤

决策分析一般分四个步骤：

（1）形成决策问题，包括提出方案和确定目标；

（2）判断自然状态及其概率；

（3）拟订多个可行方案；

（4）评价方案并作出选择。

三、决策分析的特征

确定性决策问题的主要特征有四个：一是只有一个状态；二是有决策者希望达

---

① 西蒙. 现代决策理论的基石［M］. 杨砾，徐立，译. 北京：北京经济学院出版社，1989.

② 冯·诺依曼，摩根斯特恩. 竞赛论与经济行为［M］. 王建华，顾玮琳，译. 北京：科学出版社，1963.（VON NEUMAN，MORGENSTERN. Theory of games and economic behavior［M］. Princeton：Princeton University Press，1944.）

到的一个明确的目标；三是存在着可供决策者选择的两个或两个以上的方案；四是不同方案在该状态下的收益值是清楚的。

确定性决策分析技术包括用微分法求极大值和数学规划法等。

四、决策分析常用方法

对于不同的情况有不同的决策方法。

（1）确定性情况：每一个方案引起一个，而且只有一个结局。当方案个数较少时可以用穷举法，当方案个数较多时可以用一般最优化方法。

（2）随机性情况：也称风险性情况，即由一个方案可能引起几个结局中的一个，但各种结局以一定的概率发生。通常在能用某种估算概率的方法时，就可使用随机性决策，例如决策树的方法。

（3）不确定性情况：一个方案可能引起几个结局中的某一个结局，但各种结局的发生概率未知。这时可使用不确定性决策，例如拉普拉斯准则、乐观准则、悲观准则、遗憾准则等来取舍方案。

（4）多目标情况：由一个方案同时引起多个结局，它们分别属于不同属性或所追求的不同目标。这时一般采用多目标决策方法。例如，化多为少的方法、分层序列法、直接找所有非劣解的方法等。

（5）多人决策情况：在同一个方案内有多个决策者，他们的利益不同，对方案结局的评价也不同。这时可采用对策论、冲突分析、群决策等方法。

除上述各种方法外，还有对结局评价等有模糊性时采用的模糊决策方法和在决策分析阶段序贯进行时所采用的序贯决策方法等。

五、不同决策分析的区别

风险性情况下的决策分析。这类决策问题与确定性决策分析只在第一点特征上有所区别：

在风险性情况下，未来可能状态不止一种，究竟出现哪种状态，不能事先肯定，只知道各种状态出现的可能性大小（如概率、频率、比例或权重等）。常用的风险性决策分析技术有期望值法和决策树法。

（1）期望值法是根据各可行方案在各自然状态下收益值的概率平均值的大小，决定各方案的取舍。

（2）决策树法有利于决策问题形象化，决策人员可把各种可以更换的方案、可能出现的状态、可能性大小及产生的后果等，简单地绘制在一张图上，以便计算、研究与分析，同时还可以随时补充不确定性情况下的决策分析。

如果不只有一个状态，各状态出现的可能性的大小又不确知，便称为不确定性决策。常用的决策分析方法有：

（1）乐观准则。比较乐观的决策者愿意争取一切机会获得最好的结果。决策步骤是从每个方案中选出一个最大收益值，再从这些最大收益值中选出一个最大值，该最大值对应的方案便是入选方案。

（2）悲观准则。比较悲观的决策者总是小心谨慎，从最坏结果着想。决策步骤是先从各方案中选出一个最小收益值，再从这些最小收益值中选出一个最大收益值，其对应方案便是最优方案。这是在各种最不利的情况下找出一个最有利的方案。

（3）等可能性准则。决策者对于状态信息毫无所知，所以对它们一视同仁，即认为它们出现的可能性大小相等。这样就可按风险性情况下的方法进行决策。

●第三节　统计分析法

一、统计分析法的概念

统计分析法是指通过对研究对象的规模、速度、范围、程度等数量关系的分析研究，认识和揭示事物间的相互关系、变化规律和发展趋势，借以达到对事物的正确解释和预测的一种研究方法。世间任何事物都有质和量两个方面，认识事物的本质时必须掌握事物的量的规律。目前，数学已渗透到一切科技领域，使科技日趋量化，电子计算机的推广和应用、量度设计和计算技术的改进和发展，已形成数量研究法，这已成为自然科学和社会科学研究中不可缺少的研究法。

统计分析法就是运用数学方式，建立数学模型，对通过调查获取的有关领导者的各种数据及资料进行数理统计和分析，形成定量的结论。统计分析方法是目前广泛使用的现代科学方法，是一种比较科学、精确和客观的测评方法。其具体应用方法很多，在实践中使用较多的是指标评分法和图表测评法。

统计分析法是根据企业的历史数据资料以及同类企业的水平，运用统计学方法来确定企业经营各方面工作的标准。用统计分析法制定的标准，便称为统计标准。

二、统计分析法的优缺点和局限性

统计分析法的优点：方法简单，工作量小。

统计分析法的缺点：定额的准确性差，可靠性差。

统计分析法的局限性：

一是对历史统计数据的完整性和准确性要求高，否则制定的标准没有任何意义；

二是统计数据分析方法选择不当会严重影响标准的科学性；

三是统计资料只反映历史的情况而不反映现实条件的变化对标准的影响；

四是利用本企业的历史性统计资料为某项工作确定标准，可能低于同行业的先进水平，甚至是低于平均水平。

●第四节　经营预测法

一、经营预测的概念

经济规律的客观性及其可认识性是预测分析方法论的基础；系统的、准确的会计信息及其他有关资料，是开展预测分析工作的必要条件。[①]至于进行预测分析所采用的专门方法，种类繁多，随分析对象和预测期限的不同而各有所异，但其基本方法大体上可归纳为定量分析法和定性分析法两大类。现分述如下：

（一）定量分析法（Quantitative Analysis Method）

定量分析法亦称“数量分析法”。它主要是应用现代数学方法（包括运筹学、概率论和微积分等）和各种现代化计算工具对与预测对象有关的各种经济信息进行科学的加工处理，并建立预测分析的数学模型，充分揭示各有关变量之间的规律性关系，最终还要对计算结果提出结论。定量分析法按照具体做法不同，又可分为以下两种类型：

1.趋势预测分析法

趋势预测分析法，即根据预测对象过去的、按时间顺序排列的一系列数据，应用一定的数学方法进行加工、计算，借以预测其未来发展趋势的分析方法，亦称“时间序列分析法”或“外推分析法”。它的实质就是遵循事物发展的“延续性原则”，并采用数理统计的方法，来预测事物发展的趋势。例如，算术平均法、移动加权平均法、指数平滑法、回归分析法、二次曲线法等都属于这种类型。

2.因果预测分析法

因果预测分析法，即根据预测对象与其他相关指标之间相互依存、相互制约的规律性关系，来建立相应的因果数学模型所进行的预测分析方法。它的实质就是遵循事物发展的相关性原则，来推测事物发展的趋势。例如，本-量-利分析法、投入产出分析法、经济计量法等都属于这种类型。

（二）定性分析法（Qualitative Analysis Method）

定性分析法亦称“非数量分析法”。它是一种直观性的预测方法。它主要是依靠预测人员的丰富实践经验以及主观的判断和分析能力（它们必须建立在预测者的智慧和广博的科学知识的基础上），在不用或少量应用计算的情况下，就能推断事物的性质和发展趋势的分析方法。当然这种方法在量的方面不易做到准确，一般是在企业缺乏完备、准确的历史资料的情况下，首先邀请熟悉该行业经济业务和市场情况的专家，根据他们过去所积累的经验进行分析判断，提出预测的初步意见；然后再通过召开调查会或座谈会的方式，对上述初步意见进行修正补充，并作为提出预测结论的依据。

（三）两类方法的关系

定性分析法和定量分析法在实际应用中并非相互排斥，而是相互补充、相辅相成的。定量分析法虽然较精确，但许多非计量因素无法考虑进去，这就需要通过定性分析法将一些非计量因素考虑进去，但定性分析法会受主观因素的影响，因此在

① 曹海敏，朱传华. 管理会计学［M］. 2版. 北京：清华大学出版社，2010.

实际工作中常常将两种方法结合应用，相互取长补短，以提高实用性。

二、经营预测的步骤

经营预测是一项复杂且要求比较高的工作，一般可按以下步骤进行：

1.确定预测目标

确定预测目标就是确定对什么进行预测，并达到什么目的。例如，是预测企业的销售量还是预测企业的利润，这是根据企业经营的总体目标来设计和选择的。确定预测目标是做好经营预测的前提，是制订预测分析计划、确定信息资料来源、选择预测方法及组织预测人员的依据。

2.收集、整理和分析资料

预测目标确定后，应着手收集有关经济的、技术的、市场的计划资料和实际资料。这是开展经营预测的前提条件。在收集资料的过程中要尽量保证资料的完整、全面。在拥有大量资料的基础上，对资料进行加工、整理、归集、鉴别、去伪存真、去粗取精，找出各因素之间相互依存、相互制约的关系，从中发现事物发展的规律，作为预测的依据。

3.选择预测方法

不同的预测方法能达到不同的目的，所以对于不同的对象和内容，应采用不同的预测方法，不能一成不变。对于那些资料齐全、可以建立数学模型的预测对象，应在定量预测方法中选择合适的方法；对于那些缺乏定量资料的预测对象，应当结合以往的经验选择最佳的定性预测方法。

4.实际预测过程

根据预测模型及掌握的信息，进行定性、定量的预测分析和判断，揭示事物的变化趋势，提出企业需要的符合实际的预测结果，为企业的经营管理提供信息。

5.检查验证

经过一段时间的实际操作，需要对上一阶段的预测结果进行验证和分析评价，即以实际数与预测数进行比较，检查预测结果是否准确，并找出误差原因，以便及时对原选择的预测方法加以修正。这是个反复进行信息及数据处理和选择判断的过程，也是多次进行反馈的过程，目的是保证预测的正确性。

6.修正预测结果

对于原用定量方法进行的预测，常常由于某些因素的数据不充分或无法定量而影响预测的精度，这就需要用定性方法考虑这些因素，并修正定量预测的结果。对于原用定性方法预测的结果，往往也需用定量方法加以修正补充，使预测结果更接近实际。总之，这个过程是一个定性和定量相结合的过程。

7.报告预测结论

将修正补充过的预测结论向企业的有关领导报告。

以上预测分析的一般顺序，如图5-1所示。

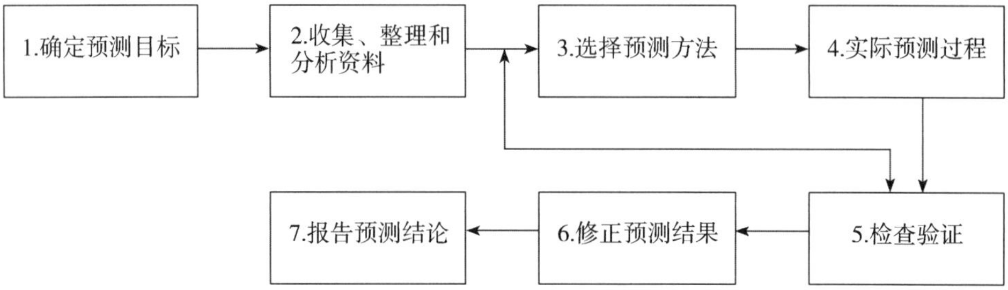

图5-1 预测分析的一般顺序

●第五节 PERT网络分析法

一、PERT

PERT（Program Evaluation and Review Technique）即计划评审技术，最早是由美国海军在计划和控制北极星导弹的研制时发展起来的。[①]PERT技术使原先估计的、研制北极星潜艇的时间缩短了两年。

简单地说，PERT是利用网络分析制订计划以及对计划予以评价的技术。它能协调整个计划的各道工序，合理安排人力、物力、时间、资金，加速计划的完成。在现代计划的编制和分析手段上，PERT被广泛地使用，是现代化管理的重要手段和方法。

PERT网络是一种类似流程图的箭线图。它描绘出项目包含的各种活动的先后次序，标明每项活动的时间或相关的成本。对于PERT网络，项目管理者必须考虑要做哪些工作，确定时间之间的依赖关系，辨认出潜在的可能出问题的环节，借助PERT还可以方便地比较不同行动方案在进度和成本方面的效果。

构造PERT图，需要明确三个概念：事件、活动和关键路线。

（1）事件（Events），表示主要活动结束的那一点；

（2）活动（Activities），表示从一个事件到另一个事件之间的过程；

（3）关键路线（Critical Path），是PERT网络中花费时间最长的事件和活动的序列。

二、PERT的基本要求

（1）完成既定计划所需要的各项任务必须全部以足够清楚的形式表现在由事件与活动构成的网络中。事件代表特定计划在特定时刻完成的进度。活动表示从一个事件进展到下一个事件所必需的时间和资源。应当注意的是，事件和活动的规定必须足够精确，以免在监视计划实施进度时发生困难。

（2）事件和活动在网络中必须按照一组逻辑法则排序，以便把重要的关键路线确定出来。这些法则包括后面的事件在其前面的事件全部完成之前不能认为已经完成，不允许出现“循环”，就是说，后继事件不可有导回前一事件的活动联系。

① 教材编写组. 运筹学［M］. 3版. 北京：清华大学出版社，2005.

（3）网络中每项活动可以有三个估计时间。就是说，由最熟悉有关活动的人员估算出完成每项任务所需要的最乐观的、最可能的和最悲观的三个时间。用这三个时间估算值来反映活动的“不确定性”，在研制计划中和非重复性的计划中引用三个时间估算是鉴于许多任务所具有的随机性质。但是应当指出的是，为了关键路线的计算和报告，这三种时间估算应当简化为一个期望时间和一个统计方差σ^2，否则就要用单一时间估算法。

（4）需要计算关键路线和宽裕时间。关键路线是网络中期望时间最长的活动与事件序列。宽裕时间是完成任意一条特定路线所要求的总的期望时间与关键路线所要求的总的期望时间之差。这样，对于任意一个事件来说，宽裕时间就能反映存在于整个网络计划中的多余时间的多少。

三、PERT的计算特点

PERT首先是建立在网络计划基础之上的，其次是工程项目中各个工序的工作时间不肯定，过去通常对这种计划只是估计一个时间，到底完成任务的把握有多大，决策者心中无数，工作处于一种被动状态。在工程实践中，由于人们对事物的认识受到客观条件的制约，通常在PERT中引入概率计算方法，由于组成网络计划的各项工作可变因素多，不具备一定的时间消耗统计资料，因而不能确定出一个肯定的单一的时间值。

在PERT中，假设各项工作的持续时间服从β分布，近似地用三时估计法估算出三个时间值，即最短、最长和最可能持续时间，再加权平均算出一个期望值作为工作的持续时间。在编制PERT网络计划时，把风险因素引入PERT中，人们不得不考虑按PERT网络计划在指定的工期下，完成工程任务的可能性有多大，即计划的成功概率、计划的可靠度，这就必须对工程计划进行风险估计。

在绘制网络图时必须将非肯定型问题转化为肯定型问题，把三时估计变为单一时间估计，其计算公式为：

$$t_i=\frac{a_i+4c_i+b_i}{6}$$

式中：t_i——i工作的平均持续时间；

a_i——i工作最短持续时间（亦称乐观估计时间）；

b_i——i工作最长持续时间（亦称悲观估计时间）；

c_i——i工作正常持续时间，可由施工定额估算。

其中，a_i和b_i两种工作持续时间一般由统计方法进行估算。

三时估计法把非肯定型问题转化为肯定型问题来计算，用概率论的观点分析，其偏差仍不可避免，但趋向总是有明显的参考价值。当然，这并不排斥每个估计都尽可能做到精确的程度。为了进行时间的偏差分析（即分布的离散程度），可用方差估算：

$$\sigma_i^2=\left(\frac{b_i-a_i}{6}\right)^2$$

式中：σ_i^2——i工作的方差。

标准差的计算公式如下：

$$\sigma_i=\sqrt{(\frac{b_i-a_i}{6})^2}=\frac{b_i-a_i}{6}$$

网络计划按规定日期完成的概率，可通过下面的公式和查函数表求得。

$$\lambda=\frac{Q-M}{\sigma}$$

式中：Q——网络计划规定的完工日期或目标时间；

M——关键路线上各项工作平均持续时间的总和；

σ——关键路线的标准差；

λ——概率系数。

四、PERT网络分析法的工作步骤

开发一个PERT网络要求管理者确定完成项目所需的所有关键活动，按照活动之间的依赖关系排列它们之间的先后次序，以及估计完成每项活动的时间。这些工作可以归纳为5个步骤：

（1）确定完成项目必须进行的每一项有意义的活动，完成每项活动都产生事件或结果。

（2）确定活动完成的先后次序。

（3）绘制活动流程从起点到终点的图形，明确表示出每项活动与其他活动的关系，用圆圈表示事件，用箭线表示活动，结果得到一幅箭线流程图，我们称之为PERT网络（如图5-2所示）。

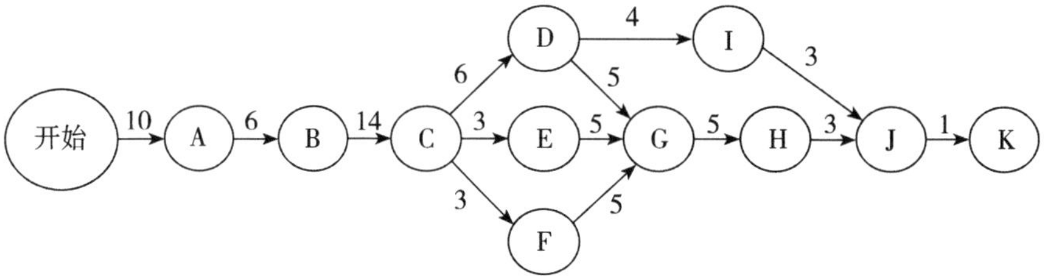

图5-2　PERT网络

（4）估计和计算每项活动的完成时间。

（5）借助包含活动时间估计的网络图，管理者能够制订出包括每项活动开始和结束日期的全部项目的日程计划。在关键路线上没有松弛时间，沿关键路线的任何延迟都直接延迟整个项目的完成期限。

五、PERT网络分析法的改进

β分布是定义在区间（0，1）上的一个连续性随机变量X，它的概率密度函数如下：

$$f(x)=\frac{x^{p-1}(1-x)^{q-1}}{B(p,q)},\ x\in(0,1)$$

其中，p、q为β分布的两个形状参数，B（p，q）是以p、q为参数的β函数。虽然β分布定义在（0，1）区间上，但经过仿射变换y=a+（b-a）x，可以使β分布定义在任何有限区间（a，b）上。β分布的灵活性极大，它可以用于通常发生的许多情形。例如，区间（a，b）上的均匀分布就是参数p=1，q=1的β分布，当参数p与q都趋于无穷时，β分布就趋于退化分布。此时，计划评审技术的时间估计就为准确的时间预计，从而就可以用关键路线法（CPM）去解决有关问题。β分布具有以下性质：

性质1 若随机变量X服从（0，1）区间上的参数为p、q的β分布，则：

$$E(x) = \frac{p}{p+q}$$

$$Var(x) = \frac{pq}{(p+q)^2(p+q+1)}$$

性质2 若随机变量X服从（0，1）区间上的参数为p、q的β分布，则随机变量X最有可能的取值为$x_0=p-1p+q-2$。

定义1 随机变量X服从（0，1）区间上的参数为p，q的β分布，若y=a+（b−a）x，则称Y服从（a，b）区间上的参数为p，q的β分布。

性质3 若随机变量Y服从（a，b）区间上的参数为p，q的β分布，则：

$$E(y) = \frac{aq+bp}{p+q}$$

$$Var(y) = \frac{(b-a)^2pq}{(p+q)^2(p+q+1)}$$

性质4 若随机变量Y服从（a，b）区间上的参数为p，q的β分布，则Y最有可能的取值为：

$$y_0=\frac{a(q-1)+b(p-1)}{p+q-2}$$

性质5 随机变量Y服从（a，b）区间上的参数为p，q的β分布，则当p>q时，该分布为负偏；当p<q时，该分布为正偏；当p=q时，该分布为对称分布。

性质6 若随机变量Y服从（a，b）区间上的参数为p，q的β分布，则当p，q越大，该分布的峰度越大。

六、改进后的计划评审技术

计划评审技术中的活动期望时间（ET）公式和活动时间方差公式都是在活动时间被假设为服从参数为p=4，q=4的β分布时得到的，而该假设基于以下两个前提：一是最可能时间的可能性是乐观时间和悲观时间的可能性的4倍，二是最可能时间恰好是乐观时间和悲观时间的平均值。实际上，在项目管理实践中，这两个前提都不一定成立，因而活动时间服从参数为p=4，q=4的β分布也是站不住脚的。那么，怎样才能使参数也趋于合理呢？很显然必须从假设的两个前提入手。

第一，估计活动最可能时间是可以根据经验来估计最可能时间的可能性是乐观时间和悲观时间的可能性的倍数。该倍数越大，用于拟合活动时间的β分布的参数p，q也就越大；该倍数越小，用于拟合活动时间的β分布的参数p，q也就越小。我们来看两种极端情况：若活动最可能时间的可能性是乐观时间和悲观时间的可能性的1倍，则可用参数p=1，q=1的β分布拟合活动时间，即用（a，b）区间上的均匀分布拟合活动时间；若活动的最可能时间的可能性无穷倍于乐观时间和悲观时间的可能性，则可用退化分布（单点分布）拟合活动时间，就是说对活动时间的估计是准确的。

第二，从β分布的性质可以看到，活动最可能时间在y_0取得，而y_0不一定是乐观时间和悲观时间的平均值，这样就不必用相等参数的β分布拟合活动时间，只有当最可能时间恰好是乐观时间和悲观时间的平均值时，用相等参数的β分布拟合活动时间才是合理的，通过上述两点的分析，可对计划评审技术作出如下改进：

第一步，不仅估计活动的最可能时间m，而且估计最可能时间的可能性为乐观时间和悲观时间的可能性的倍数的值k。

第二步，在前一步的基础上，用合理的参数的β分布去拟合活动时间，方法是：令$pq=k^2$且$y_0=m$，即：

$$\begin{cases} pq = k^2 & (1) \\ \dfrac{p-1}{p+q-2} = \dfrac{m-a}{b-a} & (2) \end{cases}$$

第三步，解此方程组，便可得到p、q的值，计算活动时间的期望时间E（T）和活动时间方差（σ^2）公式如下：

$$E(T) = \frac{aq+bp}{p+q} \quad (3)$$

$$\sigma^2 = \frac{(b-a)^2}{(p+q)^2(p+q+1)} \quad (4)$$

增加第一步是为了找到更适合的β分布来拟合活动时间。第二步中方程组的（1）式是基于以下原理得到的：这个原理就是k值越大，用于拟合活动时间的β分布的p、q值越大。方程组的（2）式是由$y_0=m$经过变形得到的。第三步中的活动期望时间E（T）和活动时间方差（σ^2）的公式是根据上文的性质3得到的。

方程组实际上构成了一个一元二次方程，解此方程组，便得到参数p和q的具体值，不妨设解为$p=p_0$，$q=q_0$，这样就可以用$p=p_0$，$q=q_0$的β分布拟合活动时间。可以看到当k=1，$m=\dfrac{a+b}{2}$时，方程组的解为p=1，q=1，即用参数为p=1，q=1的β分布拟合活动时间。当k=4，$m=\dfrac{a+b}{2}$时，方程组的解为p=4，q=4，即用参数为p=4，q=4的β分布拟合活动时间。将p=4，q=4代入（4）式得到：

$$E(T) = \frac{a+b}{2} = \frac{a+4m+b}{6}，\sigma^2 = \frac{(b-a)^2}{576} \quad (5)$$

可见计划评审技术是改进后的计划评审技术的特例。关于方程组的解是否存在的问题，可由下列性质得到。

性质1 上面方程组一定存在非负解，且非负解唯一。

证：不妨令$\dfrac{m-a}{b-a}=c$，显然$0 \leqslant c \leqslant 1$，方程组的（2）式变形为：

$$q = \frac{(1-c)p+2c-1}{c}$$

将q代入（1）式得到：

$$(1-c)p^2+(2c-1)p-ck^2=0$$

因为该一元二次方程的判别式$\Delta=(2c-1)^2+4(1-c)ck^2\geqslant(2c-1)^2\geqslant0$，故方程组存在解且存在唯一非负解。

七、PERT网络技术的作用

（1）标识出项目的关键路线，以明确项目活动的重点，便于优化对项目活动的资源分配。

（2）当管理者计划缩短项目完成时间，节省成本时，就要把考虑的重点放在关键路线上。

（3）在资源分配发生矛盾时，可适当调动非关键路线上活动的资源去支持关键路线上的活动，以最有效地保证项目的完成进度。

（4）采用PERT网络分析法所获得的结果的质量在很大程度上取决于事先对活动事件的预测，若对各项活动的先后次序和完成时间都能有较为准确的预测，则通过PERT网络分析法可大大缩短项目完成的时间。

八、PERT网络分析法的优点和局限性

（一）PERT网络分析法的优点

（1）它是一种有效的事前控制方法。

（2）进行网络分析可以使各级主管人员熟悉整个工作过程并明确自己负责的项目在整个工作过程中的位置和作用，增强全局观念和对计划的接受程度。

（3）进行网络分析使主管人员更加明确其工作重点，将注意力集中在可能需要采取纠正措施的关键问题上，使控制工作更加富有成效。

（4）它是一种计划优化方法。

（二）PERT网络分析法的局限性

PERT网络分析法并不适用于所有的计划和控制项目，其对应用领域具有较严格的限制。适用PERT法的项目必须同时具备以下条件：

（1）事前能够对项目的工作过程进行较准确的描述。

（2）整个工作过程有条件划分为相对独立的各个活动。

（3）能够在事前较准确地估计各个活动所需时间、资源。

第六节　德尔菲法

一、德尔菲法的含义

德尔菲法也称专家调查法，是一种采用通信方式分别将所需解决的问题单独发送到各个专家手中，征询意见，然后回收汇总全部专家的意见，并整理出综合意见，随后将该综合意见和预测问题再分别反馈给专家，再次征询意见，各专家依据综合意见修改自己原有的意见，然后再汇总，这样多次反复，逐步取得比较一致的预测结果的决策方法。

德尔菲法依据系统的程序，采用匿名发表意见的方式，即专家之间不得互相讨论，不发生横向联系，只能与调查人员联系，通过多轮次调查专家对问卷所提问题的看法，经过反复征询、归纳、修改，最后汇总成基本一致的专家看法，作为预测的结果。这种方法具有广泛性和代表性，较为可靠。

二、德尔菲法的起源及演变

1.起源

德尔菲法是在20世纪40年代由O.赫尔姆和N.达尔克首创，1946年，美国兰德公司为避免集体讨论存在的屈从于权威或盲目服从多数的缺陷，首次将这种方法用来进行定性预测，后来该方法被迅速广泛采用。20世纪中期，当美国政府执意发动朝鲜战争的时候，兰德公司又提交了一份预测报告，预告这场战争必败。政府完全没有采纳，结果一败涂地。从此以后，德尔菲法得到广泛认可。

德尔菲是古希腊地名。相传太阳神阿波罗在德尔菲杀死了一条巨蟒，成了德尔菲的主人。在德尔菲有座阿波罗神殿，是一个预卜未来的神谕之地，于是人们就借用此名作为这种方法的名字。

2.演变

德尔菲法最初产生于科技领域，后来逐渐被应用于任何领域的预测，如军事预测、人口预测、医疗保健预测、经营和需求预测、教育预测等。此外，该方法还被用来进行评价、决策、管理沟通和规划工作。

三、德尔菲法的特征

（1）资源利用的充分性。由于吸收不同的专家参与预测，充分利用了专家的经验和学识。

（2）最终结论的可靠性。由于采用匿名或背靠背的方式，每一位专家都能独立地作出自己的判断，不会受到其他繁杂因素的影响。

（3）最终结论的统一性。预测过程必须经过几轮的反馈，使专家的意见逐渐趋同。

正是由于德尔菲法具有以上这些特点，它才在诸多判断预测或决策手段中脱颖而出。这种方法的优点主要是简便易行，具有一定科学性和实用性，可以避免会议讨论时产生的害怕权威而随声附和，或固执己见，或因顾虑情面不愿与他人意见冲突等弊病；同时也可以使大家发表的意见较快收敛，参加者也易接受结论，具有一定程度综合意见的客观性。

四、德尔菲法的具体实施步骤

（1）组成专家小组。按照课题所需要的知识范围，确定专家。专家人数的多少，可根据预测课题的大小和涉及面的宽窄而定，一般不超过20人。

（2）向所有专家提出所要预测的问题及有关要求，并附上有关这个问题的所有背景材料，同时请专家提出需要的材料。然后，由专家作出书面答复。

（3）各个专家根据他们所收到的材料，提出自己的预测意见，并说明自己是怎样利用这些材料并提出预测值的。

（4）将各位专家第一次判断意见汇总，列成图表，进行对比，再分发给各位专家，让专家比较自己同他人的不同意见，修改自己的意见和判断，也可以把各位专家的意见加以整理，或请身份更高的其他专家加以评论，然后把这些意见再分送给各位专家，以便他们参考后修改自己的意见。

（5）将所有专家的修改意见收集起来，汇总，再次分发给各位专家，以便作出第二次修改。逐轮收集意见和向专家反馈信息是德尔菲法的主要环节。收集意见和信息反馈一般要经过三四轮。在向专家进行反馈的时候，只给出各种意见，但并不说明发表各种意见的专家的具体姓名。这一过程重复进行，直到每一个专家不再改变自己的意见为止。

（6）对专家的意见进行综合处理。

五、实施德尔菲法的注意事项

（1）由于专家组成员之间存在身份和地位上的差别以及其他社会原因，其中一些人有可能因不愿批评或否定其他人的观点而放弃自己的合理主张。要防止这类问题的出现，必须避免专家们进行面对面的集体讨论，而应由专家单独提出意见。

（2）对专家的挑选应基于其对企业内外部情况的了解程度。专家可以是第一线的管理人员，也可以是企业高层管理人员和外请专家。例如，在估计未来企业对劳动力需求时，企业可以挑选人事、计划、市场、生产及销售部门的经理作为专家。

（3）其他注意事项：

①为专家提供充分的信息，使其有足够的根据作出判断。例如，为专家提供所收集的有关企业人员安排及经营趋势的历史资料和统计分析结果等。

②所提出的问题应是专家能够回答的问题。

③允许专家粗略地估计数字，不要求精确。但可以要求专家说明预计数字的准确程度。

④尽可能将过程简化，不问与预测无关的问题。

⑤保证所有专家能够从同一角度去理解员工分类和其他有关定义。

⑥向专家讲明预测对企业和下属单位的意义，以争取他们对德尔菲法的支持。

六、德尔菲法的优缺点

德尔菲法同常见的召集专家开会从而通过集体讨论得出一致预测意见的专家会议法既有联系又有区别。德尔菲法能发挥专家会议法的优点，即：

（1）能充分发挥各位专家的作用，集思广益，准确性高。

（2）能把各位专家意见的分歧点表达出来，取各家之长，避各家之短。

同时，德尔菲法又能避免专家会议法的缺点：

（1）权威人士的意见影响他人的意见。

（2）有些专家碍于情面，不愿意发表与其他人不同的意见。

（3）出于自尊心而不愿意修改自己原来不全面的意见。

德尔菲法的主要缺点是过程比较复杂，花费时间较长。

第七节 PDCAR法则

一、PDCAR法则

著名的PDCAR法则是一种风靡东西方管理界和思想界的计划流程，它不但可以指导公司、团队和项目的正常运行，也可以用于规划自己的工作和生活。

PDCAR工具最适合用于在做事中学做事，以培养“今日事今日毕”和“不犯第二次错误”的习惯，这两个习惯在西方管理界被推崇为确保成功的两个工具。在西方人看来，只要“掌握其中之一，你就能成为500万（美金）的富翁”。把这一工具用在执行力上，它将使执行力飙升。

PDCAR是英语Plan，Do it，Check it，Action again，Record的缩写。Plan就是做计划；Do it就是立即去做，付诸行动；Check it就是在实施中不断地检查与检验；Action again就是通过检查总结教训，然后再次行动；Record就是将经验记录备案，供以后借鉴。这是一种行为修炼工具，它对于提升组织与个人执行力都很有指导意义。

二、PDCAR法则的具体内容

（一）唯有计划，才有效率和成功

PDCAR法则中的“P”代表计划，它包括以下几方面的要求：

（1）制订计划时，应尽可能考虑到可能发生的一切问题，并相应地制定应对措施——也就是将风险因素纳入计划中。

（2）计划实施完毕后，将整个计划执行的过程回顾一遍，仔细考虑每个细节，确认哪些部分成功了，哪些部分失败了。记下每一个失败的地方，争取在执行下一个计划时不犯同样的错误。通过这种实践，你的思想会变得深邃、细致、客观和冷静。

（3）一定要“实事求是”，要冷静、客观、自主，站在局外人的角度通盘考虑自己的计划。

（4）给计划增加一些压力，以便督促自己执行。一般说来，最有效的增压方法就是适当缩短预期的执行时间。

（二）关键在于行动

PDCAR法则中的“D”代表行动。

失败者往往在彷徨中丧失千载难逢的机遇，而成功者则善于抓住机遇、果断行动；失败者往往因为半途而废丢掉大好的前程，而成功者总是在坚持不懈中得到幸运之神的眷顾。因此，对计划的执行来说，最重要的就是要果断行动、坚持不懈。不要轻易改变自己的目标，不要因为困惑和犹豫与一个又一个机会失之交臂！

（三）反复检验，及时调整

PDCAR法则中的“C”代表检验和调整。

如果在检验中发现了偏差，则需要查缺补漏、及时调整，以免犯更大的、不可挽回的错误；如果在检查中证实了计划的有效性和正确性，就可以加大投入、将计划执行到底。

（四）吸取教训，从头再来

PDCAR法则中的“A”代表重新开始。

在计划执行过程中，遇到失败和挫折是难免的事，必须学会从失败中汲取经验或教训，不被挫折击垮，勇敢地重新开始。重新开始的勇气和决心是每个成功者必备的基本素质，也是通向成功的决定性力量。

这一点是极其重要的，所以，我们把“自省”作为指导“执行”的主要态度。

（五）认真总结，详细记录

PDCAR法则中的“R”代表记录和备案。

好的执行者总会在计划执行完毕后，认真总结计划执行过程中的经验、得失，并对计划执行的详细情况进行记录、备案。无论计划的执行是否成功，有关该计划的详细信息总能为自己和团队中的后来者提供可资借鉴的宝贵经验。

所以，PDCAR是一种十分有用的执行力管理与修炼的指导工具，几乎人人都可以应用它，时时可以应用，事事可以操作，它讲求效率而无须付出特殊的时间和精力，不论是组织还是个人，选择PDCAR就是提高执行力，就是选择成功，放弃PDCAR就是牺牲执行力，就是选择失败。

三、PDCAR与传统PDCA流程的区别

PDCAR强调内部之间的有效沟通和协调，要求事情的进程必须得到及时的传达和汇报，避免出现不可挽回的错误。PDCAR更注重工作流程的循环性和团队合作精神。PDCAR是在PDCA的基础上进行优化后的标准工作流程。

复习思考题

1.层次分析法的主要内容有哪些？

2.决策分析法的主要内容有哪些？

3.统计分析法的主要内容有哪些？

4.经营预测法的主要内容有哪些？

5.PERT网络分析法的主要内容有哪些？

6.德尔菲法的主要内容有哪些？

7.PDCAR法则的主要内容有哪些？

第六章

管理审计现场取证方法

主要知识点

管理审计具有涉及范围广泛、综合性强等特点，因而审计的难度较大。因此审计技术方法也有别于传统的查账方法，更多的是运用科学管理方法为审计服务。在开展管理审计取证时，不但需要运用观察、询问、分析等各种传统审计方法，更需要运用因素分析、线性规划、价值分析等多种现代经济管理中的分析技术。本章介绍管理审计现场取证的方法，主要内容包括：管理审计基本方法、经济活动分析方法、科学管理方法、项目管理方法。

关键概念

管理审计现场取证；审计方法；管理审计方法；管理审计现场取证方法

●第一节　管理审计基本方法

管理审计建立在被审计单位经营活动和财务活动的基础上，没有相关的信息作为基础数据，也就无法开展管理审计；同时，常用的一些财务审计方法也可大量运用于管理审计，现简单介绍几种常用的方法：

一、观察法

观察法，是指审计人员通过现场察看来了解被审计单位的一般情况，以及对审阅与分析中所发现的问题或对被审计单位的经营活动产生重大影响的活动，通过亲临现场巡视获取证明材料的一种审计技术。观察法有着广泛的适用范围，对任何单位的审计，不管审计类型如何，均需要运用观察法。管理审计也可以运用观察法进行现场取证，了解被审计单位各项经营活动开展是否合理和有效。

在管理审计中，审计人员可以运用观察法了解被审计单位的设备是否完好，工作效率的高低，员工的情绪及工作态度如何，生产组织是否合理等；审计人员还可以去仓库观察收、发货物是否认真验收，从数量和质量两个方面严格把关；可以去车间观察生产一线的员工劳动生产率是不是高，劳动时间是否被充分利用；也可以观察被审计单位的内部控制制度是否有效执行，以此确定业务过程是否存在较大管理风险等。因此，观察法可以普遍运用于管理审计中。

运用观察法获取的审计证据通常是亲历证据，其证据的可信度比其他证据都高，要注意影响其可信性的相关因素。影响观察法运用效果的因素有三个：一是审计人员的实践经验和业务水平；二是审计人员的态度；三是被审计单位管理层对待问题的态度。一般情况下，被审计单位领导总要千方百计地掩盖各种问题，审计人员应该予以高度注意，以防被审计单位管理层在策划下通过制造假象来掩盖真实情况。另外，当审计人员在场时，被审计单位总是十分小心，生怕也不愿意在审计人员面前暴露出存在的各种管理问题，因此，审计人员依靠观察获取的证据有可能难以反映真实情况；而且，如果审计人员缺乏应有的经验和技能，则有可能遗漏一些问题。鉴于观察法在应用中的复杂性，应特别注意以下几点：

（1）观察时要心细，仔细留意周围的一切情况，不要放过任何细微的差异、疑点。

（2）保持合理的职业审慎。在进行观察时，对于周围的一切都应该多问几个为什么。为什么对某些实质性的问题避而不谈？为什么审计人员的观察要按照被审计单位的安排进行？为什么被观察的业务经营效果总是超乎异常地好？……上述反常情况的背后肯定会有其他问题。因此审计人员应该采取必要的措施，如在不受干扰的情况下自行观察，或是对同一业务多次观察等，最好采用突击观察。

（3）在观察的同时注意综合分析。观察时，看到的多数都是现象，审计人员应该学会从众多的现象中抓住本质。

（4）在观察时，要与询问法结合运用，并应注意询问的策略与技巧。

（5）为了便于了解各种情况，观察时应结合使用问题式调查表。

（6）某些情况的介绍，最好要求被审计单位结合现场观察进行。

（7）对于观察获取的资料，必须详细记录，尤其是形成的初步结论，一定要写清楚在观察时导致产生结论的原因，以免以后产生误解而使工作失误。

二、询问法

询问法是指审计人员通过直接找有关人员进行面谈以取得必要的资料或对某一事实给予证实的一种审计取证技术，也称面询。询问法是任何审计都必须运用的极为重要的常用审计技术之一，在管理审计中，同样广泛运用此方法获取相关的证据。因为，通过运用其他审计技术方法，可以发现许多管理问题的线索，但这些问题最终都需要找有关管理人员予以证实，这就不得不运用询问法。在审计准备阶段或实施过程中，了解一般情况时，要运用询问法获取有用的信息。例如，在进入被审计单位后，需要进行初步调查，这些调查包括询问管理人员和一般职工，了解他们对单位有关情况的反映，以及他们在处理业务过程中存在的管理问题，如资源是否有效利用，业务流程是否科学，决策系统是否真正发挥作用，风险是否已充分识别，人力资源是否配置科学，组织管理体系是否与行业特点相吻合等，这些实际上均是询问法的运用过程。因此，询问法是一种极为重要的常用辅助审计技术。从某种程度上看，审计过程实际上是审计人员同被审计单位及社会上其他有关人员进行交往的过程。如果审计人员只注重了解书面资料的信息，不注重与人沟通和交流，不注意运用询问法，想获得良好的管理审计效果就几乎是不可能的。

询问是通过找有关人员谈话来实现审计目的的，因此，在管理审计中，按询问对象的不同，询问又可分为对管理层的询问和对管理职能执行者的询问两种。对管理层询问，可以获得较全面的管理信息，有助于审计人员了解被审计单位的整体情况，包括企业发展战略、长短期发展规划、新产品推出计划、营销策略实施方案、人员转型计划、薪酬激励机制等相关信息，为审计人员从总体上了解被审计单位的基本情况提供有用的信息。在对审计职能执行者进行询问时，审计人员可以获得作为具体管理职能执行者在执行某种业务时发生的管理现象，如内部控制在执行中是否存在执行不到位的情况，员工工作时间是否得到有效利用，财产物资是否得到安全保管，具体业务环节是否存在内部控制缺失等情况。若按询问方式的不同，询问又可分为个别询问和集体询问两种。在具体运用询问法时，应根据需要选择不同的询问类型。

（一）询问法的运用

要恰当而有效地运用询问法，首先要选择恰当的询问方式；然后要注意询问策略。选择方式不当，询问绝对不会获得成功，不讲求询问策略，会严重影响询问的效果。

1.选择询问方式

询问的方式通常只有两种，即个别询问和集体询问。选择恰当的询问方式，是保证询问顺利进行、获取所需信息资料不可缺少的手段。

（1）个别询问的运用

个别询问，即单个交谈，是指找每一个人分别进行面谈，以获取所需资料的一种询问技术。由于每个人对自身以外的其他人员通常都有戒备心理，比如当心他人抓住自己的把柄，或是怕他人打自己的小报告等，因此，在可能的情况下，应该尽可能多地采用个别询问法。虽然这一技术对审计人员来说，无疑会增加审计成本，影响审计效率，但对于审计效果来说，是绝对有利的。但不管怎样，以下几种情形是必须采用个别询问法的①：

①询问内容极为重要，且需要控制扩散范围的；

②被询问人知晓的情况可能对他人利益构成损害的；

③被询问人是某些人的打击报复对象；

④被询问人性格内向，不善交谈的；

⑤被询问人提出要求，需要单个面谈的；

① 李凤鸣，王会金. 审计技术方法［M］. 北京：北京大学出版社，2001：75-78.

⑥对当事人的对质，以核实问题的；

⑦审计人员认为，询问将可能对被询问人产生不利影响的。

（2）集体询问的运用

集体询问，是指通过找多个有关人员一起进行面谈，以获取所需资料的一种询问方式。这种方式实际上就是开座谈会。一般地，在以下场合应采用集体询问的方式：

①调查了解的只是一般情况或一般性问题；

②调查内容对有关人员不构成影响的；

③被询问人性情活泼开朗，善于交谈的；

④审计人员认为询问内容对被询问人不构成不利影响的；

⑤询问内容不存在保密问题的。

总之，应采用何种询问方式，要根据询问内容的具体情况以及被询问人的具体情况而定。

2.询问策略的运用

询问的目的，就是要让管理层或管理职能执行者将他们所知道的有关情况提供给审计人员。为此，审计人员常常是通过提出问题来引导被询问人提供情况。但这些被询问人是否真的愿意将他们所知的情况如实提供给审计人员呢？审计人员能否实现预期的询问目的呢？这些问题的解决，在很大程度上取决于审计人员是否运用了适宜的询问策略。具体地，审计人员在进行询问时需要运用的策略主要包括以下方面：

（1）创造适宜的询问气氛

适宜的气氛对能否圆满完成询问任务有重要影响。因询问的具体对象不尽相同，因此，需要创造不同的气氛。一般地，询问知情人时应显得和缓，使被询问人有轻松感。这种适宜气氛的形成取决于：

①审计人员的态度。审计人员的态度决定着询问能否顺利进行，因此，应特别注意。一般而言，对管理层进行询问，应表现出乐于接受被询问人提供的情况，且容易接近的态度，因其获得的信息是被审计单位宏观的管理信息，而不是具体的管理问题；对管理职能执行者进行询问，则应严肃认真，仔细了解每一个管理细节，以便分析存在的管理缺陷。

②被询问人的陈述。一般地，被询问人能自由表达自己的看法或所知情况，容易活跃询问气氛。因为，自由表达时，被询问人是轻松的，其对有关问题的认识或回忆是连贯的，其所提供的资料也是比较可靠的。因此，不是在迫不得已的情况下，审计人员不应在被询问人回答问题时提出其他问题，否则，就会打乱被询问人的思路，造成气氛紧张，而使询问难以进行下去。

③审计人员的引导。在询问时，很多问题都是以往发生的，可能因多种原因而使得被询问人难以理顺其间的关系。这时，审计人员的正确引导对询问的成功起决定性作用。一般可以做以下努力：一是选择便于活跃思维的询问场所，最好是有关

事物的管理现场，以便通过接触有关境况来活跃思维；二是谈些与询问主题联系的内容或其他管理问题，以便帮助被询问人通过近似联想启发其思维。

（2）恰当地提出问题

提问是否恰当，对询问法运用得成功与否亦至关重要，因为审计人员常常是通过被询问人的回答来获取资料。所提出的问题，既应明确包含审计人员的意图，又要便于被询问人正确理解。恰当地提问，取决于以下因素：

①措辞得当。提出的问题是通过词语表达的，因此，应注意提问的措辞要得当，以免造成误解。在词语使用上，既要考虑询问内容的具体情况，又要考虑被询问人的具体情况。

②问得得体。即提出的问题要有针对性，有明确的目标和思想，使问什么、是什么、为什么一看便知。

③依据事实。即询问时提出的问题应该以存在的事实为根据。

④讲究条理。即提问题时，应讲究一定的逻辑顺序。其一般顺序是：先提出最一般的问题，然后到个别问题，最后再提被询问人最感兴趣的实质问题。但这并不是指所有询问都要遵循以上顺序，应注意灵活性。

（二）询问法应用中应注意的问题

询问法的应用场合是十分广泛的。其既可被用于对被审计单位有关情况的一般了解，也可被用于审计证据的落实。为了确保询问法运用的有效性，在具体运用询问法时应特别注意以下各点：

（1）在准备对有关人员进行询问之前，如果可以让被询问人事先了解情况的，则应预约询问的时间。这一点很重要，一是表示审计人员对被询问人的尊重；二是可以让被询问人进行必要的准备等。但应注意，接近下班或是刚上班的时间一般不是最佳的询问时间。

（2）为了便于询问的进行，审计人员应使自己的言行显得特别有修养。这一点很重要，合适的穿着，便于融洽审计人员与被询问人员的关系。善意的语言，让被询问人听了很舒服，可以让被询问人认清错误，或使被询问人非常乐意将自己所知的信息全部提供给审计人员。因此，审计人员注意在询问中的语言美，是非常有益的。目前，有些审计人员在这方面很不注意，穿着随便，让人一见就不舒服，这样既容易使被询问人产生逆反心理，询问达不到目的，又会给审计部门的形象与威信带来负面影响。

（3）在询问过程中，要注意倾听，使被询问人意识到他所提供的信息是重要的。审计人员在听的时候要全神贯注，听明白的地方，可以做点表示动作，如点点头，表示已经领会了其中的意思；没有听懂的地方，审计人员可以适当重复问题，表示还不太明白。

（4）在询问过程中，应认真做好询问记录，并在询问完毕后交被询问人查阅签名，以明确责任，尤其是在对管理层进行询问时，一定要注意这一点。有可能的话，在询问时可以结合使用问题式调查表。

（5）通过询问获得的言词证据，不能直接用来作证，只能用作重要证据的补充证据。因此，如果事先未能找到其他重要证据，而只通过询问获得了重要证据的线索时，应按提供的线索找到其他重要证据。

三、分析法

分析法是一种常用的审计技术。分析法是指在审计时通过对被审项目有关内容进行对比与分解，从中找出项目之间的差异以及各项目的构成因素，以揭示其中有无问题，从而为进一步审计提供线索或主攻方向的一种审计技术。在每一个审计项目中，分析法使用的频率往往最高。在多数情况下，在开始实施实质性审查前就采用分析法，在实质性审查过程中亦能采用分析法，有些人将这种技术称为分析性检查法。如果审计人员的分析恰当，通常能收到事半功倍之效；若分析不当，亦会使审计工作误入歧途。审计中的分析法种类很多，如比较分析法、关联分析法、账龄分析法、趋势分析法、平衡分析法、账户分析法、制度分析法、因素分析法、数学分析法、统计分析法、技术经济分析法等。

（一）比较分析法

比较分析法，是指直接通过对有关审计项目之间的对比，揭示其中的差异所在，并在此基础上分析判断差异是否正常及其形成的原因，从而判明经济活动是否合理、有效，被审计单位有无问题的一种分析技术。按对比时采用指标的形式不同，可分为绝对数比较分析法和相对数比较分析法两种。绝对数比较分析法，是指直接以有关项目之间的总量或货币总额进行对比，揭示其中差异所在，并进行判断的一种分析技术。如管理费用或产品销售收入在各个不同时期的对比，产品、商品存销量在各个不同时期的对比。通过这种对比，可以揭示被审计项目的增减变动情况有无异常，是否合情合理，是否存在问题。绝对数比较分析法，更适合于对资产负债表和利润表中的某些项目、成本表、有关账户余额以及有关明细账户某些项目的检查，当这些项目的增减变动超出了在正常情况下的正常范围时，便可认为背后肯定有管理问题。而且，对被审计项目在各个不同时期的总额变动情况进行综合分析，有时还可以揭示经济活动的发展趋势，从而有利于从整体上分析判明产生问题的可能性及哪些方面存在问题。

相对数比较分析法，又称比率分析法，是指将通过计算得出的被审计项目的百分比、比率或比重结构等相对数指标进行对比，揭示其中的差异，并分析判断有无问题的分析技术。如对不同时期的销售利润率、投资报酬率、成本利润率、应收账款周转率等指标进行计算与对比，可以发现经营管理存在的问题。有时使用相对数比较分析法更容易发现问题。为了确保审计人员的分析判断正确，在使用了绝对数比较分析法后，还应该使用相对数比较分析法。在审阅报表时，运用相对数比较分析法有助于审计人员发现问题。如在对某企业的利润表进行审计时，审计人员计算对比了各月份的收入、成本，结果发现该单位在价格无变动的情况下，收入、成本反而有较多差异，这就违反了常规。经进一步审查发现，该单位本期的销售成本陡增，审计人员再进一步分析这一现象究竟是客观原因造成的，还是主观因素造成的。

比较分析法可以被广泛用于能够进行对比的被审计项目的一般性检查。至于在什么场合应该用绝对数比较分析法，在什么场合应该用相对数比较分析法，这应视被审计项目的具体情况而定。一般而言，能采用这两种比较分析法的，应同时运用这两种技术，以防判断出现差错。在具体应用比较分析法时，应特别注意以下几点：

（1）对比之前，应对用于对比的被审计项目的资料内容的正确性予以确定。

（2）对比的各项目之间，必须具有可比性。也就是说，用来进行相互比较的有关项目，应该是同质的，否则，就无法对比。

（3）应该对比哪些内容，需要根据比较的目的而定。一般而言，可以对比相关项目，对比同一项目的不同时期，对比同一项目的计划、定额等。

（4）对揭示的差异，应予以记录并附分析说明，使之能真正为决定采用何种其他审计技术提供依据。

（二）关联分析法

关联分析法，是指对存在关联的被审计项目进行对比，揭示其中的差异所在并判明可能存在问题的一种分析技术。对被审计单位而言，一项经济业务的发生，必然会与一些经济指标或数据相关，对于审计人员来说，审查信息或数据之间的相关性，能发现管理问题的所在。如果被审计单位资产负债表上有长期投资，而投资收益却非常少，若审计人员对投资收益与长期投资进行相关分析，发现投资收益率远远低于资本市场的平均投资回报率，就可以发现投资收益存在问题，顺藤摸瓜就可能会发现管理决策的问题或投资管理的问题等。

从以上论述中不难看出，关联分析法的应用领域非常广泛，几乎对所有资料、所有活动均可运用关联分析法来揭示问题。而且，关联分析法实际上也可以看作比较分析法与平衡分析法的简单形式。在具体应用关联分析法时，应注意以下三点：

（1）经济活动事项之间在哪些方面有关联，属于什么样的关联。这些关联既包括直接的，也包括间接的或是逻辑的。找出经济活动事项之间的关联，是运用关联分析法的关键，不然，会使分析不能揭示出差异或导致分析判断失误。

（2）能够透过相关事项的异常现象的表面把握问题的实质。若事实上明显有异常，审计人员却认为没有异常或是这一异常无关紧要，这就会使得关联分析法无效。

（3）对两个相关信息进行比较后，获得一定的比率，再将此比率与行业平均指标和历史数据进行比较，就可以发现企业管理中存在的问题和不足，并据此提出改进管理建议。

（三）账龄分析法

账龄分析法，又称期龄分析法，是指根据账户中业务事项发生后延续时间的长短编制分析表，揭示其中有无异常或其他问题的一种账户分析技术。通过账龄分析法，可以发现遗留问题，为审计人员确定重点审计领域提供依据，并且审计人员可以有针对性地提出改进措施。账龄分析法可以用于材料、产成品、商品、应收应付账款、工程支出等业务的一般性检查。如通过对库存产品存放时间的长短分析，可以了解产品的适销情况以及产品的质量状况和市场的销路、单位在开发产品及推销产品方面存在的不足之处等，同时，产品存放时间长，既影响产品质量和性能，又会增加利息及仓储费用支出，并影响到资金的周转速度和经济效益等。

运用账龄分析法的关键，是要找到一个恰当的标志对业务事项进行分类，并编制账龄分析表。这一恰当的标志就是延续时间的长短，如库存材料及产成品的产出时间、库存商品的保管时间、应收应付账款的结算时间、工程项目的周期等。表6-1是应收账款账龄分析表的一般格式。

表6-1　**应收账款账龄分析表**

结算周期	户　数	金　额	比　重
3个月以内结算 3个月至6个月结算 6个月至1年结算 1年至3年结算 3年以上结算			
合　计			

运用账龄分析法时，应注意以下四点：

（1）首先应确定正常业务的期限，即有关业务的延续在多长时间内属于正常，这是确定有无问题的基础。

（2）应根据业务内容的具体情况划分不同档次，并确定每一档次的相应比重。如果档次划分得太细，则不利于抓重点，且工作量会增大；若太粗，则不便于分析。因此，应根据具体情况进行适当划分。

（3）通过账龄长短确定重点审查事项，进一步分析其形成的原因，或可能存在的问题，以便为进一步检查提供方向。

（4）为了便于说明问题，对有管理问题的重点事项给单位造成的损失应进行实事求是的测算。如产品、商品积压（超过正常期限）而多付的保管费用，多占用资金而支付的利息，影响资金周转而浪费的资金等；对于应收账款，亦应测算因长期占用资金而造成的利息损失，以及影响资金周转（增加贷款）而增加的利息支出等。这些数据可分别根据以下公式测算：

增加利息支出=超期占用财物总额×银行贷款日利率×超期占用天数

损失利息收入=超期占用财物总额×银行存款日利率×超期占用天数

多发生的仓储费用=超储物资数量×单位（日）保管费×超储天数

多占用的流动资金数额=（本年实际产值资金率-上年实际产值资金率）×实际工业产值

（四）趋势分析法

趋势分析法，也称动态分析法，是指从发展的观点分析、研究经济活动在时间上的变动情况，以揭示其增减变动的幅度及其发展是否正常、合理和有无管理问题的一种分析技术。它不着眼于某一个时点，而是从各个不同时期的综合比较中揭示经济活动的规律性，并预测未来。因此，运用趋势分析法有利于把握住被审计单位经济活动的发展前景，提出有建设性的意见和建议。趋势分析法既可用于财务审计中揭示被审计单位有无问题，也可用于管理审计中预测经济活动的发展前景及其趋势。在具体应用时，应特别注意：

（1）进行分析前，应对用于分析的各种指标本身的可靠性予以认可，不然，将得出错误的审计结论。

（2）用于进行趋势分析的有关指标，在各个时期应具备可比性，若有不可比因素影响，则应运用因素分析法将不可比部分剔除。

（3）进行趋势分析时，常常需要运用多种方法，在选用这些具体分析方法时，必须注意其合理性与科学性。

（4）在提出分析结论时，应综合考虑各种因素的影响，以防决策失误。

●第二节　经济活动分析方法

随着现代审计领域的不断拓展和为组织增加价值审计理念的深入，越来越多的经济活动分析方法被运用到管理审计中，如因素分析法、经济批量分析法、量本利分析法、相关分析法、回归分析法、指数分析法等，为全面、正确评价被审计单位的经济业务提供了科学依据。

一、因素分析法

因素分析法是经济活动分析中最基本的分析技术，也称连环替代法。审计人员运用此方法是为了确定影响某一经济现象的各因素的影响程度和影响方向，为正确评价经济活动提供可靠的依据。一个经济现象会受到许多因素的影响，且每个因素发挥作用的程度也不一样，作用效果也可能互相抵消，为了清楚地分析每一因素的影响结果，需要对每个因素的影响程度进行具体分析。影响程度，是指各因素的影响数额在总体差异中所占的比重，审计人员可以此为依据，充分挖掘提高经济效益的各种潜力，然后有针对性地提出改进建议和措施。

审计人员利用因素分析法，可以揭示相互联系的诸因素对总体差异的影响情况，了解结果，以便分清主次，抓住主要问题进行更深层次的审计，使最终的审计结果更为客观，有利于挖掘潜力，增加企业价值。具体操作时，应注意以下几点：

（一）确定被审查活动的影响因素及联系

确定影响因素以及各因素之间的相互联系，是进行分析的前提和基础。例如，产品的单位成本是由原材料、燃料与动力、工资及福利费、制造费用等成本项目构成的，审计人员需要确定各因素之间是何种关系。又如，原材料成本受产品产量、原材料单耗、单价三个因素的影响，这三个因素之间是乘积关系。

（二）确定各因素的先后排列顺序

确定因素排列顺序时，需要遵循一定的原则进行排列，否则，测定的结果差距可能会很大。在一般情况下，按数量指标在前、质量指标在后，实物指标在前、价值指标在后，主要指标在前、次要指标在后的原则确定。利用因素分析法确定各因素的影响程度时，需要假设其他因素不变，并且在测定时各因素的排列顺序应保持不变。

（三）依次替换各因素并测定影响效果

依次替换各因素并测定影响效果就是将共变影响结果按比例分摊到各因素上。从审计角度讲，单独反映共变影响结果，更有利于明确责任归属。替换因素时，具体有两种方法：一是按习惯上的因素分析法进行替换，每次一个，且每次替换均在前一次替换的基础上进行；二是按明确责任归属的方法进行替换，虽然也是每次替换一个，但每次替换都不依赖于前一次的替换结果，且要单独测定共变影响结果。假设以a、b、c分别代表产品产量、原材料单耗及单价（单位成本），$a_0b_0c_0$为目标成本，$a_1b_1c_1$为实际成本，则：

按第一种方法替换的做法是[①]：

a变动对成本的影响：$(a_1-a_0)\ b_0c_0$

b变动对成本的影响：$(b_1-b_0)\ a_1c_0$

c变动对成本的影响：$(c_1-c_0)\ a_1b_1$

按第二种方法替换的做法是：

a变动对成本的影响：$(a_1-a_0)\ b_0c_0$

b变动对成本的影响：$(b_1-b_0)\ a_0c_0$

c变动对成本的影响：$(c_1-c_0)\ a_0b_0$

共变影响：$(a_1b_1c_1-a_0b_0c_0)-(a_1-a_0)\ b_0c_0-(b_1-b_0)\ a_0c_0-(c_1-c_0)\ a_0b_0$

对共变影响结果，可以将其按比例分摊到因素a、b、c中，也可以单独反映。从审计的角度看，单独反映共变影响结果，更有利于明确责任归属。

（四）影响结果的原因分析

审计人员首先要确认各影响因素是否真实，然后分析问题的症结何在，有无提高效益的潜力等。例如，上述原材料成本增加，若是由产品产量增加引起的，则应进一步查明产量的增加是否真实，或有无片面追求产值以致造成积压和浪费的情况。若产品产量增加是因市场急需所致，则应进一步分析产品在市场上是否还有更大的潜力，以便明确是否应扩大生产。如果可以扩大生产，是追加投资，是租赁设备，还是通过协作来扩大产量？单位内部还能在多大程度上增加产量？……若原材料成本增加是由于材料单价的提高而造成的，则应进一步查明材料单价的提高是否真实，单位有没有因改变供货渠道或方式从而降低采购成本，单位有无控制材料价格上涨的潜力等。

---

① 李凤鸣，周学民．审计方法［M］．北京：中国商业出版社，1991：272-273.

（五）提出改进建议与措施

最后，审计人员应针对影响结果，提出改进建议和措施。通过因素分析法，审计人员明确了对经济效益产生影响的因素，以及存在潜力的环节，其可在此基础上有针对性地提出改进的建议与措施。例如，如果审计人员认为成本增加是由于产量增加而造成的，而且市场上还有部分潜力，但增加投资不合算，则可建议被审计单位扩大协作或租入设备，并在现有的基础上提高设备的利用率，以达到增加产量、提高经济效益的目的。因素分析法明确了各因素的影响程度，为分清责任、挖掘提高经济效益的途径提供了依据，审计人员可以据此提出有效的审计建议和改进方法。

二、经济批量分析法

经济批量分析法就是在保证生产供应连续性与均衡性的前提下，确定总费用最低时的合理采购量或生产量的分析方法。应用经济批量分析法，可以使库存降低到最低限度，减少不合理的资金占用，加速资金周转，从而达到降低成本和提高经济效益的目的。例如，在被审计单位的生产任务一定的情况下，需要购进的原材料也是相对稳定的，如果加大每次采购的数量，则采购批次就能减少，虽然这样做可以减少采购费用，但增加了库存，不仅会影响资金周转，还会增加保管费用；同理，虽然通过增加采购批次可以减少保管费支出，但同时也会增加采购支出。经济批量分析法，就是要寻找使采购费用与保管费用最少时的最佳采购量与采购批次。应用经济批量分析法的具体做法是：

（一）确定指标

确定指标即分析被审计活动，收集资料，确定费用指标、物资的需求量（k）。计划产量一般根据被审计单位的生产计划确定，也可以根据市场预测的结果综合分析确定，原材料及外购件的年需求量一般可根据计划产量与定额耗用量来测定。在进行经济批量分析时，还需要确定有关费用指标，包括采购费用（C_0）、生产准备费用（C_S）和存储费用（C_H）。

采购费用，是指供应部门在处理订购、补充库存时所需的费用，一般包括采购人员的工资、差旅费、手续费、检验费等。其计算公式为：

$$C_0=\frac{R}{Q}\cdot C'_0$$

式中：C_0——采购费用；

R——原材料年需求量；

Q——每次采购量；

C'_0——一次采购费用。

生产准备费用，是指在批量生产情况下，每批投资前发生的工艺准备、工具及设备的调整与检验费用等。其计算公式为：

$$C_S=\frac{R}{Q}\cdot C'_S$$

式中：C_S——生产准备费用；

R——年计划产量；

Q——每批生产量；

C'_S——一次生产准备费用。

存储费用，是指为保管产品及原材料所发生的费用，一般包括仓储设备的折旧费、维修费、搬运费、物资保险费、管理费、霉变损失、库存物资的资金利息。其计算公式为：

$$C_H=\frac{1}{2}Q\cdot P\cdot i$$

式中：C_H——存储费用；

Q——每批采购量或生产量；

P——每批购进价格或生产成本；

i——保管费用率，包括资金利率与纯保管费率；

$\frac{1}{2}Q$——平均库存量。

（二）建立模型

原材料及外购件的库存费用最小时的经济采购批量模型为：

$$Q=\sqrt{\frac{2RC'_0}{P\cdot i}}$$

$$C=\sqrt{2R\cdot C'_0\cdot P\cdot i}$$

在产成品与半成品库存费用最小时的经济生产批量模型为：

$$Q=\sqrt{\frac{2RC'_S}{P\cdot i}}$$

$$C=\sqrt{2R\cdot C'_S\cdot P\cdot i}$$

审计人员可以根据计算得出的被审计单位采购的经济批量，对其采购计划是否符合管理目标、实现物资采购总成本最小化进行评价，并据此提出改进采购批量的管理建议。

三、量本利分析法

量本利分析法，是一种重要的经济活动分析方法，它是通过业务量（销售量、营业额）、成本与利润之间的依存关系，评价盈利状况与经营业绩以及有关因素变动对利润的影响的一种分析技术，也称盈亏分析、保本分析等。运用量本利分析法，可以正确地掌握盈亏界限，控制成本，预测目标利润，合理安排生产，达到提高效益的目的。量本利分析法的基本原理是：将全部成本分解为固定成本与变动成本两类，然后在假设收入正好能抵补成本（盈亏平衡）的基础上，运用公式来测定有关指标。运用量本利分析法可以为合理确定产销规模、正确选择工艺设备进行成本控制。

（一）确定模型

企业的盈亏主要取决于销售收入的多少和成本费用的高低。收入大于成本就盈利，否则就亏损。量本利分析法主要是确定在不亏不盈的情况下的最低业务量，然后再测定有关因素变动时的有关指标。如果以Q表示业务量，P表示价格，C_V表示变动成本，C_F表示固定成本，则其一般模型为：

$$PQ=C_V+C_F \quad 或 \quad PQ=Q\times C'_V+C_F$$

$$Q=\frac{C_F}{P-C'_V}$$

Q表示盈亏的数量界限，Q越小，说明单位的经营状况越好。

（二）分解成本

量本利分析法的基本点是要测定在销售收入扣抵销售成本后，正好能抵补固定成本支出时的最低业务量。在被审计单位的成本资料中，一般不单独反映固定成本和变动成本，因此，审计人员应在审阅、分析有关成本资料的基础上，将总成本分解为固定成本和变动成本。固定成本（C_F），是指在一定时期和相关范围内不随业务量变动而变动的成本，也就是说，只要在相关范围内，无论业务量如何变动，固定成本总额总是保持某一定值，如管理费用、制造成本、管理人员工资等。变动成本（C_V），是指在相关范围内随业务量的变动而增减变动的成本，也就是说，变动成本总额取决于业务量的大小。只要业务量变动，变动成本总额就不会保持某一定值，如原材料成本、燃料与动力、部分计件工资等。但在实际工作中，除固定成本与变动成本外，还有一部分半变动成本或半固定成本，也叫混合成本，这种成本也随业务量的增减而有所变动，但不是成比例变动。对于混合成本，也需要将其分解成固定成本与变动成本两部分。分解混合成本的具体方法有以下几种：

1.定性分析法

定性分析法，是指审计人员根据有关账面记录的审阅分析，将成本分解为固定成本与变动成本的方法。如将原材料作为变动成本，管理费用视为固定成本等。

2.高低点法

高低点法，是指通过审查一年或若干月份的业务量与成本额的资料，从中找出最高业务量与最低业务量时的成本数据，再利用公式计算单位变动成本（变动成本率）的成本分解方法。高低点法主要用于分解混合成本，其计算公式为：

$$单位变动成本（率）=\frac{最高点成本-最低点成本}{最高点业务量-最低点业务量}$$

假设在销售费用中有绝大部分属于混合成本，通过审阅销售费用明细账，发现一年中最高点与最低点时销售量分别为4 000件与2 000件，与此对应的销售费用额分别为10 000元与6 000元，则：

$$单位变动成本=\frac{10\,000-6\,000}{4\,000-2\,000}=2（元/件）$$

则：最高点变动成本额=4 000×2=8 000（元）

最高点固定成本额=10 000-8 000=2 000（元）

最低点变动成本额=2 000×2=4 000（元）

最低点固定成本额=6 000-4 000=2 000（元）

（三）测算指标

在有关成本分解完成后，即可根据有关公式测算所需的有关指标，如边际贡献率、变动成本率、保本点、安全边际率等，然后进一步规划目标利润、目标销售额、降价限额等。边际贡献率是指边际贡献额与销售收入的比率，边际贡献是指单位售价超过单位变动成本的金额，它首先补偿固定成本，补偿的余数即为利润。变动成本率是指变动成本额与销售收入的比率。变动成本率与边际贡献率呈反方向变动，边际贡献率越大，则变动成本率越低，同时，边际贡献率越大，说明单位的经营状况越好。保本点，是指在边际贡献正好等于固定成本时的销售量。安全边际率，是指超过保本点的销售额与目标销售额的比率，安全边际率越大，说明企业的盈利水平越高，经营越安全。有关指标的具体测算如下：

$$边际贡献额=\sum Q(P-C_V)$$

$$边际贡献率=\frac{\sum Q(P-C_V)}{\sum QP}\times 100\%$$

$$变动成本率=\frac{\sum QC_V}{\sum QP}\times 100\%$$

或：$$变动成本率=1-\frac{\sum Q(P-C_V)}{\sum QP}\times 100\%$$

$$保本点=\frac{C_F}{\sum Q(P-C_V)/\sum QP}$$

$$安全边际=\sum Q_1P-\sum Q_0P$$

$$安全边际率=\frac{(\sum Q_1P-\sum Q_0P)}{\sum Q_1P}\times 100\%$$

$$目标销售额=\frac{C_F+P'}{\sum Q(P-C_V)/\sum QP}$$（P′表示目标利润额）

$$目标利润额=(\sum Q_1P-\sum Q_0P)\times\frac{\sum Q(P-C_V)}{\sum QP}$$

$$销售价格=\frac{Q_1C_V+C_F+(Q_1-Q_0)(P-C_V)}{Q_1}$$

（四）评价与建议

通过对有关指标进行测定，即可对被审计事项作出审计评价，并提出改进管理的具体建议。

四、相关分析法

相关分析法是衡量一个变量与另一个变量之间关系的一种方法。当两个变量按照一定的规律运动时，这两个变量就存在相关关系。具体表现为：当一个变量增加时，另一个变量也相应地增加，则它们之间存在正相关关系；当一个变量增加时，而另一个变量却相应地减少，则它们之间存在负相关关系。

在经济业务中，许多因素之间存在相关关系。如生产产量与生产成本之间存在正相关关系，销售收入与销售费用之间也存在正相关关系。而同一类产品之间往往存在负相关关系，如数码照相机与使用胶片的照相机之间则存在负相关关系。有的要素之间则呈现出不规则相关关系，如税收收入与税率，在一定范围内，税收收入随税率的提高而不断增长，但税率超过一定的范围，税收收入反而随税率提高而减少，这是因为超过一定范围的税率不鼓励社会生产，导致税收收入降低。因此，审计人员利用相关分析法可以更好地提供咨询服务，为管理决策提供一定的合理保证。

相关系数为r，一般情况下$-1 \leq r \leq 1$，r为正数表示正相关，r为负数表示负相关，r为零表示无关。r的绝对值越大，表示相关程度越高；其绝对值越小，表示变量之间相关程度越小。具体如图6-1所示。

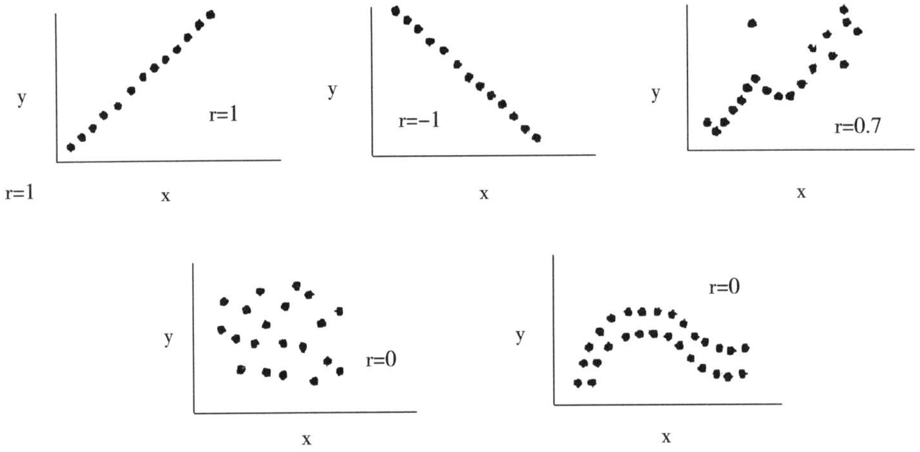

图6-1 相关系数图

决定系数（r^2），或者说是相关系数的平方，可以被理解成y的总变差被回归方程解释的部分。决定系数等于1减去未解释的变差除以总变差的商。用公式表示如下[①]：

$$r^2 = 1 - \frac{\sum (y_i - y)^2}{\sum (y_i - \bar{y})^2}$$

式中：r^2——决定系数；

y_i——实际观测值；

y——回归直线上的点；

$\bar{y}$——观测数据的平均值。

r^2随变量个数的增加而增加，这与增加的变量是否实际与因变量相关没有关系。可以对r^2进行调整（减小r^2）来消除变量个数的影响。如果有k个自变量，n对观测值，则调整后的$\bar{r}^2$用公式表示为：

$$\bar{r}^2 = 1 - \frac{n-1}{n-k-1}(1-r^2)$$

① 赵欣．经营分析与管理技术［M］．长春：吉林人民出版社，2005：60-61.

相关分析法对审计人员建立模型、确定各因素之间的关系非常有用。相关分析法作为管理审计方法很有推广价值。一个简单的运用就是用相关统计量检查记录值和非财务变量之间的合理性，价格清单可以和相关行业价格数据进行分析，产量可以与直接机器工时做比较，以确定是否存在管理问题。通过相关分析法，审计人员对被审计单位业务异常进行排查，从而能够发现经营过程中存在的效率问题或其他经营管理的情况。

五、回归分析法

回归分析法，是运用数学方法揭示事物发展内部变量之间相互关系及其规律的方法。在进行回归分析时，不论变量有多少，都应选择其中之一作为因变量，其他变量作为自变量。如果只有一个自变量，则为一元回归分析；如果有多个自变量，则为多元回归分析。若因变量与自变量之间的关系是线性的，则为线性回归分析；若因变量与自变量之间的关系是非线性的，则为非线性回归分析。回归分析的基本原理是：依据事物内部要素变化的因果关系建立数据模型，然后运用数理统计等方法揭示内部规律。因此，这种分析方法可以被广泛应用于管理审计之中。

（一）收集有关资料

回归分析，一般是根据有关历史资料进行计算分析的，因此，收集与整理同被审计活动有关的数据资料是应用回归分析法的基础。例如，审计人员需要揭示被审计单位的总产量与总成本之间的相互关系及其趋势，则应收集与整理总产量、总成本的历史数据。又如，审计人员希望通过回归分析揭示被审计单位的销售收入或产量与工资总额的相互关系及趋势，则需要收集与整理有关销售收入、产量与工资总额方面的历史资料。

（二）建立回归方程

建立回归方程是应用回归分析法的关键，一般是先建立一般模型，然后计算模型中的系数值。

在经济数据中，各要素之间存在关系，要界定清它们之间的关系，可以使用简单回归和多元回归的方式。简单回归可用于分析一个自变量与因变量之间的线性关系，如利用应收账款作为销售额函数的模型，可以估计二者彼此按直线关系变化的趋势，以及应收账款与销售额的比例变动无关的固定成本。回归分析法注重数据间的相互联系，并对这些联系进行量化，寻找出其间的规律，然后运用此规律对新的数据点进行预测。

多元回归分析是可以解释多个要素与因变量相关的模型，但计算时需要用矩阵代数来求解，其回归系数与简单回归略有差异，假定模型中其他变量不变，回归系数代表每单位 x 的变化带来的 y 的变化。在模型设置时，应对多元变量进行选择，要估计变量间的净关系（相对关系），而净关系是忽略了模型中的其他要素的关系。选择的要素越多，分析的难度则越大。一般而言，变量之间的相关程度越高，要素之间的解释能力则越强。

1.建立模型

建立模型时，最重要的是要判断被审计活动是线性的还是非线性的。为了便于观察，应根据收集的有关数据资料，在坐标上绘制散点图，若各数据点分布呈直线趋势，则属于线性回归，可以运用线性回归分析模型；若各数据点的分布不是呈直线趋势，则属于非线性回归，应运用非线性回归分析模型。一般地，回归分析模型主要有以下几种[①]：

一元线性回归：$y=a+bx$

多元线性回归：$y=a+b_1x_1+b_2x_2+\cdots+b_nx_n$

非线性回归：$y=a+bx+cx^2$

式中：y——因变量；

x——自变量。

模型中的常数a和系数b、c一般是运用最小二乘法（平方）和偏导数的原理计算求得的。具体地：

一元线性回归：
$$\begin{cases} a=\dfrac{\sum y_i-b\sum x_1}{n} \\ b=\dfrac{n\sum x_i\cdot y_i-\sum x_i\cdot\sum y_1}{n\sum x_i^2-(\sum x_1)^2} \end{cases}$$

二元线性回归模型中的系数a、b_1、b_2通过解下列联立方程组求得：

$$\begin{cases} \sum y=na+b_1\sum x_1+b_2\sum x_2 \\ \sum(x_1y)=a\sum x_1+b_1\sum x_1^2+b_2\sum x_1\cdot x_2 \\ \sum(x_2y)=a\sum x_2+b_2\sum x_2^2+b_1\sum x_1\cdot x_2 \end{cases}$$

一元二次非线性回归模型中的系数a、b、c通过解以下联立方程组求得：

$$\begin{cases} \sum y=na+b\sum x+c\sum x^2 \\ \sum x\cdot y=a\sum x+b\sum x^2+c\sum x^3 \\ \sum x^2\cdot y=a\sum x^2+b\sum x^3+c\sum x^4 \end{cases}$$

2.测试与检验

相关检验，就是判定回归方程中因变量与自变量之间的相关程度，即方程y值由变量x的值的变化而引起变化的比重有多大。具体方法是，根据已知的数据资料，运用误差统计原理，计算、测定相关系数（r），然后再根据r值的大小来判定y与x的相关程度。相关系数r值的计算公式为：

$$r=\frac{n\sum x\cdot y-\sum x\cdot\sum y}{\sqrt{[n\sum x^2-(\sum x)^2]\cdot[n\sum y^2-(\sum y)^2]}}$$

若相关系数$r\cong1$或-1，y与x密切相关，数据点几乎全部在直线上；若相关系数$r\cong0$时，y与x根本不相关，数据无规律散布；若相关系数$-1<r<1$时，则相关程度取决于r值的大小，r的绝对值越大，相关程度越高。如果通过以上检验符合要

① 李凤鸣，周学民. 审计方法［M］. 北京：中国商业出版社，1991：293-294.

求，则回归方程是有效的。

3.提出管理建议

审计人员在进行管理审计时，可利用回归方程进行有关指标的预测分析，再提出改进建议。如利用回归分析测定被审计单位的销售收入与广告支出之间的关系，可以判断广告费用开支是否合理，评价广告策划的有效性等，然后在此基础上提出具体改进建议，如广告投放的力度、广告设计的改进等。

六、指数分析法

指数分析法，是指利用经济现象中某些经济指标在两个不同时期（基期、报告期）的可比数值，揭示各影响因素的影响程度及其发展趋势的一种分析技术。指数有多种形式，若按研究总体范围大小划分，指数有个体指数和总体指数；若按比较的基期不同，指数有定基指数和环比指数；若按指数性质的不同，指数有数量指标指数和质量指标指数等。审计中运用指数分析法，可以揭示经济现象之间的有关因素变动关系、各因素的影响方式及其影响程度，以便提出管理改进建议。

（一）确定指数形式

确定指数形式需要分析经济现象，关键要找出指数间的内在联系。如果经济现象是简单的，则一般形式如下：

$$\frac{\sum q_1p_1}{\sum q_0p_0}=\frac{\sum q_1p_0}{\sum q_0p_0}\times\frac{\sum q_1p_1}{\sum q_1p_0}$$

若经济现象比较复杂，则一般形式如下：

$$\frac{\sum q_1m_1p_1}{\sum q_0m_0p_0}=\frac{\sum q_1m_0p_0}{\sum q_0m_0p_0}\times\frac{\sum q_1m_1p_0}{\sum q_1m_0p_0}\times\frac{\sum q_1m_1p_1}{\sum q_1m_1p_0}$$

（二）测定指标及因素分析

测定指标及因素分析即测定各因素的影响数额及程度。测定每一因素的影响程度时，只要计算每一因素变动时的指数值即可，如测定q变动的影响程度，则只要计算 $\sum q_1p_0\div\sum q_0p_0$ 的值；若测定p变动的影响程度，则只要计算 $\sum q_1p_1\div\sum q_1p_0$ 的值。测定有关因素的影响数额时，则需要计算该因素变动时指数的分子减去分母的差。如要测定q变动的影响数额，则应计算（$\sum q_1p_0-\sum q_0p_0$）的值；若要测定p变动的影响数额，则应计算($\sum q_1p_1-\sum q_1p_0$)的值。

审计人员在测算指标的基础上，要进一步查明各因素影响的真实程度、产生问题的原因及提高效益的潜力。例如，对成本指数进行分析，若生产成本的增加远大于产量的增加，则应进一步审查分析影响成本的各项因素，是否存在损失、浪费现象或管理的漏洞等。

（三）提出改进管理的建议

在对影响因素进行计算分析后，审计人员已明确各因素的影响程度，因而可提出被审计单位应怎样进行改进的具体建议。例如，通过指数分析法，审计人员明确哪些因素是可控的，可通过加强管理提高效益；哪些因素是不可控的，如是由物价上涨等因素造成的，则可提出通过内部降低消耗或采用替代品来解决成本过高的问题。

管理审计除运用上述经济活动分析方法以外，还可以根据具体情况，运用其他经济活动分析技术。

●第三节 科学管理方法

科学管理方法是管理审计中常用的技术，因为管理审计要评价被审计单位的战略决策、营销策略、内部控制、投资管理、生产管理、资源配置等一系列问题，需要科学的管理方法作为评价的依据。因此，在管理审计中，审计人员普遍采用科学管理方法，以下是管理审计中常用的一些科学管理方法。

一、平衡计分卡

20世纪90年代初，卡普兰和诺顿博士提出了一种全新的概念[①]——平衡计分卡。最初，平衡计分卡是用于绩效考核的，之后，这一概念被延伸到组织的战略领域，并最终发展成为战略管理系统。平衡计分卡由多种评价指标构成，它的多种标准可以判断管理者是否为实现一个目标而牺牲了其他更重要的目标。平衡计分卡方法告诉了管理者（那些高层经理）那些被认为重要的非财务因素，是一种组织目标一致性的工具。

因此，平衡计分卡是一套能够使组织明晰他们的愿景和战略，并把愿景和战略转化为行动的管理系统，而不仅仅是一套测量系统。这种方法为组织提供了关于内部业务流程和外部结果的反馈信息，以便组织持续改善战略绩效。平衡计分卡的全面应用使得战略规划成为组织的核心。在计分卡中包含非财务目标是平衡计分卡的显著特点。非财务目标提高了战略实施的清晰性，清楚地告诉企业如何实现非财务领域的战略行动计划，从而实现战略目标。

（一）平衡计分卡的要素

平衡计分卡一般包括以下要素：维度是观察组织和分析战略的视角，每个维度都包括战略目标、绩效指标、目标值和行动方案。目标是指组织的关键战略目标。每一个战略目标都包括一个或多个绩效指标。绩效指标是衡量组织战略目标实现结果的定量（或定性）的尺度。目标值是对期望达到的绩效目标的具体定量要求。行动方案由一系列相关的任务或行动组成，以达到每个指标的期望目标值。

（1）平衡计分卡保留了传统的财务测量方法。但财务测量方法提供的是过去已发生事件的信息，这种信息对工业化时代的公司来讲是充分的，因为那时投资于长期的供应商和客户关系对公司获得成功来讲还不是至关重要的。

（2）平衡计分卡通常采用的非财务维度包括客户关系、内部流程建设和学习与成长三个方面。这些方面与财务维度合并为四个维度，每一个维度都包含若干反映公司战略或战略目标分解的指标和各指标在考核中所占的权重。在特殊情况下，某

① 赵欣．经营分析与管理技术［M］．长春：吉林人民出版社，2005：68-70.

些特别重要的指标可以上升为一个维度。

（3）平衡计分卡将组织的目标、指标、目标值和行动方案有机地联系起来，通过明晰组织战略和关注的关键绩效领域-明确各个维度的目标-设定各个目标的绩效指标-设定各个指标的目标值-明确达到目标值的行动方案，使组织战略成为组织中每个人的工作，从而使其得以有效执行。

（二）平衡计分卡的基本流程

平衡计分卡的基本流程如下：

（1）分析组织的业务现状（包括企业生命周期、优势-劣势-机会-威胁的SWOT分析和价值定位分析）；

（2）基于以上分析结果确定组织战略；

（3）根据组织战略设定四个维度的战略绩效目标：财务、客户关系、内部流程建设、学习与成长；

（4）在组织内传达战略并把绩效目标逐级落实到组织内各级单位甚至个人；

（5）把平衡计分卡与绩效管理、能力发展和浮动薪酬挂钩，并运用信息系统为高层提供便利，使之易于跟踪和检查，必要时可以及时调整战略以实现组织目标；

（6）定期汇报组织绩效结果，根据评估分析，对战略进行相应调整，并重复上述流程。

平衡计分卡流程的起始步骤是高级管理层确定组织战略并把它转化为具体的商业目标。一般先从财务维度的目标开始设定，财务维度的目标主要有三类：增加收入；提高生产力、效率和降低成本；改善组织对资产的利用。

内部审计人员利用平衡计分卡可以测量组织的管理人员如何为当前以及未来的顾客创造价值。在保持对财务业绩进行评价的同时，平衡计分卡还可以全面评价企业未来的成长和潜在盈利能力。

二、经验曲线

在内部审计人员对新建项目进行审查时，可利用学习曲线进行分析评价。因为一项新的生产业务开始时，由于员工对操作流程不熟悉，劳动生产效率较低，随着产量的提高，当员工获得一定的生产经验后，生产效率将会大幅度提高，产出效率更高，单位产品所需生产时间会逐步递减。

在一般情况下，经验曲线的生产研究观察到的曲线值在60%~80%之间，当其曲线值为70%时，意味着生产的产量翻一番，生产单位成本或所需时间是原来的70%，减少了30%。

内部审计人员利用经验曲线法可以对新产品的生产效率进行估计，并将此数据与账面记录值进行比较，以发现是否存在信息披露失真的情况或劳动效率低下的问题。

三、线性规划法

线性规划法主要解决资源优化问题。当审计人员对稀缺资源的利用进行审查评价时，可能用线性规划法来进行取证，计算出在一定资源限制下能取得最大经济效果的资源利用最优解。利用线性规划法可以对决策、目标函数或最大目标函数的限制条件列出方程式，然后再分析模型中的决策变量，在满足每一项条件后，找出使目标函数最大化的解。在管理审计中，审计人员总希望找到充分利用资源的方法与途径，这时应用线性规划法往往是行之有效的。

1.明确约束条件

一般而言，应用线性规划法解决的问题必须具备四个条件：一是应有明确的目标；二是有多种方案可供选择，否则没有必要去规划；三是资源确实受到限制，即要解决这一问题有许多条件制约；四是影响被审计事项的各种因素能建立数学模型，而且是线性函数。在具体应用线性规划法之前，应对被审查内容进行分析，判明其是否具备使用线性规划法的条件。

审计人员在运用该方法求解时，只要根据已知的限定条件列出方程式，就能求出相应的最佳答案。利用线性规划法常可以对如表6-2所示的问题求出最优化决策。

表6-2 **利用线性规划法解决的问题**

模型名称	约束条件	目标函数
资源分配	人、财、物	产值最大
配料	生产任务、产品质量	原材料最省
设备配置模型	设备数量、生产能力	产值最大
计划模型	生产能力、人员、原材料、销售量	产值最大、利润最大
库存模型	流动资金、材料消耗量	储存费用最低
投资模型	投资额	产值最大、利润最大
运输模型	运输任务量	运输成本最低

2.建立数学模型

对于符合使用条件的被审问题，应根据有关资料分析确定变量及目标函数，并列出所有的约束条件，即建立规划问题的数学模型。数学模型的一般形式是：

求一组变量 x_1，x_2，…，x_n 的值，使它满足以下约束条件：

$$\begin{cases} a_{11}x_1 + a_{12}x_2 + \cdots + a_{1n}x_n \leqslant b_1 \quad (\text{或} \geqslant b_1) \\ a_{21}x_1 + a_{22}x_2 + \cdots + a_{2n}x_n \leqslant b_2 \quad (\text{或} \geqslant b_2) \\ \qquad\qquad \vdots \\ a_{m1}x_1 + a_{m2}x_2 + \cdots + a_{mn}x_n \leqslant b_m \quad (\text{或} \geqslant b_m) \\ x_1 \geqslant 0,\ x_2 \geqslant 0,\ \cdots,\ x_n \geqslant 0 \end{cases}$$

并使目标函数 $s=c_1x_1+c_2x_2+\cdots+c_nx_n$ 取极值。

3.求变量的值及函数值

建立模型后，运用线性规划的求解方法，求出变量的值及目标函数s的值。线性规划求解的方法一般有两种：图解法和单纯形法，前者一般在变量在三个以内时采用，而后者一般在变量多于三个时采用。

用图解法求解时，应先求出规划问题的可行解集，然后再求极值。一般解题方法是，先将各约束条件转化成直线形式，并在坐标图上画出各条直线，这些直线相交后所构成的凸多边形，即为可行解集，然后，在坐标图上作目标函数s的等值平行直线族。在这族平行直线中，离原点最远而且与可行解集相交的点即为目标函数的极大值点，反之即为极小值点。将极值点上的相应变量值（极值点坐标）代入目标函数，即得目标函数的极值。

用单纯形法求解时，首先需要将各约束条件引进松弛变量后代入标准形式（松弛变量在目标函数中的系数为零）。这时就变为求一组变量（x_1，x_2，x_3，…，x_n）的值，使它满足如下约束条件：

$$\begin{cases} a_{11}x_1 + a_{12}x_2 + \cdots + a_{1n}x_n \leq b_1 \quad (\text{或} \geq b_1) \\ a_{21}x_1 + a_{22}x_2 + \cdots + a_{2n}x_n \leq b_2 \quad (\text{或} \geq b_2) \\ \vdots \\ a_{m1}x_1 + a_{m2}x_2 + \cdots + a_{mn}x_n \leq b_m \quad (\text{或} \geq b_m) \\ x_1 \geq 0,\ x_2 \geq 0,\ \cdots,\ x_n \geq 0 \end{cases}$$

并使目标函数$s=c_1x_1+c_2x_2+\cdots+c_nx_n$的值最小。若利用向量与矩阵符号，可将上述标准形式简记为：

求 MinS=cx

满足$\begin{cases} Ax = b \\ x \geq 0 \end{cases}$

其中：c=（c_1，c_2，…，c_n）

$$A=\begin{Bmatrix} a_{11} & a_{12} & \cdots & a_{1n} \\ a_{21} & a_{22} & \cdots & a_{2n} \\ \vdots & \vdots & \vdots & \vdots \\ a_{m1} & a_{m2} & \cdots & a_{mn} \end{Bmatrix}，A的值=m$$

这一转换过程，实际上就是通过在约束条件的不等式中相应加上一个量，使不等式变成等式，然后再求 s′=-s 的最小值。

其次，求一个可行基础解，并列出对应的单纯形表。单纯形表实际上就是把非基变量看作参数后表示的基变量与目标函数的系数矩阵。因此，第一个可行基下的单纯形表，可以是将松弛变量看作基变量、原变量看作非基变量时的目标函数与约束条件的系数矩阵。表中的第一栏（列）的第一分量是对应于基础解时的目标函数值，其余分量为对应基础解中基变量的值，但非基变量的取值应为0；表中从第一行的第二个数起，均为检验数，用来判断基础解是否为最优解。若检验数全部为负数，则为最优解，可求得相应的函数值。

最后，通过换基迭代，求最优解。换基迭代相当复杂，尤其是当基础解有很多时，不仅费时费力，而且容易出错，因此，可以通过编制程序借助计算机来完成。

综上所述，线性规划求解的方法有三种：

（1）利用方程求解。求出的解应满足x≥0，y≥0，因为经济数学中产量不能为负数。

(2) 利用图解法。根据限制条件在坐标图中画出直线，找出满足条件的区域，再在制约条件交叉处找出使目标函数最大的点，这种方法比较直观，只能处理简单的问题。

(3) 运用单纯形法。这是一种重复地移向最优解的方法。

4.审计评价与管理建议

通过求出的变量值与目标函数值，对被审计单位存在经营管理问题或高管的决策作出评价，证明其决策是否最大限度地利用各项资源，尤其是稀缺资源，以实现目标价值的最大化，提高经济效益。

四、敏感性分析

敏感性分析是对决策中考虑的某一因素变化时给预计结果带来的影响进行分析。经济活动中的任何因素都有可能会发生变化，这些因素的变化都对综合指标产生影响。为了充分估计这些因素变化可能导致的风险，就需要对这些因素变化对综合因素造成影响的幅度进行测算，敏感性分析能反映某一因素变化对最终结果的影响程度，即最终结果对某一因素的变化的敏感程度。敏感性分析需要建立模型进行计算，并进行模拟运行。

模拟过程有五个步骤：

1.定义目标

目标是以后步骤的指导。目标可以用来辅助对现存系统的理解（比如一个成本增加的库存系统）或者对其他系统的研究（比如投资对企业结构的影响）。第三个目标是估计新系统的行为，比如生产线。

2.用公式表示模型

用逻辑数学语言精确定义所包含的变量、单个变量的特点，以及变量间的关系。模拟的目标是确定相关因素的指导。

3.验证模型

必须采用一些手段确保实验的结果是现实的。这种保证要求验证模型——通常使用历史数据。如果模型给出的结果与实际结果一致，则模型在历史上是有效的，但是仍然存在风险，有些变化会使模型在未来不适用。

4.设计实验

实验用来获取系统操作的样本。例如，如果在存货模型上模拟两年一项特殊的政策，结果就是一个简单的样本。经过重复，样本规模可以扩大，置信水平也能够提高。实验的次数、每次实验的时间长度、评价的指标和分析结果使用的方法都是实验设计中需要考虑的因素。

5.执行模拟——评估结果

模拟应该小心进行，必须使用适当的统计方法分析结果。

在模拟中，经常使用蒙特卡罗模拟技术来为一个随机变量产生单个的数值。第一步是由一个随机数发生器来产生服从统一概率分布（出现的概率相同）的数字。第二步是将这些数字转换成与期望分布一致的值。

审计人员可以为模型中的每个变量随机选择数值（根据每个变量的概率分布），然后计算出结果来验证数量性模型的表现。如果这个过程重复很多遍，可以得到模型结果的分布。例如，企业影响利润的因素包括产品销售的市场价格、原材料价格、人工成本、能源价格、税率、产量等因素综合影响的结果，任何一个因素的变化都能造成利润的波动。敏感性分析可以计算每一因素变动一个单位会造成利润变动的程度。内部审计人员利用该方法可能对被审计单位的风险管理决策作出正确评价，并提供有效的审计建议。

五、蒙特卡罗方法

蒙特卡罗方法是一种随机模拟方法。蒙特卡罗方法得名于欧洲著名赌城——摩纳哥的蒙特卡罗。大概是因为赌博游戏与概率的内在关系，第二次世界大战时美国曼哈顿计划中把这种方法称为蒙特卡罗方法。在这之前，蒙特卡罗方法就已经存在。1777年，法国的Buffon提出用投针实验的方法求圆周率，这被认为是蒙特卡罗方法的起源。蒙特卡罗模拟是一种有效的统计实验计算法。这种方法的基本思想是人为地造出一种概率模型，使它的某些参数恰好重合于所需计算的量，然后可以通过实验，用统计方法求出这些参数的估值，把这些估值作为要求的量的近似值。理论上来说，蒙特卡罗方法需要大量的实验。实验次数越多，所得到的结果越精确。计算机技术的发展，使得蒙特卡罗方法在最近10年快速得到普及。现代的蒙特卡罗方法，已经不必亲自动手做实验，而是借助计算机的高速运转能力，使得原本费时费力的实验过程变成了快速和轻而易举的事情。它不但可用于解决许多复杂的科学方面的问题，也被项目管理人员经常使用。借助计算机技术，蒙特卡罗方法实现了两大优点：一是简单，省却了繁复的数学推导和演算过程，使得一般人也能够理解和掌握；二是快速。简单和快速是蒙特卡罗方法在现代项目管理中获得应用的技术基础。

蒙特卡罗方法是在风险环境下的一种模拟，是一种利用计算机技术的模拟方法。首先它利用计算机通过随机行为模拟不确定性，然后几次估计指定模型确定的一般特性。该方法成本较高，而且总有一些预测存在误差的可能。

在管理审计中，蒙特卡罗方法一般可应用于下列情况[①]：

（1）审查评价公司计划；

（2）审查财务计划；

（3）评价研究与开发项目；

（4）评价存货管理等。

此外，在项目管理中也常用蒙特卡罗方法。审计人员常常用到的随机变量是与成本和进度有关的变量，如价格、用时等。由于在实际工作中可以获得的数据量有限，它们往往是以离散型变量的形式出现的。项目管理中蒙特卡罗方法的一般步骤是：（1）对每一项活动，输入最小、最大和最可能估计数据，并为其选择一种合适

---

① 莱特里夫，等. 内部审计原理与技术［M］. 郭群，等，译. 北京：中国审计出版社，1999.

的先验分布模型；(2) 计算机根据上述输入，利用给定的某种规则，快速实施充分大量的随机抽样；(3) 对随机抽样的数据进行必要的数学计算，求出结果；(4) 对求出的结果进行统计学处理，求出最小值、最大值以及数学期望值和单位标准差；(5) 根据求出的统计学处理数据，让计算机自动生成概率分布曲线和累积概率曲线(通常是基于正态分布的概率累积s曲线)；(6) 利用累积概率曲线进行项目风险分析。由于计算机的运算速度非常快，在应用蒙特卡罗方法的同时也可以进行敏感性分析。目前，发达国家已经把蒙特卡罗方法列入项目管理的常规方法。审计人员在进行审计时，可以运用蒙特卡罗方法来评价被审计单位的各项决策是否科学和有效。

六、排队论

顾客排队等待企业服务，企业必须决定应提供多少条排队等待线。排队论提供了对既定的顾客到达率使总成本最小的数学模型，最小的服务成本（运营成本）和等待成本（排队等待的顾客的闲置资源或支付给等待服务顾客的员工的工资）。一个简单的排队系统可采用代数方法求解，对复杂的系统则需要模拟。显而易见，该方法适合需要排队服务的企业，运用排队论，关键的成本是运营成本和服务设施成本，其应该最小化。

审计人员可利用该方法对企业排队成本进行审查，试图以最小的成本提供服务，以达到企业价值最大化，提高服务设施的效率。

七、期望值

在审计被审计单位的管理决策时，只要存在在有风险或不确定的决策过程中选择备选方案，就可用期望值方法评价这些方案。每个备选方案与其发生概率相乘，然后求这些乘积的总和，就可算出期望值。期望值在管理审计中的应用如下：

（1）在存货购买决策上的应用：以期望值为基础的盈利表，在进行存货决策中常常用到。

（2）完全信息的期望值：若一个企业能准确预测销售，就意味着企业会收到与完全期望值相等的收益。

（3）对会计估计的应用：期望值的计算，对会计估计（如担保费用和其他的意外债务的估计）的形成很有用。各种水平的成本和相关发生的概率都是有可能的：最可能的结果应反映为会计余额。当然，意外事件的会计允许范围中的另一点并不能证明是最优的，可在账户中记录的估计范围内的最优点，但范围应与期望值的计算相称。

随着现代审计领域的不断扩大，更多的科学管理方法将被运用到管理审计业务中，如最佳质量成本法、对策论等，甚至企业管理的各种方法在管理审计中也可以得到运用，如定价策略、营销策略、绩效评价法、虚拟组织管理等，也被日益推广使用。管理审计还在进一步探索更有效的科学管理方法，以提高审计工作效率和效果，提升现代审计的价值。

●第四节　项目管理方法

项目管理是被审计单位的重要内容之一，也是管理审计的范畴。因此，有必要在此介绍一些常见的项目管理方法，如网络分析法、投资决策分析法、价值分析法等。

一、网络分析法

网络分析法是现代管理系统工程的重要组成部分，其基本原理是，运用网络理论和程序分析方法，将一项活动的具体工作编制成网络图，计算确定其中的关键路线，使各项具体工作在执行中出现最少的延误与中断，合理安排人、财、物，从而对计划进度和成本费用进行有效控制与监督，以最少的时间或费用消耗达到预期目标。网络分析法既适用于一次性规模工程，如建筑工程施工、设备大修理、船舶制造、大型机械制造、新产品试制等，同时也适用于局部工程或项目。一般说来，越是复杂的、多头绪的、时间紧迫的活动，应用网络分析法越是有效。

1.确定具体工作目标

确定具体工作目标即对被审计活动进行审阅分析，确定所涉及的全部工作内容、各项工作的执行顺序（即哪些先做、哪些后做、哪些可以同时做）以及各工作事项之间的相互关系。如一台机器的大修工作，包括的具体工序及其执行顺序应该是：拆卸、清洗、检查、零件修理、零件加工、电气检修与安装、机身与工作台的研合、部件组装、最后总装和试车等。

2.估计工作的资源

估计工作的资源即估计每项工作在正常情况下所需的时间与费用。要使每项工作所需的时间估计准确，必须考虑正常情况下完成工作任务的工时定额、衔接工作间传递与输送环节有可能占用的时间以及对工艺设备进行必要检修所需的时间。具体确定工作时间的方法有单一时间估计法和三个时间估计法。单一时间估计法是对各项具体的工作只估计一个时间值的方法，若审查活动中不可知因素甚少又有先例可循时，采用单一时间估计法是可行的。例如化工厂的连续工作、电器厂的组装工作、营建工程、土木工程等。但应注意，单一时间估计法不应过于绝对化，不应受重要性或有关领导的影响，同时还应考虑一些不可靠因素，如野外工作会受天气影响等。

三个时间估计法是在网络分析法中采用得最多的估计时间的方法，它是对每一项具体工作分别估计最短、最长和最有可能的时间，再计算出期望时间作为工作所需时间值的方法。所谓最短时间，是在最顺利的理想条件下完成某项工作所需的时间（以 t_a 表示）；所谓最可能时间，是在一般的正常情况下完成某项工作所需的时间（以 t_m 表示）；所谓最长时间，是在最不顺利的情况下完成某项工作所需的时间（以 t_b 表示）。若审查活动从未进行过且不确定因素很多时，应采用三个时间估计法。期望时间的计算可按以下公式进行：

$$t_e=\frac{t_a+4t_m+t_b}{6}$$

如估计完成某项工作的最短时间为4天，最长完成时间为10天，而最有可能完成的时间为7天，则该工作的期望时间为：

$$t_e=\frac{4+4\times7+10}{6}=7（天）$$

费用与时间密切相关，完成工作需要正常的费用，但要节约时间，往往又会增加费用支出。费用估计包括确定直接费用和间接费用。

3.绘制网络图

网络图，是用图解形式表示的某项活动各工作间逻辑关系的流程图。网络图可以清楚地揭示整个活动各具体工作及其相互依存关系，它是进行网络时间计算、合理安排资源的基础。因此，正确绘制网络图是运用网络分析法的关键。网络图有许多种类型，如肯定型与非肯定型网络图、网络总图、网络详细图、网络分图、箭线式网络图、节点式网络图等。在一般的管理活动中，广泛应用的是箭线式网络图。

在箭线式网络图中，一般用圆圈“○”代表事项，它不消耗费用和时间，而只表示工作的开始或完成；以箭线“→”代表各项工作，它需要消耗费用和时间，其中的箭尾表示一项工作的开始，箭头表示一项工作的结束，在图中用箭线将各节点连接起来，即能表明各项作业的先后顺序及其关系，某项作业的名称一般就写在箭线的上方。有时，为了表达某一工作的后续工作与紧前工作的依赖关系，还设虚拟工作项目，一般以虚箭线“┈┈➤”或以工作时间为零的实箭线表示。在箭线式网络图中，表示事项的编号不能相同；任意两个事项之间不能出现一条以上的箭线直接相连；必须在完成紧前工作后才能进行该工作；只能有一个起点事项和一个终点事项；不能有循环路线存在，布局应尽量合理，避免箭线交叉。例如，某活动有7项具体工作，工作顺序及时间资料见表6-3、如图6-2所示。[①]

表6-3 **箭线式网络图数据资料**

工作路线	最　短 (t_a)	最可能 (t_m)	最长 (t_b)	期望时间 (t_e)
①-②	1	2	3	2
①-④	2	5	6	4.7
①-②	5	7	10	7.2
②-⑤	3	4	5	4
③-④	1	2	3	2
④-⑦	4	6	9	6.2
④-⑥	2	4	6	4
⑤-⑦	2	3	10	4
⑥-⑦	2	4.5	6	4.3

① 李凤鸣，王会金．审计技术方法［M］．北京：北京大学出版社，2001.

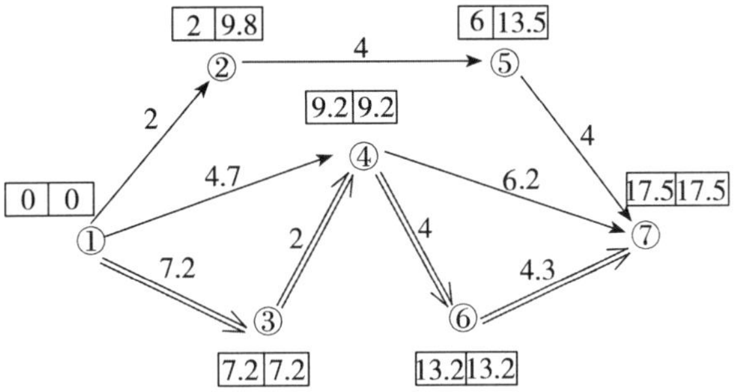

图 6-2　箭线式网络图

4. 确定关键路线

关键路线是网络图中最长的路线，是统筹规划和节约资源使用的着眼点。在上面的网络图中，从工作事项①至⑦一共有 4 条不同的路线：第一条为①→②→⑤→⑦，工作时间为 2+4+4=10；第二条为①→④→⑦，工作时间为 4.7+6.2=10.9；第三条为①→③→④→⑦，工作时间为 7.2+2+6.2=15.4；第四条为①→③→④→⑥→⑦，工作时间为 7.2+2+4+4.3=17.5。其中，第四条路线最长，因此，关键路线应为①→③→④→⑥→⑦。为了区别，在网络图中应将关键路线以双箭线表示。

5. 优化网络图

网络图的优化，是指按既定的目标与一定的约束条件，寻求所费时间最少、成本最低、资源最优利用的途径。优化的基本方法是利用时差来不断改进最初方案，优化的内容主要包括时间的优化、时间与资源的优化以及时间与成本费用的优化等。如对时间进行优化，可以采用加快进度，缩短关键路线工作时间的方法。为了优化网络图，需要计算时间参数，包括工作事项的最早完成时间、最晚完成时间和时差。最早完成时间（T_1^E），是指从起点事项至该事项经过的每条路线上各工作时间的总和中最大的一个，若以 t_{i-j} 表示工作 i-j 的工作时间，则 $T_1^E=\max\{T_1^E+t_{i-j}\}$。上面的网络图中工作事项①至④有两条路线，则：$T_4^E=\max\{(T_1^E+t_{1-4})、(T_a^E+t_{3-4})\}=\max\{4.7，9.2\}=9.2$。最晚完成时间（$T_i^L$），是指从图中规定工期减去该事项至最终事项的每条线所含的工作时间之差中最小的一个，即 $T_i^L=\min\{T_j^L-t_{i-j}\}$，例如图 6-2 中，从事项④至⑦有两条路线，则事项④的最迟完成时间 $T_4^L=\min\{(17.5-6.2),(13.2-4)\}=9.2$。在简单网络图上，前一工作事项的最早结束时间，即为后一工作事项最早开始时间；而后一工作事项的最晚开始时间，即为前一工作的最晚结束时间。时差（SE），是指某项工作时间的浮动幅度，也称机动时间，就是在不影响整体活动完成的情况下能延迟的时间。时差越大，说明潜力越大，需要采取一切措施加以利用。但在关键路线上的各工作事项时差为零。按以上时间参数的计算方法，上面网络图中的有关时间参数如表 6-4 所示。

表6-4 **时间参数表**

事 项	最早完成时间 T^E	最晚完成时间 T^L	时差 SE
①	0	0	0
②	2	9.5	7.5
③	7.2	7.2	0
④	9.2	9.2	0
⑤	6	13.2	7.2
⑥	13.2	13.2	0
⑦	17.5	17.5	0

6.评价经济活动，提出管理建议

优化网络图后，可以按有关改进的具体办法提出具体的建议措施。如建议加班加点，增加设备等，以加快进度，压缩工期。

二、投资分析法

投资分析法是可行性研究的重要内容，它主要是对建设项目所需的投入资金以及投资后可能产生的经济效果进行测算，再决定是否接受投资所采用的一种分析技术。在进行经济效益审计时，应对被审计单位投资决策的可行性进行分析评价，以便为正确决策提供依据，减少浪费，取得好的效果。

1.估计投资额

无论是新建还是扩建项目，都需要投入相应的基本建设资金和生产流动资金。如果对所需投资估计过于乐观（或不足），可能会造成错误的决策，而使企业的投资不能带来好的效果，甚至使企业背上包袱；如果估计过于悲观（保守），则也可能错过投资良机。因此，正确估计所需的投资是正确进行投资分析的基础。在估算所需投资时，审计人员可采用以下方法：

（1）生产规模指数法，即根据同类行业、相同产品系列的企业的投资情况概略估算所需投资的方法。其计算公式为：

$$y_2=y_1\left(\frac{x_2}{x_1}\right)^n$$

式中：y_2——新建项目所需的投资；

y_1——类似规模项目的投资；

x_2——新建项目的规模；

x_1——类似项目的规模；

n——通常为0.6，但根据不同条件决定其具体的变化范围：如果希望通过增加比原来更先进的设备装置扩大规模，则n取值为0.6～0.7，若还是准备用原来相同的设备装置扩大规模，则n取值为0.8～1.0，但应注意，若规模扩大到50倍以上时，n的上述取值范围不再适用。

（2）成本比例估算法，即以设备及装置的成本价值为基数，再根据不同类型的工厂采用不同类型的比例系数估算所需投资的方法。其计算公式为：

$y_2=Ry_1$

式中：R——比例系数；

y_1——设备装置成本价值。

比例系数应根据不同情况分别确定。

（3）资金比例估算法，即以同行业其他类似企业的产值、销售收入占用的资金比例来估算所需投资的方法。这一方法主要用来估算所需投入的流动资金，如按销售资金率或产值资金率来估算新建或扩建后应该增加的流动资金额等。但需要注意的是，估算投资额不能只简单地测算所需的直接投资额，还应该考虑到间接的其他投资，如运输的投资，电力、燃料与水资源的供应投资，公共福利设施等配套项目的所需投资等。否则，就可能导致建成后无法投产，或是投资效果差、不能达到预期的投资目标。

2.确定现金流量

现金流量是指因某项投资引起的未来能够取得的收入扣除支出后的净收益，因此，一般称为“现金净流量（NCF）”。如房屋、设备等投资的现金净流量可按以下方法计算：

$$NCF=\underset{\text{（或降低的成本）}}{\text{每年因使用该资产带来的收入}}-\underset{\text{（不含折旧费）}}{\text{每年使用该资产增加的变动成本}}$$

但无论是未来的收入，还是未来的成本，都不可避免地要受价格及其他不确定因素的影响，因此，审计人员在确定现金净流量时，应根据目前已知的有关信息资料，对未来的一些不确定因素进行测算，力求使今后每年的现金净流量更准确、可靠。

货币有时间价值，今天花出去100元钱和明年再收回的100元钱，实际上是不会等值的。因此，审计人员应将今后每年的现金净流量，统一换算到开始投资时的年份的现值，也就是说，应将今后的现金净流量换算成“现值”。现值，简言之，就是未来收入的现在值。这种换算，主要考虑使用资金的成本（即使用一定数量资金需要花的代价，如使用银行存款，则需支付银行利息，这部分利息，就是资金成本）。资金成本的高低因资金来源不同而有别：如果是从银行借入的，则投资时的银行贷款利息就是资金成本；如果是从不同的投资者手中筹集起来的，则资金成本就是投资人希望取得的收入的多少。投资是否可行的最低限度，就是投资的收益至少能够抵补资金的使用成本。折现具体可按以下公式计算：

$PV=NCF\cdot(1+i)^{-n}$

式中：PV——未来收入的现值；

NCF——现金净流量；

i——资金成本；

n——时间（年数或月数）。

$(1+i)^{-n}$就是折现系数，可查1元的现值表确定，也可用计算器计算确定。如i为12%、n为8时，即在投资时贷款利率为12%时，8年后收回的1元钱只能折合成投资当时的0.404元。若估计某项投资第8年的NCF为100万元，则：

$$PV=NCF\cdot(1+i)^{-n}=100\times0.404=40.4\text{（万元）}$$

3.计算与分析

进行投资分析，通常需要测算反映投资效果的指标，主要包括投资回收期、投资收益率、净现值（或净现值指数）、内含报酬率等，以便为正确决策提供充分依据。投资回收期（PP），是指收回原来的投资所需的年限。该指标越小，说明投资的风险越小，投资效果就越好，反之，则效果不好。投资收益率（PR），也称资金利润率或投资效果系数，是指平均每年获得的净收益与总投资额的比值。该指标越大，说明投资效果越好。净现值（NPV），是指投资项目在预计的服务期限内现金净流量的现值之和扣除原投资额后的差额。净现值越大，投资效果越好，但该指标的最低限度只能等于零，如果小于零，则说明其不能抵补原投资额，故投资方案不可行。净现值指数（NPV′），是指投资项目在预计的服务期限内现金净流量的现值之和与原投资额的比值。该指标越大，说明投资效果越好，该指标的最低限度只能等于1，如果小于1，说明原投资不能收回，因而投资方案是不可行的。内含报酬率（IPR），也称内部利润率或内部收益率，是指在现金净流量的现值之和与原投资额正好相等时的投资收益率。简言之，内含报酬率就是净现值等于零的贴现率。该指标越大，说明投资效果越好，投资风险越小，但该指标可接受的最低限度是与投资的银行贷款利率相等。以上主要指标的计算公式如下：

$$PP=\frac{y_2}{(\sum NCF)\div n}$$

$$PR=\frac{(\sum NCF)\div n}{y_2}\times100\%$$

$$NPV=\sum NCF\cdot(1+i)^{-n}-y_2\text{（NCF不等时）}$$

或：

$$NPV=\frac{NCF[1-(1+i)^{-n}]}{i}-y_2\text{（NCF相等时）}$$

$$NPV'=\frac{NPV}{y_2}$$

$$IPR=i_1+\frac{NPV_1\cdot(i_2-i_1)}{NPV_1-NPV_2}$$

式中：IPR——内含报酬率；

i_1——试算使用的低利率；

i_2——试算使用的高利率；

NPV_1——低利率时的净现值；

NPV_2——高利率时的净现值。

说明：一般而言，i越小，则NPV越大；反之，i越大，则NPV越小。当i大到一定程度时，则 NPV<0，而 IPR 是要求当 NPV=0 时的值，因此，在 NPV>0 转为 NPV<0 时的相邻两个 i（i_1，i_2），只有使用内插值法才能获得 NPV=0 时的 IPR 值。

4.审计评价与管理建议

将上述有关指标的测算结果同国内同行业中类似项目的情况进行对比，或直接对这些指标进行分析，即可评价投资方案的可行性，然后在此基础上提出具体建议。假设，计算的 PP 为 8 年，而目前国内同行业中类似的 PP 为 5 年，则说明该投资方案的效果不佳，应建议放弃该投资方案，否则，贸然上马，可能既会导致投资效果不佳，又会导致缺乏竞争能力。又如假设计算的 IPR 等于 20%，而投资时的银行贷款利率最高只有 7%，则说明投资效果很好，因为，即使在支付最高的利息后，仍有大量盈余，故方案可行，应建议被审计单位抓住时机，尽快投资。

三、价值分析法

价值分析法，也称价值工程（VFC），是指通过对系统的功能与成本的对比，寻求使整体达到最优的途径而采用的一种技术经济分析方法。“价值”是指效用与取得这种效用投入资源的比，是衡量各项活动有效的尺度。与政治经济学中有关价值的概念是基本相同的，用公式表达为：价值（V）=功能（F）÷成本（C）。“功能”是指系统所具有的特定用途，如产品的性能、质量等，“成本”是指系统的寿命周期成本，以产品为例，则成本包括产品寿命周期内发生的全部费用，如出售前发生的研制、设计、试验、生产费用，出售过程中发生的销售费用，以及出售以后在使用过程中发生的维修、保养等费用。在成本一定的情况下，价值与功能成正比；在功能一定的情况下，价值与成本成反比。运用价值分析法的基本做法如下：

1.明确价值分析的目标

进行正确分析，首先必须正确地选择分析对象。对象选择恰当，可以事半功倍，否则就会劳而无功。一般而言，应选择那些既需亟待改进，又有明显改进余地，投入的人力、物力不多，节约能力大，且在短时间内可以取得成效的项目，以及那些技术性能落后，竞争能力差，用户意见大，结构复杂，消耗又高的产品作为分析的对象。选择对象的主要方法有：

（1）ABC 分析法，具体见本书关于 ABC 分析技术应用的部分。

（2）百分比法，即通过分析各个产品的两个或两个以上的经济指标所占的百分比来选择分析对象的方法。

（3）功能评比法，即根据用户对产品的各项性能指标的重要程度进行的评分来选择分析对象的方法。功能总分为 100 分，将不同用户的打分平均后按得分高低确定需要分析的对象。

2.收集信息资料

进行价值分析时，只有对被选对象的全部情况有了充分了解，才能作出正确的分析与判断。就产品而言，一般应收集以下资料：

（1）用户信息资料。生产的产品必须能够满足用户的需要，否则产品就卖不出去，因此，应对用户意见和要求予以充分考虑与了解。如使用量是否合理，使用中有哪些故障，需要哪些条件等。

（2）销售信息资料。销售信息包括产品销售量的历史资料，现在的产销情况，市场需求的预测，同行业其他企业的产量、质量、成本、价格、服务、利润及市场占有率情况，国家和地区经济规划中对同类企业和同类产品的发展计划、重新布点和调整情况等。

（3）技术信息资料。技术信息包括国内外同类产品的设计、制造和工艺的历史资料，有关产品的图纸、说明书、技术标准、质量标准，有关产品的新结构、新工艺、新材料等方面的资料等。

（4）成本信息资料。成本信息包括产品、部件、零件的定额成本，实际成本水平的资料，工时及材料的消耗定额，各种费用定额，材料、半成品的计划价格等。

3.组织功能分析

价值分析的核心就是功能分析。只有通过功能分析，才能明确产品的具体功能及各功能的重要性和相互关系，从而对功能进行合理调整，去掉多余功能。功能分析包括提出功能的要求、整理功能、进行功能评价等内容。

（1）提出功能，即提出功能要求，包括功能的总体要求和具体要求。功能的总体要求，就是从总体上提出产品应具备的功能，即主要用途和次要用途（使用目的）是什么，实现这些用途有哪些条件限制。具体要求，即对构成产品的每一部件和零件应具备的功能提出的具体要求，在分析时，到底需要对哪些部件和零件提出要求，一般视分析工作的需要而定。在提出功能的要求时，一定要抓住本质，采用适当抽象的方法并做到定量化。对于复合功能应分别表达，并且提出的功能要求应该是确定需要的，即应该是市场调查的结果，是用户的具体意见，是产品竞争的需要等。

（2）整理功能，就是按照一定的逻辑关系，把产品各要素的功能相互关联起来，从局部功能与整体功能的相互关系上进行分析和研究，确定必要功能，发现不必要功能，从而为确定价值分析的具体范围提供依据，并找出改善功能的具体措施。功能之间的关系有上下关系和并列关系之分。功能的上下关系是指在一个功能系统中某些功能之间存在的目的与手段之间的关系，目的功能在左，称上位功能；手段功能在右，称下位功能。上位功能就是某功能要达到的目的，下位功能是实现上位功能的手段。功能之间的并列关系是指在较为复杂的功能系统中，为实现同一上位功能而必须同时存在的两个及两个以上的下位功能之间的相互关系。处于并列关系的各功能，各自构成一子系统，称为“功能区”。再将构成产品的功能按上下关系和并列关系整理出来，形成功能体系，绘制成功能体系图，就能为进一步进行价值分析提供充分的依据。功能体系图完整地反映出产品的最终目的和功能，以及实现最终目的和功能的全部手段。

（3）功能评价，即定量评定功能的价值，找出低价值功能的区域所在，并寻找以低成本实现功能的具体措施的活动。功能的评价一般通过关键功能（F）和实现功能的成本（C）的对比进行。按表示的具体方法不同，功能评价分为两种：功能系数评价法和功能成本系数评价法。

功能系数评价法，即通过功能系数（F_i）与成本系数（C_i）的比值，来确定需要改进的功能区域的方法。该方法有多种形式，但用得较多的是强制决定法。这种方法是先求出功能系数和成本系数，再求价值系数（V_i）进行分析，其计算公式如下：

$$价值系数(V_i)=\frac{功能系数(F_i)}{成本系数(C_i)}$$

$$功能系数(F_i)=\frac{功能单元得分(f_i)}{得分总和(\sum f_i)}$$

$$成本系数(C_i)=\frac{功能单元目前成本(C_i)}{功能成本总和(\sum C_i)}$$

若 $V_i \cong 1$，说明该功能单元在功能上所占比重与在成本上所占比重相当，这时该功能单元可不作为改进对象；若 $V_i<1$，则说明该功能单元在功能上不太重要，而成本却占了很大比重，这时该功能单元应作为重点改进对象，以降低成本；若 $V_i>1$，则说明功能偏高或成本偏低，也应作为改进对象予以考虑，这时的重点是进一步查明功能偏高或成本偏低的具体原因。

需要说明的是，强制决定法一般只适用于分析功能单元不超过10个的情况，若功能单元很多时，应先按等级相近的原则分组后再进行评价。而且在确定功能系数时的评分上，应按照重要程度不同采用多比例评分法，如“1，0”“0.9，0.1”“0.8，0.2”“0.7，0.3”“0.6，0.4”“0.5，0.5”等。

功能成本系数评价法，就是先把功能换算成实现功能的现实成本，再测定实现该功能的最低成本（目标成本），然后通过计算价值系数来确定需要改进的功能区域的方法。其计算公式为：

$$价值系数(V_i)=\frac{实现功能的最低成本(C_i)}{实现功能的现实成本(C_0)}$$

V_i越小，则说明最低成本与现实成本的差距越大，改进的潜力越大，这时该功能应作为重点改进对象；$V_i \cong 1$时，则说明最低成本与现实成本之间的差距几乎为零，没有改进的潜力，这时该功能不应作为改进对象。

需要说明的是，功能成本系数评价法一般只用于按功能区域选择重点改进对象的情况，而且，还存在如何确定功能的现实成本与最低成本的问题。求某功能现实成本的方法是：当一个功能要素只实现一项功能时，该要素的实际成本即为该功能的现实成本；当一个功能要素实现多项功能时，应按重要程度将该要素的实际成本分摊到各个功能中去；当一项功能需要通过多个要素才能实现时，则该功能的现实成本等于所有要素功能成本之和。某功能的最低成本，则可按经验测算法、实际调查法和理论计算法等方法计算确定。

4.审计评价与管理建议

在功能分析的基础上提出改进方案是进行价值分析的重要阶段。在提出改进方案时，要敢于打破框框，坚信改进是无止境的，而且应有积极进取和勇于创新的精神。提出改进方案的方法有智力激励法、特性列举法、缺点列举法、希望列举法、专家检查法等多种，可根据分析的具体情况选择不同的方法。但其中效果较好的方法是智力激励法。这种方法的特点是：欢迎在别人所提方案的基础上进行补充和完善，不迷信权威，不墨守成规，不怕行不通。在具体做法上，最好能采用“6-3-5”方式，即由6人组成分析小组，每人提出3个改进方案，然后再传递5次，每传递一次，每人都在受别人意见影响的基础上再提3条建议，最后能获得多条改进的设想建议。

对提出的各种改进方案进行筛选，将其中明显不大可行的改进方案删除，然后再对保留的改进方案进一步具体化并作出评价，以便为提出具体改进建议提供依据。进行方案评价，主要评定能否满足提出的功能要求；实现功能的内部技术条件是否具备；一些技术难题能否解决；方案实施是否符合国家的有关规定，会不会带来其他社会问题，如环境的污染及针对带来的污染有无妥善的处理措施；成本的高低；能形成的节约额的多少等。方案评价的方法主要有评价值法和评分法等。

评价值法，就是先确定需要评价的关键性因素以及各因素的重要程度比重，然后按确定的功能满足程度（评出的分数）计算评价值，最后根据评价值的大小来选择最优方案的方法。评价值越大，效果越好，应作为最优方案。但重要程度与功能满足程度的确定是否准确，会直接影响方案的选择。因此，审计人员一定要进行广泛调查。评价值的计算公式如下：

M_i（评价值）$=W_i$（重要程度）$\cdot F_i$（功能满足程度）

评分法，就是先根据具体情况选定评价项目，并制定相应评分标准，然后确定每个项目的相应得分，最后根据各方案所得总分的多少来选择最优方案的方法。得分越高，方案越优。只要制定的评分标准准确，则选择的方案就相对准确。评分法能够对方案的技术、经济以及社会的要求等各项指标进行分析，因而运用广泛。该方法按确定得分方式的不同，分为直接评分法、连乘评分法和加乘评分法等多种形式，选择最优方案后，应有针对性地提出改进的具体建议和措施。一般包括以下方面：

（1）建议提高功能，降低成本。一般适用于新产品的设计、老产品更新以及重大技术更新项目。具体需要采用新技术、新工艺、新材料和新方法去解决。

（2）建议在功能不变的前提下降低成本。可通过如下措施实现：消除过剩功能，寻找和利用替代品，选择和采购质量规格相宜的原材料，采用先进工艺技术，改善经营管理等。

（3）在成本保持不变的前提下提高功能。可以通过改进工艺，增添辅助功能，改变结构等措施实现。

（4）大幅度提高功能。

（5）在不影响用户使用的前提下，降低功能和成本。

复习思考题

1.管理审计现场取证的基本方法有哪些?

2.能用于管理审计现场取证的经济活动分析方法有哪些?

3.能用于管理审计现场取证的科学管理方法有哪些?

4.能用于管理审计现场取证的项目管理方法有哪些?

第七章

管理审计分析和评价方法

主要知识点

本章主要介绍在管理审计中所运用到的一些分析和评价方法，主要内容包括：管理审计常规分析方法，管理审计独特分析方法，管理审计评价方法。

关键概念

管理审计分析；管理审计评价

●第一节 管理审计常规分析方法

企业管理是一个大的系统工程，实施管理审计所采用的方法应该是多种多样的。其中，传统的审计分析技术方法，如分析性复核，在管理审计中得到了广泛的运用。通过对被审计项目有关内容的对比和分解，从中找出各项目之间的差异，以揭示问题，为进一步审计提供线索。审计工作中一般采用的常规分析方法主要有：比较分析法、平衡分析法、科目分析法、趋势分析法、因素分析法、指数分析法和定性分析法等。

一、比较分析法

比较分析法是指直接通过被审计项目有关内容的对比来揭示差异，并分析判断差异形成原因的一种分析技术。按对比时所用指标的不同，比较分析法又分为绝对数比较分析法和相对数比较分析法。

绝对数比较分析法，是指直接以有关项目之间的绝对数额进行对比，来揭示其中存在的差异并针对差异进行分析判断的一种分析方法。它包括：实际指标与计划指标比较；本期实际指标与上期实际指标或历史最高水平比较；被审计单位的指标与同行业先进单位的同质指标比较。这种比较，可以揭示出有关被审计项目的增减变动有无异常，是否合理，也可对被审计项目在各个不同时期的总额变动情况进行综合比较分析，还可以揭示单位的经济活动变动趋势，并在整体上判断有无产生问题的可能性。

相对数比较分析法，是指通过计算相关项目的百分比、比率或比重结构等相对数指标，根据相对数指标的对比，来揭示其中的差异并分析判断是否存在问题的一种分析方法。例如，在考核和比较规模不同的企业之间的利润水平时，可利用各企业资本金利润率进行比较，借以评价被审计单位的财务状况和经济效益。

比较分析法被广泛用于可以直接进行对比的被审计项目的一般检查。但在具体运用时，还需要注意几点：一是对比的各项目是否具有可比性，例如应收账款数额是否扣减了坏账准备。二是对比的内容应考虑比较的目的，如针对收入、成本或负债，比较揭示的差异，并加以记录和附加说明。例如，某企业利润表中反映2×00年的净利润为50万元，2×01年的净利润为100万元，2×02年的净利润为160万元。运用绝对数比较分析法：2×01年与2×00年相比，净利润增长了50万元（100-50）；2×02年与2×01年相比，净利润增长了60万元（160-100）；这说明2×02年的效益增长好于2×01年。而运用相对数比较分析法：2×01年与2×00年相比，净利润增长率为100%（（100-50）÷50×100%）；2×02年与2×01年相比，净利润增长率为60%（（160-100）÷100×100%）；这说明2×02年的效益增长明显不及2×01年。

二、平衡分析法

平衡分析法是指根据复式记账原理和会计制度的规定，以及经济活动之间的内在依存关系，对应该存在内在制约关系的有关项目进行计算或测定，以检查制约关系是否存在并揭示其中有无问题的一种分析技术。例如，审计人员查阅资产负债表，发现存货的本年末余额为210万元，而对应查阅存货所包含的具体科目——如原材料、在产品、产成品、低值易耗品等——时，发现其合计数额远远高于210万元，这说明相关数额之间存在问题，导致不平衡。

三、科目分析法（账户分析法）

科目分析法（账户分析法）是指根据科目对应关系的原理，对总分类账户的借方或贷方的对应账户及其发生额和余额是否正常进行分析的一种技术。一般针对一些容易产生错误和舞弊问题的科目，如库存现金、银行存款、销售、采购等，采用此方法。结合“产品销售收入”和“银行存款”、“应收账款”等账户的对应关系，或结合“管理费用”和“银行存款”、“库存现金”、“应付账款”等账户进行分析，可审查有无差错和弊端，也可了解产品销售情况、应收账款发出和收回情况，以及费用发生、支付情况等。

四、趋势分析法

趋势分析法是指从发展的观点来分析研究经济活动在时间上的变动情况，从而揭示其增减变动的幅度及其发展趋势是否正常、合理，有无问题的一种分析技术。趋势分析法是对各个不同时期的经济活动进行综合比较从而揭示其中的规律性，并预测未来。因此，采用此种方法，可以把握住被审计单位经济活动的发展前景，并提出一些有建设性的意见和建议。例如，利用财务报表中各类相关数字资料，对两期或多期连续的相同指标或比率进行定基对比和环比对比，得出它们的增减变动方向、数额和幅度，以揭示企业财务状况、经营情况和现金流量变化趋势。

（一）定基动态比率

定基动态比率即用某一时期的数值作为固定的基期指标数值，将其他各期的数值与其对比来分析。其计算公式为：

定基动态比率=分析期数值÷固定基期数值×100%

例如，以2×00年为固定基期，分析2×01年、2×02年利润增长比率。假设某企业2×00年的净利润为100万元，2×01年的净利润为120万元，2×02年的净利润为150万元，则：

2×01年的定基动态比率=1 200 000÷1 000 000×100%=120%

2×02年的定基动态比率=1 500 000÷1 000 000×100%=150%

（二）环比动态比率

环比动态比率是以每一分析期的前期数值为基期数值而计算出来的动态比率，其计算公式为：

环比动态比率=分析期数值÷前期数值×100%

仍以上例资料为例，则：

2×01年的环比动态比率=1 200 000÷1 000 000×100%=120%

2×02年的环比动态比率=1 500 000÷1 200 000×100%=125%

五、因素分析法

因素分析法是利用统计指标体系分析现象总变动中各个因素影响程度的一种统计分析方法。使用这种方法能够使研究者把一组反映事物性质、状态、特点等的变量简化为少数几个能够反映出事物内在联系的、固有的、决定事物本质特征的因素。

例如，企业利润总额受三个因素的影响，其计算公式为：

利润总额=营业利润+投资损益+营业外收支净额

在分析去年和今年的利润变化时可以分别算出今年利润总额的变化，以及三个影响因素与去年比较后的变化，这样就可以了解今年利润增加或减少主要是由三个因素中的哪个因素引起的。又如，资产利润率等于资产周转率和销售利润率的乘积。

六、指数分析法

指数分析法是利用指数体系，对现象的综合变动从数量上分析其受各因素影响的方向、程度及绝对数量。其分析步骤如下：一是选定影响企业财务状况的各项指标。通常可选择流动比率、速动比率、资本利润率、负债比率、应收账款周转率、存货周转率、利息保障倍数、销售增长率等。因企业的具体情况不同，评价指标的选择也应有所不同，对分析期财务状况影响较大的指标都应被选入。二是根据重要性程度，对各种比率标注重要性系数，并使各系数之和等于1。三是确定各项指标的标准值。如果企业各项财务比率的实际数达到了标准值，便意味着财务状况最优。四是计算确定企业分析期各项财务比率的实际数值。五是计算求出实际比率占标准比率的百分比，即相对比率。六是用相对比率乘以重要性系数，求出各比率的评分，即综合指数，并求出各比率综合指数的合计数，即总评分，以此作为对企业财务状况进行评价的依据。如果综合指数合计为1或近似等于1，则表明企业财务状况达到标准要求；如果综合指数大于或小于1，则表明实际财务状况偏离了标准要求，应进一步分析查找详细原因。

七、定性分析法

管理审计的概念是由活跃于管理职业界的工业顾问和管理专家提出的，罗斯评价各部门效率采用的是一种访谈式（Questionair Type Interview）办法（即针对不同的部门设计一系列问题调查表），此时效率的计量属于定性研究。

一般而言，定性分析法是一种主要依靠预测人员丰富的实践经验以及主观的判断和分析能力推断出事物的性质和发展趋势的分析方法，其属于预测分析的一种基本方法。这类方法主要适用于一些没有或不具备完整的历史资料和数据的事项。定性分析法主要根据除企业财务报表以外的企业所处环境、企业自身内在素质等方面的情况对企业信用状况进行总体把握。

在管理审计中，采用这类方法首先由熟悉企业经济业务和市场的专家根据过去所积累的经验进行分析判断，提出预测的初步意见，然后再通过召开座谈会或发出征求意见函等多种形式，对上述预测的初步意见进行修正、补充，将完善后的意见作为预测分析的最终数据。

第二节　管理审计独特分析方法

相对于常规的分析方法，管理审计需要结合特定的审计对象和审计目的实施一些独特的分析方法，并运用经济活动分析的一些方法，还需要涉及统计学、数学、电子计算技术等方法。本书通过相关文献综述及实务经验总结，将这些分析方法介绍如下：

一、成本-效益分析法

管理审计受托于财产所有人或出资人，宗旨是维护财产所有人（纳税人）的利益。决策理论学派（其主要代表人物是美国的赫伯特·西蒙，1978年诺贝尔经济学奖获得者）认为，管理就是决策，决策贯穿于管理的全过程。管理阶层有高层、中层和基层，但各层管理者都要进行决策。最高层管理者决定组织的总目标和总方针，他们经常处理的是非程序化的决策问题。中层管理者要贯彻执行最高层管理者决定的总目标和总方针，同时需要对本部门的目标及计划作出决策，他们经常处理的是程序化的决策问题。基层管理人员要对日常的生产和作业分配作出决策。所以，管理就是决策。

任何一项决策都需要进行“利弊权衡”，这种“利弊权衡”用经济学术语来说，就是成本-效益分析。成本-效益分析不仅是经济学的一个根本方法，也是管理决策的一个法宝，“一个有力而必需的工具”。这一方法在决策中的应用是长久的，它“既为现在也为将来的商业决策提供了一种系统而逻辑的分析方法”（Maurice，2003）。所以，决策从本质上说也是成本与效益的比较，虽然有时候这种比较是在无意之中完成的。由此，管理和管理审计的实质也可归结为成本-效益的分析和比较。

我们可以将经济效益审计的对象简单地划分为“营利性”和“非营利性”两部分，并且假定“营利性”部分的效益和成本都可以用货币进行计量，因而可以采用定量分析的方法对审计项目进行评价，常常要测算项目的现金流量和运用净现值法进行评价。“非营利性”部分效益和成本都难以用货币进行计量，因而只能对其进行定性分析，可以参照T形账户的式样，将“非营利性”部分的成本与效益分列两边，并对它们按一定的标准进行分类排列，比如可以分为经济的、社会政治的、环境的等几个方面。然后，将经济的成本与经济的效益、社会（政治）成本与社会（政治）效益、环境成本与环境效益分别进行比较，并对比较的结果赋予不同的权重。最后，对评估项目做整体的权衡，得出最终的评价结论。

二、价值工程法

价值工程法又称为价值分析法，是一种新兴的管理技术，是降低成本、提高经济效益的有效方法。它于20世纪40年代起源于美国，麦尔斯是价值工程法的创始人。麦尔斯发表的专著《价值分析的方法》使价值工程法很快在世界范围内产生巨大影响。价值工程法是一种用最低的总成本可靠地实现产品或劳务的必要功能，着重于进行功能分析的有组织的活动。价值的表达式为：

价值（V）= 功能（F）÷成本（C）

这里所讲的价值是指某种产品（劳务或工程）的功能与成本（或费用）的相对关系，也就是功能与成本的对比值。功能是指产品的用途和作用，即产品所担负的职能或者说是产品所具有的性能。成本是指产品周期成本，即产品从研制、生产到销售、使用过程中全部耗费的成本之和。衡量价值的大小主要看功能（F）与成本（C）的比值如何。人们一般对商品有“价廉物美”的要求，“物美”实际上就是反映商品的性能、质量水平；“价廉”就是反映商品的成本水平。顾客购买时考虑“合算不合算”就是针对商品的价值而言的。

价值工程法的主要特点是以提高价值为目的，要求以最低的寿命周期成本实现产品的必要功能；以功能分析为核心；以有组织、有领导的活动为基础；以科学的技术方法为工具。麦尔斯在长期的实践过程中，总结了一套开展价值分析工作的原则，用于指导价值工程法各步骤的工作。这些原则是：分析问题要避免一般化、概念化，要进行具体分析；收集一切可用的成本资料；使用最好、最可靠的情报；打破现有框框，进行创新和提高；发挥真正的独创性；找出障碍，克服障碍；充分利用有关专家，扩大专业知识面；对于重要的公差，要换算成加工费用来认真考虑；尽量采用专业化工厂的现成产品；利用和购买专业化工厂的生产技术；采用专门生产工艺；尽量采用标准；以“我是否这样花自己的钱”作为判断标准。

进行价值分析，首先需要选定价值工程的对象。一般说来，选择价值工程的对象要考虑社会生产经营的需要以及对象价值本身被提高的潜力。例如，选择占成本比例大的原材料部分。如果能够通过价值分析降低费用、提高价值，那么这次价值分析对降低产品总成本的影响也会很大。当我们处在一种紧迫的状态时，例如，生产经营中的产品功能、原材料成本都需要改进时，研究者一般采取经验分析法、ABC分析法以及百分比分析法。选定分析对象需要收集与对象相关的情报，包括用户需求、销售市场、科学技术进步状况、经济分析以及本企业的实际能力等。价值分析中能够确定的方案的多少以及实施成果的大小与情报的准确程度、及时程度、全面程度紧密相关。有了较为全面的情报之后，就可以进入价值工程法的核心阶段——功能分析。在这一阶段要进行功能的定义、分类、整理、评价等步骤。经过分析和评价，分析人员可以提出多种方案，从中筛选出最优方案加以实施。在决定实施方案后，应该制订具体的实施计划，提出工作的内容、进度、质量、标准、责任等方面的内容，确保方案的实施质量。为了掌握价值工程法实施的成果，还要组织成果评价。成果的鉴定一般以取得的经济效益、社会效益为主要衡量指标。作为一种技术经济的分析方法，价值工程法做到了将技术与经济紧密结合，此外，价值工程法的独到之处还在于它注重提高产品的价值，注重在研制阶段开展工作，并且将功能分析作为自己独特的分析方法。

价值工程法不仅是一种提高工程和产品价值的技术方法，也是一种指导决策、有效管理的科学方法，它体现了现代经营的思想。在管理审计中可采用这种科学思想和科学技术。例如，对经营品种的价值分析、施工方案的价值分析、质量价值分析、产品价值分析、管理方法价值分析、作业组织价值分析等。

三、标杆分析法

标杆分析法又称基准化分析法（Benchmarking），是指将本企业的各项活动与从事该项活动最佳者进行比较，从而提出行动方法，以弥补自身的不足。标杆分析法是将本企业经营的各方面状况和环节与竞争对手或行业内外一流的企业进行对照分析的过程，是一种评价自身企业和研究其他组织的手段，是将外部企业的持久业绩作为自身企业的内部发展目标，并将外界的最佳做法移植到本企业的经营环节中去的一种方法。实施标杆分析法的公司必须不断对竞争对手或一流企业的产品、服务、经营业绩等进行评价，以发现优势和不足。

一般来说，对竞争对手所做的标杆分析主要是操作层的标杆分析，而对一流企业所做的更多的是管理层的标杆分析。标杆分析的主要内容包括：设计、研究开发、采购、制造、仓储、运输物流、销售、营销、人力资源及劳资关系、财务、管理（规划、组织）。

因此，审计人员可以确定要进行标杆分析的具体项目：确定要在哪些领域、哪些方面进行标杆分析；收集分析数据，包括本企业的情况和标杆的情况，分析数据必须建立在充分了解公司当前状况以及标杆（或标杆企业）状况的基础之上，数据应当主要针对企业的经营过程和活动，而不仅仅针对经营结果，实施方案并跟踪结果；根据标杆分析确定的实现方案，完成ERP实施或评估工作。

四、雷达图分析法

雷达图（Radar Chart）分析法亦称综合财务比率分析图法，又可称为戴布拉图法、蜘蛛图法。它是日本企业界为了对综合实力进行评估而采用的一种财务状况综合评价方法。

雷达图分析法是从企业的收益性、安全性、流动性、成长性、生产性等五个方面，对企业财务状态和经营现状进行直观、形象的综合分析与评价的方法。因其形状如雷达（如图7-1所示）的放射波，而且具有指引经营"航向"的作用，故而得名。

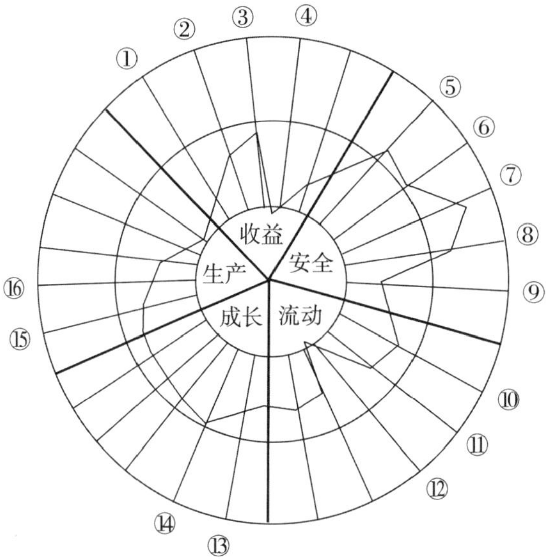

注：收益性：①资产报酬率；②所有者权益报酬率；③销售利润率；④成本费用率。

安全性：⑤流动比率；⑥速动比率；⑦资产负债率；⑧所有者权益比率；⑨利息保障倍数。

流动性：⑩总资产周转率；⑪应收账款周转率；⑫存货周转率。

成长性：⑬销售收入增长率；⑭产值增长率。

生产性：⑮人均工资；⑯人均销售收入。

图7-1 雷达图

资料来源 李道国，邵渊韬，范作冰．雷达图分析法在高校资产管理绩效评价中的应用研究［J］．新西部（下半月），2009（1）．

先画出三个同心圆，并将其等分成五个扇形区，分别表示收益性、安全性、流动性、成长性和生产性。通常，最小圆圈代表同行业平均水平的1/2或最低水平；中间圆圈代表同行业平均水平，又称标准线；最大圆圈代表同行业先进水平或平均水平的1.5倍。在五个扇形区中，从圆心开始，分别以放射线形式画出5～6条主要经营指标线，并标明指标名称及标度。然后，将企业同期的相应指标值标在图上，以线段依次连接相邻点，形成折线闭环，构成雷达图。

需要注意的是：就各经营指标来看，当指标值处于标准线以内时，说明该指标低于同行业平均水平，需要加以改进；若指标值接近最小圆圈或处于其内，说明该指标处于极差状态，是企业经营的危险标志，应重点加以分析改进；若指标值处于标准线外侧，说明该指标处于理想状态，是企业的优势，应采取措施，加以巩固和发扬。

第三节 管理审计评价方法

管理审计是今后审计工作的重点，而开展管理审计的关键在于需要对企业进行公平、正确的绩效评价。本书通过相关文献综述及实务经验总结，现将这些评价方法介绍如下：

一、数据包络分析理论（DEA模型）①

在生产活动和社会活动中经常会遇到这样的问题：在经过一段时间后，需要对同类部门或单位进行评价，其中每个部门或单位称为决策单元（Decision Making Unit，DMU）。评价的依据有两种：一种是决策单元在活动中需要耗费的量，即输入指标；另一种表明该活动的成效的量，即输出指标。假如要对若干个建筑卫生陶瓷企业的经济效益进行评价，每个企业就是一个决策单元。这时，输入指标包括产品总成本、全部职工年平均人数、全年标准煤总耗量。输出指标包括卫生陶瓷产量、墙地砖产量、釉面砖产量、陶瓷锦砖产量。根据多个输入指标和多个输出指标的数据，要评价相对于所给的诸决策单元来说某决策单元的优劣，这就是评价决策单元间的相对有效性。

1978年由著名的运筹学家A.Chames，W.Cooper和E.Phodes提出的第一个DEA模型，解决了多投入多产出的效率计量问题，这一技术迅速得到了广泛的应用。在管理审计中，DEA模型不仅被用来分析评价经营业绩相对有效性，还被用来分配审计资源；其不但能够对营利性组织进行效率评价，还能够对非营利性组织进行管理审计。

在DEA模型中，DMU的比较效率被定义为所有加权产出值与所有加权投入值的比率。问题在于，分散的投入指标和产出指标的衡量单位各不相同，如何能加权呢？这正是DEA模型的优点所在。运用DEA模型可找到最合适的加权集合，使每个DMU效率值实现最大化。在确定加权集合时，关键是要遵循一个限制条件，即如果在分析过程中对其他的决策单元也采用同样的加权数进行运算时，任何一个DMU的效率值都不能大于1。计算机程序能够执行具体的运算过程，而分析人员所需要做的就是要确定进行比较的DMU，选择投入指标和产出指标，并最终输入投入指标和产出指标，再通过DEA模型的运用，就可计算出DMU的效率值来。这里的效率值是相对的概念。其相对意义在于：在一组同类型DMU中，一定有一部分单位相对于其他单位在投入产出效益方面有效，这部分相对有效单位的有效值为1，非有效单位的有效值在0与1之间，表示投入可以等比压缩。DEA模型可以解决管理审计中效率计量的以下几个问题：（1）多投入多产出；（2）非财务指标参与，解决只重视财务指标、考虑问题不全面的问题；（3）通过无效与有效的比，可以找出无效的原因，使自身变为有效；（4）无须提供先验的权重信息，克服人为设定权重的问题；（5）各指标能够以本来面目（Physical Unit）出现，不必统一单

① 吴文江．数据包络分析及其应用［M］．北京：中国统计出版社，2002．

位，保证了原始信息的完整和真实，因为有时单位统一后，会受到通货膨胀、地区价格差异以及成本核算方式不同（收付实现制、责权发生制）的影响，导致信息偏离实际；（6）可对有效的DMU进一步洞察，剖析出有效源于何处，哪些方面是有效中的无效。

二、二次相对评价法

二次相对评价法是一种在动态变化中对评价对象基础条件的差异进行描述以及测算其主观有效努力程度的具体方法。其测算的主要理论依据是数据包络分析理论，二次相对评价法采用的评价模型是数据包络分析理论下的BCC模型，它是一种通过两组参数变化来求得最优解曲线（即前沿面）的线性规划模型。二次相对评价法测算企业绩效的过程分为两个阶段：第一个阶段，描述评价对象客观基础条件的差异。先采用一定的量化方法对企业前一年的经营业绩进行评价，得出综合业绩指数，体现企业实力，反映企业的客观基础条件状况，称之为参考指数，然后运用同样的方法对企业当年经营业绩进行评价，得出综合业绩指数，称之为当前指数。第二个阶段，根据指数的动态变化评价其有效努力程度。将参考指数、当前指数代入BCC模型构造出的企业管理前沿面，企业管理前沿面是在任意的参考指数下，评价对象所能达到的最大当前指数的全体集合，即企业各自在当前实力下所应达到的最佳管理状态，然后根据评价对象偏离管理前沿面的程度测算出反映其有效努力程度的二次相对评价值，实际测算时这一阶段可由相应的分析软件完成。

二次相对评价法的几何意义（如图7-2所示）：以参考指数为横轴X，当前指数为纵轴Y，在平面坐标系中标出所有评价对象的指数状态，采用BCC模型计算得到企业管理前沿面，将该评价对象的当前指数Y在前沿面上的对应值记为Y′，Y与Y′的比值（η）即为该评价对象的管理有效性，它是每个评价对象当前指数占目前客观条件下可能达到的最大值的百分比。这种评价由于是在两年之间动态进行的，而且BCC模型本身对不同业绩档次的企业有不同的要求，因此评价结果可以消除客观基础条件优劣的影响，真正反映评价对象由管理者素质、能力、有效努力等行为因素而促使效益提高的程度。

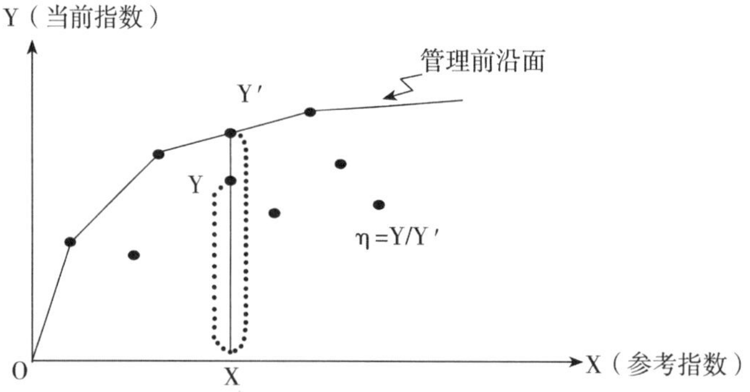

图7-2 参评企业管理有效性的几何解释

资料来源 郭伟昌. 二次相对评价在管理审计中的应用[J]. 会计与审计，2008（16）.

三、平衡计分卡

诚然，财务指标对企业的绩效评估是非常重要的，但财务评价本身的局限性决定了财务指标评价法本身就带有很大的局限性。为了克服这些局限性，国内外的专家学者们提出了许多新的评价方法，如经济增加值法（EVA法）、平衡计分卡法（BSC法）等。其中由哈佛商学院卡普兰教授发明的“平衡计分卡测评法”因其独到的优越性而迅速得到广泛运用。平衡计分卡是一个综合评价企业长期战略目标的指标评价系统，它由财务、客户、内部经营过程、学习与成长四个相互联系的部分组成，为每一部分设计适当的评价指标，赋予不同的权重，形成一套完整的业绩评价指标体系。该方法平衡兼顾了战略与战术、长期与短期目标、财务和非财务衡量方法、滞后和先行指标，以及外部和内部的业绩等多个方面，在企业业绩评价中的优越性非常明显。该模型如图7-3所示。

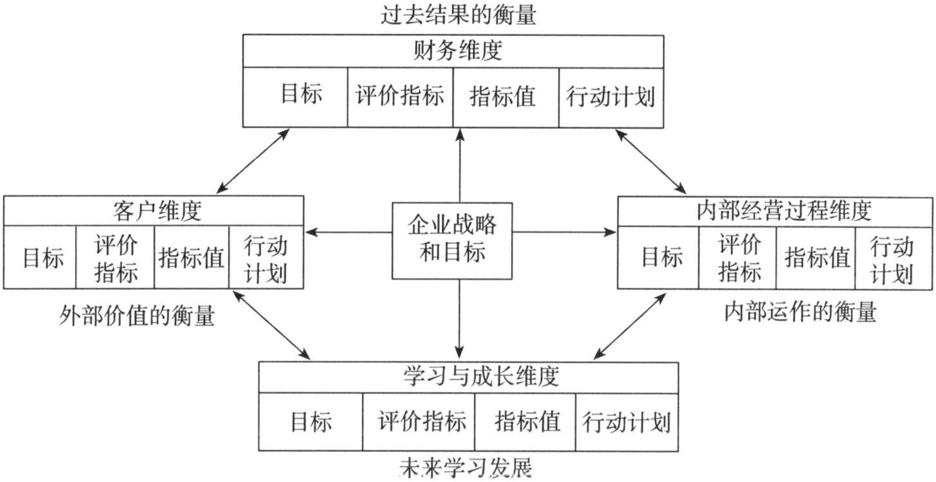

图7-3　平衡计分卡模型

随着科技的发展、社会的进步，审计部门担负起越来越重的责任，如何对企业进行管理审计，是审计部门21世纪的重要任务。平衡计分卡在企业业绩评价中体现了运用方便、有效等特征。它的关键技术是指标的选择、分值的确定及权重的分配。平衡计分卡是一种全新的管理技术和方法，其在各方面的应用也有待进一步探索，还需要在更广泛和较长时间的实践中加以补充和完善，有些问题仍需探索和研究。例如，平衡计分卡中的评价指标与原有的公司绩效评价指标是否有重叠的地方，对顾客满意度、顾客忠诚度如何进行定量评价，所有这些问题都有待进一步探讨和解决。

复习思考题

1.管理审计常规分析方法有哪些？
2.管理审计独特分析方法有哪些？
3.管理审计评价方法有哪些？

第八章

管理审计报告方法、沟通方法和后续审计方法

主要知识点

审计报告，是在审计工作结束之前，由审计人员根据审计工作的完成情况和审计的结果编写并报送被审计单位的书面文件。编写管理审计报告是审计人员对被审事项进行全面管理评价的一个总结，其中包含审计人员提出的书面管理建议。因此，如何编写管理审计报告是管理审计中最后需要解决的重要问题。本章主要内容包括：审计报告设计方法，审计报告编写步骤与方法，管理审计业务沟通，审计报告的复核和呈送，管理审计后续审计方法。

关键概念

管理审计报告；管理审计沟通；后续审计

●第一节　审计报告设计方法

审计人员在撰写管理审计报告前要对其进行设计规划，包括对审计报告的格式、表达方式及内容等提出构想。

一、格式的设计

尽管审计类型不同，各项审计目的和任务不同，但编制的审计报告的格式应该是基本一致的。在一般情况下，审计报告的基本格式应反映以下内容：

1.报告的标题

报告的标题即报告属于何种类型或出于什么目的而编制，报告的标题应能准确地反映出审计活动的主题，如“关于对××单位管理审计报告”这一标题，反映出

审计活动的主题是审查和评价被审计单位的管理情况。报告的标题应该放在显要位置。

2.报告的接受者

报告的接受者即向谁报告，其因审计业务的委托人不同而有所差异，因此，在报告中，应该一开始就明确向谁报告的问题。一般地，管理审计的主要目的在于根据发现的问题，提出改进建议以帮助被审计单位改进工作，应向被审计单位提交报告，或向被审计单位的上级管理部门提交。

3.报告的具体内容

一般而言，报告中应包括基本情况、审计结果（存在管理问题）、审计意见（审计评价）及管理建议四个基本部分，但这些内容因审计目的不同而有所区别。

4.报告人的落款

报告人的落款即在审计报告中应该明确由谁对报告承担责任，同时，还应该写明于什么时间提出报告。

能够满足上述要求的管理审计报告的基本格式如图8-1所示。

关于对×××单位管理审计报告

××公司：

根据××年度工作计划安排（或委托），我们一行×人，于××年×月×日起至×月×日止，对××单位的××××进行了管理审计。现将审计结果报告如下：

一、基本情况

⋮

二、存在问题

⋮

三、审计评价

⋮

四、管理建议

⋮

审计组成员：×××　×××　×××

××年×月×日

图8-1　管理审计报告基本格式

二、报告内容的设计

不管采用何种表达方式，审计报告的具体内容一般应包括基本情况、审计范围和存在的管理问题、审计评价和管理建议四个部分，有的审计报告，设计为基本情况、存在问题、审计评价和管理建议四个部分。每一项内容中还应包括许多具体要点。

1.基本情况

基本情况也称审计概况，包括审计工作的基本情况和被审计单位的基本情况两个方面。对于审计工作的基本情况，应该明确行使审计评价权的依据，审计项目的委托单位，审计小组的构成情况，审计的起讫日期，审计的种类、范围及目的，审计的基本做法等。被审计单位的基本情况，一般可以考虑设计以下内容：单位规模、性质，主要业务活动（经营范围），主要经济指标及资金、财产情况，经营规模，经营状况，经济效益等。基本情况是审阅审计报告的背景材料，也是审定审计报告的前提，因此，在报告中应注意这部分内容的具体设计。

2.存在问题

存在问题，就是指审计所查明的结果，它是管理审计报告的核心内容，包括在已审查的资料和活动中有没有管理问题，有什么样的管理问题，说明存在这一问题的根据是什么。由于“存在问题”在多数情况下涉及的内容较多，因此，要认真设计。基本原则是：报告只反映几个较突出的问题，同一类型的问题要归纳在一起，报告不应成为数据资料的堆积或流水账，次要问题可简略地点一下；报告的层次要分明，要有科学依据、有说服力，说明性的数据和依据可以作为附件处理。

3.审计评价

根据管理审计中发现的问题，审计人员按一定科学依据对其作出恰如其分的评价，从战略管理、组织管理、人力资源管理、财务管理、采购管理、生产管理、销售管理、项目管理、风险管理以及被审计单位的内部控制制度等方面进行评价，明确其存在的不足与缺陷，以便提出改进管理的建议。

4.管理建议

管理建议，是对被审计单位存在的各种管理问题，联系其实际情况分析提出的改进工作的建议。管理建议应有针对性和可行性。在设计管理建议时，必须紧密联系被审计单位的实际情况，提出的管理建议具有可操作性，否则，只能是无意义的纸上谈兵。

除了上述必须具备的基本的四项内容外，有些单位和项目的管理审计，还需要设计报告附件，以增强管理审计报告的说服力，这一部分内容可被称作管理审计说明，如项目的管理审计报告后附的可行性分析认证、专家意见、同行各项经营指标和技术指标等材料。

三、表达方式的设计方法

对于审计报告的上述内容，具体编写审计报告时应怎样表达？这是一个需要解决的重要问题。虽然审计报告的形式可以是不同的，但不管有多少种类型，从报告的具体表达方式上进行考察，则不外乎以下几种：一是在外在形式上，是采用简式的，还是详式的；二是在体裁上，是采用条文式的、表格式的、叙述式的，还是综合式的。审计人员可以根据需要自己确定。

1.表达形式的选择

表达形式的选择，就是指是采用简式的形式表达，还是采用详式的形式表达。采用简式表达形式编制的审计报告，被称为简式审计报告。这类审计报告一般不对基本情况和存在问题展开说明，而在简要地说明审计范围和做法后，就提出审计评价。管理审计报告一般情况下不采用此形式。详式审计报告，即对审计报告中的各项内容均详细地分析、评述、建议。其目的在于帮助被审计单位解决管理问题。在具体实践中，审计人员所撰写的管理审计报告，多数应用详式表达形式。

2.表达体裁的选择

审计报告的体裁主要有四种：叙述式、条文式、表格式和综合式。

叙述式表达，就是用文字阐述被审计对象的具体情况，发现问题，得出结论，提出处理意见。详式表达的审计报告，一般均应采用叙述式表达方式编写。

条文式表达，就是在报告中用简明扼要的文字进行说明，将审查的结果、结论及审计建议归纳成简单的陈述句。以这种形式编制的审计报告，就是条文式审计报告。采用条文式表达形式的审计报告，一般只适用于被审计对象特别单纯或管理要求比较简单的情况，在正常情况下管理审计报告很少使用该方法。

表格式表达，就是用设计出的一定格式的图表列示客观事实、审计评价和管理建议等内容。以这种形式编制的报告，就是表格式审计报告。只有在被审计单位管理上存在的问题不严重的情况下才使用此方法。

综合式表达，即同时使用叙述式、条文式、表格式等多种表达形式对审计中出现的管理问题、审计评价及管理建议等内容进行表述。以这种形式编制的审计报告，就是综合式审计报告。采用综合式表达形式的审计报告，一般适用于被审计单位的各项经济活动较为复杂，且存在问题较多的情况。

在具体选用审计报告的上述各种表达方式时，还应考虑审计报告接受者的具体要求。管理审计的目的是帮助被审计单位解决问题，需要对存在的问题进行较详细的分析，并在此基础上提出相应的管理建议，故一般情况下都采用综合式表达形式来撰写审计报告。

●第二节　审计报告编写步骤与方法

审计人员完成管理审计报告的设计之后，就要开始撰写审计报告了，因此必须掌握管理审计报告的编写步骤和方法。

一、报告编写步骤与方法

审计报告的编写过程，一般是由审计小组成员先对审计工作底稿进行整理和分析，并在此基础上形成管理审计概要，再对照计算结果和参考同行业先进水平，提出审计评价和管理建议，由主审人或小组组长执笔写成审计报告后报送被审计单位管理层。具体步骤与方法如下：

1.收集和选择资料

收集和选择资料，一般是通过对审计工作底稿的审核与分析进行的。即先对照审计方案和审计工作底稿进行检查，判明审计方案中安排的各项要点是否都已进行了有效检查，然后，再审核、检查工作底稿中的有关事项，判明审计手续是否符合规范，再分析判断证据是否充分可靠。如果有未覆盖的范围，则应重新审查；若证据不足或数据不充分，则应补充证据。如果认为各方面都符合要求，则应在上述审核检查的基础上，按一定分类方式对底稿加以归类，对各项审计资料进行整理，可按问题的性质进行归类整理，或按审计项目专题进行归类整理等。

2.编制附件，提供佐证

审计人员为了证实审计报告中列举的数据正确无误，可能还需要部分验证性证明材料，这部分材料若写入报告正文，可能会因文字太多而影响报告的整体效果，或是用文字难以阐述清楚时，就有必要单独为报告的某些问题编制补充说明材料。如在简式的财务审计报告中，要使审计报告提供的信息能够满足报告使用者的要求，往往还需要编制一份经过验证的材料作为附件。附件资料的选择一般要根据具体需说明的问题而定。若是一般性的问题，只需要摘录审计底稿中的要点加以说明；若是反映的管理问题比较严重，则不仅要有查核数据记录，还应有调查验证材料或模型，必要时还应有专家鉴定的材料作为附件。

3.整理资料，拟定提纲

整理资料应按审计报告的编写要求及原则进行，即在对工作底稿审核检查的基础上写出综合性的概要。在概要中，一般应对存在的重要管理问题、造成的经营风险、可能的经济损失等进行说明。通过对问题进行分析，结合审计的目标，提出管理审计报告的中心议题，并将中心议题作为审计报告的标题。拟定报告提纲时，一般应由审计小组的全体成员集体讨论确定，主要是明确审计报告全文可以分为哪几个部分，每个部分应该写哪几个具体管理问题，每个具体问题下面需要运用哪些资料作为支撑，这些资料可以从哪里取得等。拟定提纲时，需要考虑审计报告中有关资料及问题的排列顺序。如果按照审计工作发展过程的先后顺序排列，审计报告提纲的排列顺序应该是：被审计单位的基本情况；审计的范围、内容、方式和起讫时间，审计结果（指出存在的管理问题，需要客观的数据）；审计评价（评价标准或基准要列明），管理建议（改进的方法）等。也可以按先结论、再结果，然后再管理建议的顺序来排列。

4.编写报告

审计报告的编写提纲确定以后，即可着手编写审计报告。审计报告一般应由审计小组负责人或主审人执笔，也可以由小组内部成员分工编写，最后由小组负责人汇总。报告初稿完成后，应在小组内讨论，重点是对管理问题的评价结果和拟提出的改进建议是否准确和妥当进行讨论。如果认为不妥，则应进行必要的修改。报告定稿后，应由主审人或小组组长签名，以明确责任。

审计报告，应在定稿后、报送前征求被审计单位的意见。在征求被审计单位的意见时，要注意一定的技巧：首先，应该对被审计单位的成绩给予肯定，使被审计单位管理层感到审计评价确实是客观公正的，并有切实可行的改进管理的建议。其次，审计人员真诚地陈述有关问题及意见，包括问题现状、发生根源、制度缺陷、当时的客观环境、审计评价性意见以及管理建议等。再次，审计人员应认真听取被审计单位有关人员的意见，在听取他人意见时，应有礼貌，不要无礼地迫使对方中止谈话，要特别注意对方陈述时的措词、语调、动作等，以便从对方的这些动作中捕捉到重要的信息。最后，在交换意见的过程中一旦出现争执（通常是不可避免的），审计人员应保持冷静，尽量控制自己的情绪。如果争论过激，而且估计这样的争论不会有结果，则可以暂停开会。

对于被审计单位的不同意见，审计人员应进行认真的分析，如果其所反映的意见符合实际情况，则应对原审计报告中的评价和管理建议进行调整和修改，主审人或组长应在修改后的报告上签字。

5.提交审计报告

审计报告定稿后，如果各项手续齐备，即可将审计报告提交上去。一般地，国家审计机关的审计人员就审计事项编写审计报告后，应向本人所在的审计机关提交审计报告，如需征求被审计单位意见，则应在提交报告的同时，将被审计单位的书面意见一并提交上去。内部审计人员就审计情况编写出审计报告后，应将报告提交给本单位的高管。民间审计组织接受企、事业单位的委托，就委托审计事项提出审计报告后，应将报告提交委托人。审计报告提交后，审计报告的编写工作即告一段落。

二、编写报告应注意的问题

管理审计报告是对被审计单位经营管理的全面总结，是审计人员向被审计单位管理层提出的综合性评价，应该重点突出，数据充分，评价恰当，管理建议具有可操作性。具体地，在编写审计报告时应注意以下问题：

1.抓住重点，切忌面面俱到

抓住重点，就是要求抓住审计过程中的主要环节和问题的关键，切忌事无巨细，什么都讲，但又什么都说不清。

2.数据充分，切忌言之空洞

审计报告中反映的内容要具体、真实，切忌空洞无物或言过其实。未查清或未经过验证的问题，不应列入报告中。审计评价要以国家的标准、行业基准、科学测算等客观数据为依据。评价应准确、恰当，切忌含糊其词、模棱两可，提出的管理建议应有针对性、切实可行。

3.反复核实，切忌粗枝大叶

报告中提出的重点事项管理问题，如发展规划、市场开拓策略、产品投放、组织管理架构等，一定要反复核实后才下结论，决不能草率从事，尤其是涉及重大经营管理决策问题，一定要收集充分的数据，没有科学的依据，决不要轻易下评价结论。

4.简洁明了，切忌冗长乏味

管理审计报告并非越长越好，而应注意一定技巧，即报告全文不要太长，重点问题要突出，层次结构要清楚、分明，表达要通顺、准确，管理建议要具体化、可行，不能泛泛而谈。

第三节　管理审计业务沟通

管理审计的整个过程中，审计人员均应与被审计单位进行充分的沟通，以获得被审计单位管理层的理解和支持，便于掌握全面的审计证据，尽量做到经营信息、管理信息、财务信息等完全对称，为审计人员进行全面评价提供有效的数据支撑。尤其在管理审计工作基本完成后，审计人员应就初步的报告与管理层进行充分沟通，在取得对方全面认可的基础上，提出更切合实际的改进建议。

一、业务沟通的类型

在管理审计实施过程中，审计人员需要经常与被审计单位的管理层进行及时沟通，从审计准备阶段开始到终结阶段，会有许多问题需要双方就相关信息进行沟通。例如，审计目标、审计范围、双方的协作、发现的管理问题、初步审计评价等。这些沟通有助于双方相互理解、相互协调，以提高审计工作效率。业务沟通主要有以下几种类型：

1.正式沟通与非正式沟通

正式沟通是经过认真规划，按一定的程序与被审计单位管理层进行相关信息交流；非正式沟通是指审计人员在现场取证审查时，发现有疑问或需要进一步确认的问题，随时与相关管理层或知情者进行交流，以获得必要的信息。非正式沟通包括给运营管理层的信函和备忘录，以及相关评论等。

2.口头沟通与书面沟通

口头沟通是审计人员直接以语言沟通的方式与被审计单位管理层交换意见，其范围包括正式的视听表述、非正式的评论等；书面沟通是以文书的形式与被审计单位管理层进行沟通，包括审计报告初步评价与管理建议。

3.全面沟通和缺陷沟通

全面沟通表达了对所审查单位的整体经营状况的评价意见；缺陷沟通仅就审计中发现的管理问题，或需要立即采取纠正行动的事项进行沟通。

4.进度沟通、财务沟通、经营沟通

进度沟通是指审计业务实施程度的交流，包括需要立即引起被审计单位管理层关注的情况的简要表述；财务沟通包括对财务状况、运营结果等的陈述；经营沟通讨论经营的效果和效率、经营结果与既定目标的一致程度，以及有关的风险管理和控制过程的充分性和有效性等。

二、业务沟通方式的选择

（一）业务沟通的影响因素

业务沟通方式是多种多样的，可以根据不同的需要选择不同的沟通方式。一般情况下，业务沟通的影响因素主要有：

（1）业务的类型。管理审计的业务类型有战略管理审计、经营管理审计、投资管理审计、财务管理审计、项目管理审计等，可以根据具体的业务需要选择合适的业务沟通方式。

（2）审计评价结果。管理审计沟通方式的选择也受最后的审计评价结果的影响，如发现管理中存在较大的风险，而且问题较为复杂，则需要进行全面的沟通，并采取书面的形式与被审计单位进行沟通。如发现的问题是个别的，但要使被审计单位管理层及时知晓并及时采取措施改进的，则可以采用口头沟通方式与被审计单位管理层沟通。

（3）管理的需求。被审计单位管理层对审计的需求是不同的，有时是为流程再造进行全面的管理审计，有时是为提高经济效益、降低管理成本而进行管理审计，有时是为了整合管理资源进行管理审计，被审计单位也可能为了市场拓展或满足市场转型要求而采取管理审计等，因而审计人员在确定沟通方式时要考虑被审计单位管理的需求。

（4）组织的性质以及组织是集权化还是分权化。被审计单位组织管理模式也影响着沟通的方式：若是集权化管理，则被审计单位管理层要求信息沟通内容更完整，形式上以正式沟通为主；若被审计单位管理是分权化的，则就审计中发现的问题审计人员可以更及时地与被审计单位进行沟通。

（5）各个层次管理者对审计活动地位的认可程度。管理层对审计地位的认可，也会在一定程度上决定沟通的方式，如管理层高度重视审计发现的管理问题和提出的管理建议，会采取正式沟通方式交换相关信息。

（二）沟通的形式

在管理审计中，审计人员为了与被审计单位管理层及时交换信息、获得支持，会采取各种方式与被审计单位管理层进行业务沟通，根据沟通信息结果的重要程度、审计类型、管理需求等的不同，采用不同的沟通方式：

1.口头沟通

口头沟通是审计人员发现问题与被审计单位管理层以口头的方式直接交换意见，它具有以下的优点：可以及时反馈信息，以便业务客户对缺陷采取纠正措施，这对降低管理风险是很有必要的。口头沟通也使审计人员能够立即对业务客户的问题、立场和管理建议等作出反应。尽管口头沟通有一定的灵活性，但认真地制订计划还是很有必要的，这包括以下的步骤：

（1）了解和熟悉沟通的参加者。其包括被审计单位管理层与审计人员，有时还可能有第三方参加沟通，如主管部门、相关管理监督机构等。

（2）确定沟通的目标。沟通是为了达到一定的目的，如及时告知被审计单位需立即采取措施的管理问题等。

（3）列出与沟通目标相关的重要内容、主题等。业务沟通人员应事先将需要沟通的重要信息进行归类和整理，并列出沟通的主题，便于提高沟通效果。

（4）按逻辑顺序安排重要内容。如果沟通的内容较多，问题较复杂，则需要审计人员按一定的逻辑有序安排沟通内容，这样做不至于遗漏有关内容，且能分清主次，便于沟通。

（5）准备可视教具、发言稿等。如果沟通的问题较重大，涉及面宽，还可能存在一定的争议，则需要审计人员做更充分的准备。

（6）预先针对管理层可能提出的问题进行准备。针对被审计单位管理层感兴趣的问题或其比较关注的问题事先做好准备，以便沟通时有足够的信息说服对方。

（7）事先安排好适当的沟通场地。

2.中期沟通

中期沟通是审计人员在业务审查过程中发现问题而与被审计单位管理层进行沟通，它可以是书面沟通，也可以是口头沟通，它为重要管理事项的改进提供了信息。在进行中期沟通时，应表明中期沟通仅仅针对根据当前的信息（不是全面管理分析和研究）所发现的问题，并且最终的业务沟通会追踪所涵盖的这些主题。为发现管理薄弱环节所进行的中期沟通应与其他沟通具有相同的程序。有时审计人员会就审计工作进度与被审计单位进行沟通。审计人员还可能通过中期沟通向管理高层报告较为敏感的管理问题或发现的其他方面的特别业务。

3.最终报告沟通

最终报告沟通在本章前面有详细说明，此处不再赘述。

最后，审计人员对所有的最终沟通报告都应该仔细校订。应该通过一个人读给另一个人听来比较最终的报告和之前的报告。同时，沟通还应该得到印证检查，把工作底稿中的来源数据和每份事实陈述、数字、日期、题目进行比较。交叉印证应该作为一个单独的步骤来进行，交叉印证中的错误常常发生在页数最后一刻的变化中。因此，应该将最终沟通报告的校订放在最后的检查项目之中。在整体复核时，校订还应包括对每个字的校订，注意印刷错误，包括格式和形式上的错误等。

（三）业务沟通的要素

尽管业务沟通的形式是多种多样的，但其都由几个共同要素组成。一般说来，业务沟通主要由以下几个要素构成：

1.摘要

首先审计人员应对需要沟通的业务做一个简单的说明，在必须报告大量信息时，沟通语言就会很长，审计人员应向繁忙的管理层提供重要信息内容的概况，以摘要的形式呈现，使管理者一目了然。

以下是审计人员对被审计单位货物验收部门审计出具的报告前业务沟通的摘要：

该部门为其货物验收职能提供了充分的控制系统；所执行的验收活动是有效率且有效果的；但该部门没有对验收并开具账单的化学制品进行比较；在我们与作业经理讨论过此事后，控制系统得以改善。

2.导言（前言）

沟通前的导言是对需要沟通问题所做的前期的铺垫，这有助于形成良好的沟通气氛，便于顺利开展业务沟通，使沟通双方做好思想上的准备。以下是导言的例子：

为了提高内部控制的有效性，我们对本单位的内部控制制度进行了梳理，总体情况是良好的，但某些环节也存在薄弱之处。

3.目标陈述

沟通的目的是为了更好地完成和实现审计目标，所以审计人员首先明确沟通的目的，清楚沟通的主题。以下是沟通目标陈述的例子：

我们的业务是要确认是否已对信贷部门的活动提供充分、有效的控制系统。我们特别关注部门的以下活动：

（1）开展信用调查并确定供应商和客户的财务责任。

（2）为商业客户指定信用期限。

（3）对代理机构的付款建立控制。

（4）调查新的供应商信用。

4.范围陈述

业务沟通范围要在沟通前明确，使沟通双方了解和明确需要进一步交流的问题边界。以下是范围陈述的例子：

我们将货物验收活动的审计限制在核心验收部门，没有对直接绕过中心验收的交货控制进行审计。我们的初步调查显示对装运部门的活动的控制系统是极好的；所有的工作指令都已更新；部门的管理者要定期检查业务活动，并向负责监督纠正活动的经理报告有关的发现。

5.意见陈述

意见陈述是审计人员完成管理审计现场工作后，根据获得的相关信息提出的客观描述性结论。如审计人员对采购部门进行管理审计后提出如下意见陈述：

根据我们审查的结果，我们认为采购部门已建立了充分的控制系统，采购部门分配的职责有效果且有效率地完成了；我们认为，与职员的裁员和召回相关的活动得到了很好的控制，并且得到了有效果以及有效率的实施。

（四）沟通信息的特点

审计人员在与被审计单位管理层进行沟通时，应注意沟通具有以下特点：

1.沟通必须完全客观

审计活动必须遵循既定的原则，即所发出的报告是真实的、相关的和准确的。同时，审计报告没必要强调一些小事情，否则就会出现信息不平衡、不准确的现象。审计报告必须实事求是、不偏不倚、不歪曲事实。

2.沟通观点必须清晰

首先审计人员自己必须清楚审计报告所反映的事实，有明确的观点。应注意在语言上避免使用复杂的句子，内容应简明扼要，报告结构如果安排得很差就会影响清晰度，使读者的思维来回跳动而不是形成逻辑性的思维。同时应尽量避免使用未经清楚解释的专业术语和行话，这会扰乱管理者的思维，并影响表达沟通的效果。若必须使用专业术语，要考虑对读者可能不熟悉的术语和概念予以详细的解释。如果遇到复杂问题，最好事先提供充分的背景信息或相关知识，可能的情况下可用图表或以其他可视方式来进行沟通。审计人员应该考虑信息使用者的知识背景，为其提供足够的信息，使管理者能充分地理解沟通的信息。

3.沟通要简明

简明要求句子应该简洁，应该避免啰唆，要省略不相关的事件，同时注意书写应该讲究逻辑顺序，表现的思想和论点应该具有逻辑性。用词的选择要准确，代词指代不明确、词语顺序不对或过多使用修饰语都会增加歧义产生的可能性。

4.沟通要及时

沟通的及时性是指对于采取迅速的纠正措施而言是足够及时的。及时沟通便于迅速纠正管理行为，提高被审计单位的管理效益。同时，为了加快沟通信息的传递，沟通可以采用非正式的会谈或中期沟通，以加快对管理中存在的问题的解决。最终的沟通前要深思熟虑，若以书面形式沟通，则书面内容必须是专业化的，这要花费一定的时间来准备并审核，但最终的沟通不应拖延太长时间，以免信息失效。

5.沟通应具有建设性

沟通的基调应该是适当的、专业的，应该避免个人命令或一味强调被审计单位管理中存在的错误；在描述清楚重大事件的详情的同时，应排除对琐碎的事情的过细描述。管理审计的沟通应包括必要的管理改进建议。

6.应关注经营层和管理层的期望、感受和需求

高管对公司发展战略、发展规划、风险管理等重要事项比较敏感；经营管理层最能觉察到公司运营的详细情况，而沟通常常包含业务客户的重要事项。因此，审计人员必须保持谨慎，关注不同管理层所关注的管理信息，以免造成误解。

审计人员在与被审计单位沟通时，应注意沟通语言的使用，包括肢体语言，还应注意沟通技巧的运用等，有时恰当的幽默会使沟通收到意料之外的效果。

第四节　审计报告的复核和呈送

为确保管理审计的质量，管理审计报告在完成后、提交之前，审计人员应与被审计单位、组织适当管理层就审计概况、依据、结论和管理改进建议进行讨论和交流。在交流过程中，管理审计项目负责人应就审计报告向被审计单位征求反馈意见：向组织管理层征求意见，可以提高审计结论的准确性和管理改进建议的可行性；向被审计单位的相关人员征求意见，可以给被审计单位一个就具体问题进行解释和澄清的机会，防止审计人员作出错误的判断、得出错误的审计结论、提出不恰当的管理建议。最后，还应对审计报告进行必要的复核，以确保相关数据（证据）和管理建议准确无误。

一、审计报告的复核

审计报告的复核是指对审计报告的编制进行分级复核，并明确规定对各级复核人员提出的要求和其担负的责任。复核工作由审计机构的负责人或其指定的具有丰富经验的人员承担。审计报告的最终复核人由审计机构的负责人担任，在对审计报告进行复核前，应设置多少个复核级别可视审计项目的复杂程度和审计部门的人员配置等各种因素而定。

（一）最终报告沟通

在最终报告确定前与被审计单位讨论管理审计评价和管理建议，可以发现定性不够准确的内容，以降低审计风险。这种沟通通常在审计业务期间或业务后期（意

见交换会）进行。在复杂的审计业务中，审计人员可能会遗漏重要事项，或对问题的理解不够准确，与被审计单位管理层交换意见，双方可以就管理中存在的问题达成一致意见。①

此外，审计人员还要考虑沟通中可能存在的意见不一致的情况，并做好相应的准备。为了能够迅速地回答问题，审计人员可以准备注解，比如，在最终的草稿和有关的工作底稿的页边做备注。沟通时审计人员应对不影响实质性的问题沟通事项保持一定的灵活性，当业务客户不同意审计人员的意见时，应在业务沟通中对不一致的地方作出解释。在复核沟通内容发现有重大变动时，复核报告初稿的人员应有机会见到或持有修改后的报告。最后，审计人员应保留意见交换会的详细记录。

如果出现涉及泄露被审计单位保密信息的情况，以及与违法活动有关的信息，则应在单独的沟通中与被审计单位管理层交换意见，并送交董事会。

（二）审计报告的复核

所有的书面审计报告在正式发送前，审计人员都需要对其内容、格式及笔误进行校订。校订时应注意：管理审计报告的可读性，沟通报告的信息清晰程度；准确性，即数据（证据）的细节部分和工作底稿中记录的精准性；适当性，即沟通是否得体和客观。审计人员在安排复核前应审慎地考虑以下事项：审核初稿的人员；集体讨论的可行性；审核的时间选择；审核的顺序；在开会前传送报告初稿等。在对审计报告进行复核时，应关注以下内容：

（1）是否遗漏了重要事项；

（2）最终的审计结论和建议是否恰当；

（3）审计报告表述是否准确、清晰、易于理解；

（4）与审计结论有关的必要程序是否全部实施，收集的证据是否充分等。

审计报告复核时应关注审计评语是否符合客观事实，报告中所反映的事项是否有齐全的证据，所提的管理建议是否合情合理，报告中有无其他的错误和疏漏之处。复核审计报告时应充分考虑到被审计单位的意见，应对照被审计单位的意见仔细查阅报告全文；审查报告是否符合要求，不合格的报告应该退回重写，合格的报告应根据其内容作出相关评价并提出管理改进建议。审计报告经过必要的修改后，连同被审计单位的反馈意见应及时送审计负责人复核。

值得注意的是，管理审计报告是对被审计单位经营活动的效益性及内部控制的适当性、有效性所作出的相对评价。之所以这样说是因为受到客观环境的限制，特别是在使用现代审计抽样技术方法和分析性复核技术的情况下，审计风险是客观存在的，因此，在任何情况下，对审计结论只能提供相对保证，而非绝对保证。

二、审计报告的呈送

最终的审计报告应呈送到与业务有直接利害关系的所有人员手上，每份审计报告的呈送栏上都应列出分发呈送人员并注明审核人员。

---

① 莱特里夫，等. 内部审计原理与技术［M］. 郭群，等，译. 北京：中国审计出版社，1999.

内部审计机构应当将报告呈送给被审计单位和组织的适当管理层，并要求被审计单位在规定的期限内落实纠正措施。所谓组织的适当管理层主要是指主管内部审计机构的管理层、主管被审计单位经营活动的管理层，以及有权对审计发现的管理问题采取纠正措施或能保证采取整改措施的相关人员。必要时，可以将报告呈送给董事、监事等相关人员。

在具体的管理审计工作中，审计报告应呈送给下列人员：

（1）被审计单位管理层；

（2）被审计单位相关治理机构；

（3）采取纠正措施的人员；

（4）审计报告审核责任人。

如果组织外部的一些机构和人员（上级主管部门或相关行业管理监督机构）要求获得管理审计报告，被审计单位管理层应根据可能情况决定是否将管理审计报告呈送给组织外部的相关机构和人员，以及是否将修改后的审计报告呈送给组织外部相关机构和人员。在对是否将管理审计报告呈送给外部使用者进行决策时，主要考虑的因素包括：是否会危及本组织的利益，是否会泄露本组织的秘密等。一般来说，被审计单位对外报送管理审计报告时，必须经过相关组织治理机构必要的批准。

●第五节　管理审计后续审计方法

为确保管理审计中发现的问题和管理建议得到有效的落实，并评价其整改措施及其效果的有效性，审计人员需要进一步跟踪检查。审计人员在执行管理后续审计时，其责任主要是评价被审计单位管理层采取的纠正措施是否及时、合理、有效，这对于保持审计工作的权威性、有效性具有重要意义。后续审计的实质就是审计人员确定管理层对审计报告的业务结论和管理建议所采取措施的适当性、有效性和及时性的一个检查过程。

一般情况下，被审计单位管理层的责任是对审计中发现的问题采取纠正措施。如果在纠正措施方面被审计单位人员与审计人员确实存在不同意见，应向组织管理层和审计人员作出说明，或者被审计单位人员确实基于成本原则或其他原因，决定不对存在的问题采取纠正措施，并愿意承担相应的责任，应当作出书面的承诺并告知审计人员和组织相关管理层。审计人员在开展后续审计时，应按照一定的程序来进行。

一、后续审计程序

管理审计最后一个环节是对被审计单位根据审计建议进行整改情况的后续审计。审计人员在进行后续审计时，首先要考虑后续审计程序，然后考虑执行后续审计时要注意的相关影响因素。审计机构的责任人在编制年度计划时要充分考虑后续审计的安排，并把它作为年度审计计划的一部分，在准备阶段就要适当考虑和分配必要的人力、时间等资源。

审计机构负责人应适当安排后续审计工作，一般应在规定的期限内或与被审计单位约定的期限内执行后续审计。但是，如果审计机构负责人初步认定被审计单位管理层对审计发现的问题已采取了有效的纠正措施，后续审计则可以作为下次审计工作的一部分来进行。审计机构负责人应该建立一套机制来保证管理审计建议后续落实情况的检查。

管理审计的后续审计程序应包括以下几个方面：

首先，管理层对审计管理建议的反馈。正常情况下，被审计单位管理层对整改建议需要一段核实和认定的时间，尤其是重大事项的整改，需要其在谨慎思考和全面衡量后作出反应，其应决定是否按照审计改进措施开展工作，以降低管理风险。

其次，审计人员应对管理层反馈进行评价。管理层可能由于各种原因决定不采取任何改进措施，也可能部分采取审计人员的管理建议，或按被审计单位的具体情况对审计人员的管理建议进行修改后实施改进措施。审计人员应对被审计单位的反馈进行评价，以确定其改进是否恰当。

再次，验证管理层的反应。如果管理层作出的改进措施可以被验证的话，审计人员应采取一定的方法验证被审计单位的改进方案和预期效果，以获得较强的说服力，确认被审计单位对管理建议的反应是恰当和有效的。

最后，若审计人员不满意被审计单位的反应，可以采取恰当措施继续保持沟通，充分交换各自的理由，直至达成一致意见。这些沟通内容包括估计的管理层的风险及应采取的补救措施。

二、即时改进措施

有时管理审计建议需要被审计单位立即采取措施进行改进，在这种情况下，如果还要给被审计单位一段时间进行思考，就可能会造成更大的损失。例如，发现现金管理内部控制缺陷，存货管理中的高风险事项等。审计人员有责任对即时改进措施的落实和效果进行后续跟踪，以确定存在的问题得到解决或风险得以控制。

审计部门负责人应该建立一套后续过程，监督和保证已经实施了有效的管理改进措施，或者确认高级管理层已经接受了不采取任何改进措施所带来的风险。

三、实施后续审计

审计人员在执行后续审计前应确定被审计单位已经采取了哪些纠正措施，并且检查其是否已达到了期望的结果。如果管理层不准备采取任何措施进行整改，审计人员要从高级管理层或董事会获得承诺，表明被审计单位愿意承担对报告中提出存在的管理问题不采取纠正措施的相关风险。审计人员在实施后续审计时，要考虑一些影响因素。

（一）实施后续审计影响因素

应该在审计的相关文件中规定后续审计过程的责任，由审计责任人确定后续审计过程的性质、计划以及范围。在确定适当的后续审计程序时，审计人员应该考虑以下因素：

1.审计报告或管理建议的重要性

审计人员在安排后续审计工作时，应考虑相关管理风险、信息披露以及实施改进措施的难度和时间的紧迫性。在一些情况下，审计负责人可能会权衡审计评价或管理建议的相关紧迫性，并从管理层的口头或书面的反馈中判断其已经采取的措施是否充分。若改进项目较重大，或业务复杂、周期较长，后续审计也可以作为另一项业务的一部分实施。

2.管理审计改进措施的成本与收益

任何改进措施都需要一定的耗费，尤其是重大项目的改进需要投入成本较高，如流程再造、内部控制制度的重新设计、组织管理架构的设计、生产管理流程的改进、环境保护设施的投入等，这些改进都需要较大的财力投入，所以在改进措施实施前，审计人员要考虑改进措施所需的耗费与其可能带来的收益或成本的减少等。

3.如果改进措施失败，其所造成的损失或影响

管理建议的改进措施也可能会由于客观环境的改变，或被审计单位经营市场的变化、国家经济政策的调整、改进项目的技术问题等因素导致失败。审计人员必须考虑如果项目失败可能造成的损失，以及其所带来的影响。也许该影响对于被审计单位而言是无关紧要的，也可能是致命的，会导致被审计单位重大资产流失或市场份额的萎缩等。

4.纠正措施的复杂程度

审计人员应该确定审计评价和管理建议采取的改进措施的具体实施情况，了解所改进问题的复杂性、改进措施的难易程度等，在此基础上确定后续审计的方案和程序。

5.期限

后续审计常常有一定的时效性，审计人员应明确后续审计的期限，从而及时发挥后续审计效果，促进被审计单位不断改进管理，提高管理效率，取得最大经济效益。

总之，审计报告中审计建议的重要性决定了后续审计的深度与广度。当审计报告中指出的问题会对组织产生重大影响时，后续审计中应对被审计单位解决问题的及时性、落实纠正措施所需要的期限和成本及纠正措施失败可能产生的影响进行评估，以确定后续审计的具体程序，并在此基础上对被审计单位管理层的努力程度和纠正措施的效果作出公正、合理的评价。事先了解被审计单位的业务安排和时间要求是为了在安排后续审计工作时，尽量减少对被审计单位的业务的影响。

（二）后续审计的方法

审计人员在开展后续审计时，可以按以下方法进行：

第一，把审计评价结果和管理建议给负责采取改进措施的适当管理层，并督促其及时安排资源实施改进工作，以便尽快降低管理风险，减少损失。

第二，在就审计评价或管理建议与被审计单位进行沟通后的合理的期限内，审

计人员要注意收集管理层对改进措施的反馈。如果反馈信息中包括了分管审计工作的高管的意见或评价，则该信息更能体现被审计单位对改进建议的接受程度，这对于审计人员后续检查改进措施的落实情况更为有效。

第三，审计人员要了解改进措施中涉及的相关职能部门对改进措施的反应，若发现有不同意见，则审计人员要慎重考虑其合理性及由此带来的新的风险，并进一步确认后续改进措施整体的科学性和可行性等。

第四，检查被审计单位后续改进措施落实及实施后的效果。审计人员应该对被审计单位所采取的行动进行直接的访问、观察、测试或检查整改措施的相关文件，对被审计单位针对问题所采取的整改措施的及时性、有效性进行评价，说明问题是否已解决，或者尚未解决的管理问题的原因及对组织经营产生的影响和后果等，并确认被审计单位管理改进后的收益或减少的管理成本，以提升组织的价值。

第五，审计人员应根据后续审计的执行过程和结果，向被审计单位组织适当的管理层提交后续审计报告。在后续审计报告中，审计人员可以简单回顾审计发现管理问题及原来的审计评价和管理建议，重点阐述被审计单位对管理建议的改进和落实情况，以及改进取得的管理效果等。

由于科学技术的进步和经济、社会环境的剧烈变化，若改进措施的实施周期很长，则被审计单位的经营环境可能会发生变化，原来存在的问题有可能在新的环境下已经消失或产生新的变化，审计作出的管理建议也可能不再适合。在这种情况下，审计人员在确定后续审计范围时，应分析原有管理建议是否仍然可行。如果被审计单位的内部控制、业务流程或行业政策等发生重大变化，使原来审计建议不再适用，则审计人员应对其进行必要的修订。对于已采取纠正措施的事项，审计人员应判断是否需要深入检查，必要时可提出应在下次审计中予以关注的事项。

复习思考题

1.管理审计报告如何设计？
2.管理审计报告如何编写？
3.管理审计沟通方法有哪些？
4.管理审计后续审计如何进行？

第九章

信息技术在管理审计中的应用

主要知识点

本章介绍信息技术在管理审计中的应用，主要内容包括：人工智能，工作流技术，数据挖掘技术，人工神经网络。

关键概念

人工智能；工作流技术；数据挖掘技术；人工神经网络

●第一节　人工智能

一、人工智能概念

人工智能（Artificial Intelligence，AI）的定义可以分为两部分，即“人工”和“智能”。“人工”比较好理解，争议性也不大。有时我们会考虑什么是人力所能及的，或者人自身的智能程度有没有高到可以创造人工智能的地步等。但总体来说，“人工系统”就是通常意义下的人工系统。

关于什么是“智能”，问题就多了。这涉及其他诸如意识（Consciousness）、自我（Self）、思维（Mind）（包括无意识的思维）等问题。人唯一了解的智能是人本身的智能，这是被普遍认同的观点。但是我们对自身智能的理解都非常有限，对构成人的智能的必要元素也了解有限，所以就很难定义什么是“人工”制造的“智能”了。因此，人工智能的研究往往涉及对人的智能本身的研究。其他关于动物或其他人造系统的智能也普遍被认为是人工智能相关的研究课题。

人工智能目前在计算机领域内，得到了愈加广泛的重视，并在机器人、经济政治决策、控制系统、仿真系统中得到应用。

人工智能学科研究的主要内容包括：知识表示、常识、自动推理和搜索方法、机器学习和知识获取、知识处理系统、自然语言理解、计算机视觉、智能机器人、自动程序设计等方面。[①]

（1）知识表示是人工智能的基本问题之一，推理和搜索都与表示方法密切相关。常用的知识表示方法有：逻辑表示法、产生式表示法、语义网络表示法和框架表示法等。

（2）常识，自然为人们所关注，关于它人们已提出多种方法，如非单调推理、定性推理就是从不同角度来表达常识和处理常识的。

（3）问题求解中的自动推理是知识的使用过程，由于有多种知识表示方法，相应地也有多种推理方法。推理过程一般可分为演绎推理和非演绎推理。逻辑是演绎推理的基础。结构化表示下的继承推理是非演绎性的。由于知识处理的需要，近几年来提出了多种非演绎的推理方法，如连接机制推理、类比推理、基于示例的推理、反绎推理和受限推理等。

（4）搜索是人工智能的一种问题求解方法。搜索策略决定着问题求解的一个推理步骤中知识被使用的优先关系。其可分为无信息导引的盲目搜索和利用经验知识导引的启发式搜索。启发式知识常由启发式函数来表示。启发式知识利用得越充分，求解问题的搜索空间就越小。典型的启发式搜索方法有A^*、AO^*算法等。近几年搜索方法研究开始注意那些具有百万节点的超大规模的搜索问题。

（5）机器学习是人工智能的另一重要课题。机器学习是指在一定的知识表示意义下获取新知识的过程。按照学习机制的不同，主要有归纳学习、分析学习、连接机制学习和遗传学习等。

（6）知识处理系统主要由知识库和推理机组成。知识库存储系统所需要的知识，当知识量较大而又有多种表示方法时，知识的合理组织与管理是重要的。推理机在问题求解时，规定使用知识的基本方法和策略，推理过程中为记录结果或通信需要设置数据库或采用黑板机制。如果在知识库中存储的是某一领域（如医疗诊断）的专家知识，则这样的知识系统被称为专家系统。为适应复杂问题的求解需要，单一的专家系统向多主体的分布式人工智能系统发展，这时知识共享、主体间的协作、矛盾的出现和处理将是研究的关键问题。

二、人工智能的历史

“人工智能”一词最初是在1956年达特茅斯（Dartmouth）学会上提出的。从那以后，研究者们发展了众多理论和原理，人工智能的概念也随之扩展。人工智能是一门极富挑战性的学科，从事这项工作的人必须懂得计算机知识、心理学和哲学。人工智能是内容十分广泛的科学，它由不同的领域组成，如机器学习、计算机视觉等。总体说来，人工智能研究的一个主要目标是使机器能够胜任一些通常需要人类

① 蔡自兴，徐光祐．人工智能及其应用［M］．4版．北京：清华大学出版社，2010.

智能才能完成的复杂工作。但不同的时代、不同的人对这种“复杂工作”的理解是不同的。例如，繁重的科学和工程计算本来是要人脑来完成的，但现在计算机不但能完成这种计算，而且能够比人脑做得更快、更准确，因此，当代人已不再把这种计算看作“需要人类智能才能完成的复杂任务”。可见复杂工作的定义是随着时代的发展和技术的进步而变化的，人工智能这门科学的具体目标也自然随着时代的变化而发展。它一方面不断获得新的进展，另一方面又转向更有意义、更加困难的目标。目前能够用来研究人工智能的主要物质手段以及能够实现人工智能技术的机器就是计算机。人工智能的发展历史是和计算机科学与技术的发展史联系在一起的。除了计算机科学以外，人工智能还涉及信息论、控制论、自动化、仿生学、生物学、心理学、数理逻辑、语言学、医学和哲学等多门学科。

在定义智慧时，英国科学家图灵作出了贡献。如果一台机器能够通过“图灵实验”，那它就是智慧的。图灵实验的本质就是当人在不看外形的情况下不能区别是机器的行为还是人的行为时，这个机器就是智慧的。不要以为图灵只作出这一点贡献就会名垂青史。如果你是学计算机的，你就会知道，对于计算机人士而言，获得图灵奖就像物理学家获得诺贝尔奖一样。图灵在理论上奠定了计算机产生的基础，没有他的杰出贡献，世界上很可能就没有计算机，更不用说网络了。

科学家早在计算机出现之前就已经希望能够制造出可能模拟人类思维的机器了，在这方面需要提到的另外一位杰出的数学家、哲学家是布尔，他通过对人类思维进行数学化精确的刻画，与其他杰出的科学家一起奠定了智慧机器的思维结构与方法，今天我们的计算机内使用的逻辑基础正是他所创立的。

任何学过计算机的人对布尔一定不会陌生，我们所学的布尔代数，就是由他开创的。当计算机出现后，人类开始真正有了一个可以模拟人类思维的工具了，在以后的岁月中，无数科学家为这个目标努力着，现在人工智能已经不再是几个科学家的专利了，全世界几乎所有大学的计算机系都有人在研究这门学科，学习计算机的大学生也必须学习人工智能这样一门课程。在大家不懈的努力下，现在计算机似乎已经变得十分聪明了。在国际象棋大赛中，计算机打败了人类，这是人们都知道的。大家或许不会注意到，在一些地方计算机帮助人进行其他原来只属于人类的工作，计算机以它的高速和准确为人类发挥着它的作用。人工智能始终是计算机科学的前沿学科，计算机编程语言和其他计算机软件都因为人工智能的进展而得以存在。

现在人类已经把计算机的计算能力提高到了前所未有的地步，而人工智能也在21世纪领导计算机发展的潮流。现在人工智能的发展所受到的理论上的限制已不是很明显了，它必将像今天的网络一样深远地影响我们的生活。

让我们顺着计算机的发展历程来回顾一下人工智能的发展。1941年由美国和德国两国共同研制的第一台计算机诞生了，从此以后人类存储和处理信息的方法开始发生革命性的变化。第一台计算机的体型可不算太好，它比较“胖”，还比较“娇气”，需要工作在有空调的房间里，如果希望它处理什么事情，需要大家把线路重新接一次，这可不是一件省力气的活儿。相比之下，现在的程序员已经生活在天堂中了。

人类终于在1949年发明了可以存储程序的计算机，这样，编程序总算可以不用接线路了，好多了。因为编程变得十分简单，计算机理论的发展终于导致了人工智能理论的产生。人们总算可以找到一个存储信息和自动处理信息的方法了。

虽然现在看来这种新机器已经可以实现部分人类的智力，但是直到20世纪50年代，人们才把人类智力和这种新机器联系起来。美籍数学家、控制论的创始人诺伯特·维纳（Norbert Wiener）在反馈理论上的研究最终让他提出了一个论断，所有人类智力的结果都是一种反馈的结果，通过不断地将结果反馈给机体而产生的动作，进而产生智能。我们家里的抽水马桶就是一个十分好的例子，水之所以不会常流不断，正是因为有一个装置在检测水位的变化，如果水太多了，就把水管给关了，这就实现了反馈，是一种负反馈。如果连厕所里的装置都可以实现反馈了，那我们应该可以用一种机器实现反馈，进而实现人类智力的机器形式重现。这种想法对于人工智能早期的发展有着重大的影响。

1955年，美国计算机科学家艾伦·纽威尔（Allen Newell）和赫伯特·A.西蒙（Herbert A.Simon）编写了逻辑理论程序，它是一种采用树形结构的程序，在程序运行时，它在树中搜索，寻找与可能答案最接近的树的分枝进行探索，以得到正确的答案。这个程序在人工智能的历史上可以说是有重要地位的，它在学术上和社会上产生了巨大的影响，以至于我们现在所采用的思想方法有许多还是来自这个20世纪50年代的程序。

1956年，“人工智能之父”和LISP语言的发明人约翰·麦卡锡（John McCarthy）召集了一次会议来讨论人工智能未来的发展方向。从那时起，人工智能的名字才正式确立，这次会议在人工智能历史上算不上是巨大的成功，但是这次会议为人工智能奠基人提供了相互交流的机会，并为未来人工智能的发展起了铺垫的作用。在此以后，人工智能的重点开始变为建立实用的能够自行解决问题的系统，并要求系统有自学能力。1957年，艾伦·纽威尔和赫伯特·西蒙又开发了一个程序，称为General Problem Solver（GPS），它对维纳的反馈理论做了一个扩展，并能够解决一些比较普遍的问题。别的科学家在努力开发系统时，麦卡锡创建了表处理语言LISP，直到现在许多人工智能程序还在使用这种语言，它几乎成了人工智能的代名词，到了今天，LISP仍然在发展。

1963年，麻省理工学院得到了美国政府和国防部的支持进行人工智能的研究，美国政府不是为了别的，而是为了在冷战中保持与苏联的抗衡，虽然这个目的是带点火药味的，但是它的结果却使人工智能得到了巨大的发展。其后发展出的许多程序都十分引人注目，SHRDLU是维诺格拉德（T.Winograd）于1972年在美国麻省理工学院建立的一个用自然语言指挥机器人动作的系统。在20世纪60年代这个大发展的年代，SHRDLU系统可以解决代数问题，而SIR（Selective Integrated

Rail）系统则开始理解简单的英文句子了。SIR的出现导致了新学科的出现——自然语言处理。在20世纪70年代出现的专家系统成为一个巨大的进步，它第一次让人知道计算机可以代替人类专家进行一些工作了。由于计算机硬件性能的提高，人工智能得以进行一系列重要的活动，如统计分析数据、参与医疗诊断等，它作为生活的重要方面已经开始改变人类生活了。在理论方面，20世纪70年代也是一个大发展的时期，计算机开始有了简单的思维和视觉，而这不能不提在70年代诞生的另一个人工智能语言——Prolog语言，它和LISP一起几乎成了人工智能工作者不可缺少的工具。不要以为人工智能离我们很远，它已经进入我们的生活，在模糊控制、决策支持等方面都有人工智能的影子。让计算机这个机器代替人类进行简单的智力活动，把人类解放出来去做其他更有益的工作，这是人工智能的目的，但对科学真理的无尽追求才是最终的动力吧。

●第二节　工作流技术

一、工作流技术的概念

工作流技术是当今一项飞速发展的技术，它的最基本的特性就是能够结合人工和机器的行为，特别是能够与应用程序和工具进行交互，从而完成业务过程的自动化处理。[①]工作流技术从出现至今，正逐渐发挥越来越重要的作用。工作流能够为企业提供业务流程建模、管理和控制功能，可以被应用于电子政务中的一站式办公、电子商务中的流程集成和金融信贷业务等领域，成为近期发展较快的领域。

现在，国内外著名厂商都纷纷推出了自己的工作流产品，如IBM MQ Workflow、BEA WebLogic Integration等。国内的产品主要有中创软件商用中间件股份有限公司的InforFlow、西安协同软件的SynchroFLOW、信雅达的SunFlow等。

二、工作流技术的起源与发展

20世纪80年代初期，纸张是各行各业进行日常业务活动所不可替代的载体，包括表单、信函、文件、技术资料等各类与企业密切相关的文档都是以纸张为载体在各部门进行传递的。这种古老的载体在信息的处理、存储、传递、检索方面是低效的，使得人们花费很大的精力在资料的管理、检查上。因此，人们希望出现一种无纸化的、计算机环境，利用计算机技术来实现人们对信息日益提高的具体要求。

20世纪80年代中期，FileNet和ViewStar等公司率先开拓了办公自动化产品市场，成为最早的一批工作流产品供应商。它们把图像扫描、复合文档、结构化路由、实例跟踪、关键字索引等功能结合在一起，形成了一种全过程支持某些业务流程的集成化的软件，这是早期的工作流管理系统。比较典型的是FileNet在1984年推出的Workflow Business System，ViewStar在1988年推出ViewStar。很显然，这两种增值性质的集成化软件系统为企业简化和重组自己的关键业务流程提供了一种非

① 阿斯特，等. 工作流管理：模型、方法和系统［M］. 王建民，闻立杰，等，译. 北京：清华大学出版社，2004.

常合适的方案，而且，由此可以看出，工作流技术自从其诞生之日起就是以一种面向对象的系统集成技术出现的，只是由于当时的技术水平，才使得系统实现的功能比较简单。

进入20世纪90年代，随着计算机的普及以及面向技术的发展，机关和企业的信息逐渐出现一种分布、异构的趋势，因此对办公软件提出了新的要求，并使得人们在更深的层次上对办公自动化进行更深入的研究。1993年，国际工作流管理联盟（Workflow Management Coalition，WMC）在欧洲成立，它标志着工作流技术开始进入相对成熟的阶段。为了实现不同工作流产品之间的互操作，WMC在工作流管理系统的相关术语、体系结构及应用编程接口等方面制定了一系列标准。国际工作流管理联盟给出的工作流定义是：工作流是指整个或部分经营过程在计算机支持下的全自动或半自动化。工作流管理系统（Workflow Management System，WMS）指运行在一个或多个工作流引擎上用于定义、实现和管理工作流运行的一套软件系统，它与工作流执行者交互，推进工作流实例的执行，并监控工作流的运行状态。

三、工作流技术的应用

工作流技术已成为企业信息化建设方案中必不可少的内容之一。从简单的办公自动化系统的开发，到企业ERP系统的实施，再到为提高企业运营效率而出现的BPR及BPM系统，工作流技术都发挥了相当重要的甚至是关键的作用。随着EAI（企业应用集成）的兴起，EAI所涉及的各种支撑技术也在快速地发展，工作流技术为实现应用层的集成提供了有力的支撑。

工作流在流程管理中的应用分为三个阶段：流程建模、流程仿真和流程改进或优化。流程建模是用清晰和形式化的方法表示流程的不同抽象层次，可靠的模型是流程分析的基础。流程仿真是为了发现流程存在的问题以便为流程的改进提供指导。这三个阶段是不断演进的过程。它们的无缝连接是影响工作流模型性能的关键因素，也是传统流程建模和流程仿真存在的主要问题。

工作流技术在流程建模中基本上还采用流程图类的描述工具，工作流描述语言也是对流程形式化的简单描述，并未包含企业流程系统存在的不确定处理机制。工作流模型的仿真和优化也是一个比较薄弱的环节，国内外在这方面的研究进展不大。传统的工作流模型在运行前需要实例化，工作流管理工具也没有为流程模型的仿真及仿真数据的统计和分析提供手段。为了实现流程变化管理各阶段的有效集成，需要结合有效的流程建模、仿真和工作流技术。

●第三节　数据挖掘技术

一、数据挖掘概述

数据挖掘（Data Mining，DM）又称数据库中的知识发现（Knowledge Discovering in Database，KDD），是目前人工智能和数据库领域研究的热点问题。所谓数据挖掘，是指从数据库的大量数据中揭示出隐含的、先前未知的并有潜在价值的信息的非平凡过程。数据挖掘是一种决策支持过程，它主要基于人工智能、机器学习、模式识别、统计学、数据库、可视化技术等，高度自动化地分析企业的数据，作出归纳性的推理，从中挖掘出潜在的模式，帮助决策者调整市场策略，减少风险，作出正确的决策。[①]

二、数据挖掘的定义

1.技术上的定义

数据挖掘就是从大量的、不完全的、有噪声的、模糊的、随机的实际应用数据中，提取有用的信息和知识的过程。这个定义包括好几层含义：数据源必须是真实的、大量的、含噪声的；发现的是用户感兴趣的知识；发现的知识是可接受、可理解、可运用的；并不要求发现放之四海皆准的知识，仅支持特定的问题。

与数据挖掘相近的同义词有数据融合、人工智能、商务智能、模式识别、机器学习、知识发现、数据分析和决策支持等。

何为知识？从广义上理解，数据、信息也是知识的表现形式，但是人们更把概念、规则、模式、规律和约束等看作知识。人们把数据看作形成知识的源泉，好像从矿石中采矿或淘金一样。原始数据可以是结构化的，如关系数据库中的数据；也可以是半结构化的，如文本、图形和图像数据；甚至是分布在网络上的异构型数据。发现知识的方法可以是数学的，也可以是非数学的；可以是演绎的，也可以是归纳的。发现的知识可以被用于信息管理、查询优化、决策支持和过程控制等，还可以被用于数据自身的维护。因此，数据挖掘是一门交叉学科，它把人们对数据的应用从低层次的简单查询，提升到从数据中挖掘知识，提供决策支持。在这种需求的牵引下，不同领域的研究者汇聚在一起，尤其是数据库技术、人工智能技术、数理统计、可视化技术、并行计算等方面的学者和工程技术人员，他们投身到数据挖掘这一新兴的研究领域，形成新的技术热点。

这里所说的知识发现，不是要求发现放之四海而皆准的真理，也不是要去发现崭新的自然科学定理和纯数学公式，更不是要去发现什么机器定理证明。实际上，所有发现的知识都是相对的，是有特定前提和约束条件、面向特定领域的，同时还要易于被用户理解，最好能用自然语言表达所发现的结果。

2.商业角度的定义

数据挖掘是一种新的商业信息处理技术，其主要特点是对商业数据库中的大量业务数据进行抽取、转换、分析和其他模型化处理，从中提取辅助商业决策的关键性数据。

简而言之，数据挖掘其实是一类深层次的数据分析方法。数据分析本身已经有很多年的历史，只不过过去数据收集和分析的目的是用于科学研究。另外，由于当时计算能力的限制，对大数据量进行分析的复杂数据分析方法受到很大限制。现

① 胡可云，田凤占，黄厚宽. 数据挖掘——理论与应用［M］. 北京：清华大学出版社，2008.

在，由于各行业业务自动化的实现，商业领域产生了大量的业务数据，这些数据不再是出于分析的目的而被收集，而是由于纯机会的（Opportunistic）商业运作而产生。分析这些数据也不再是单纯出于研究的需要，更主要的是为商业决策提供真正有价值的信息，进而获得利润。但所有企业面临的一个共同问题是：企业数据量非常大，而其中真正有价值的信息却很少，因此对大量的数据进行深层分析，获得有利于商业运作、提高竞争力的信息，就像从金矿中淘金一样，数据挖掘也因此而得名。

因此，数据挖掘可以描述为：按企业既定业务目标，对大量的企业数据进行探索和分析，揭示隐藏的、未知的或验证已知的规律性并进一步将其模型化的先进有效的方法。

三、数据挖掘常用的方法

利用数据挖掘进行数据分析常用的方法主要有分类、回归分析、聚类分析、关联规则、特征分析、变化和偏差分析、Web页挖掘等，它们分别从不同的角度对数据进行挖掘。

1.分类

分类是找出数据库中一组数据对象的共同特点并按照分类模式将其划分为不同的类，其目的是通过分类模型，将数据库中的数据项映射到某个给定的类别。它可以被应用于客户的分类、客户的属性和特征分析、客户满意度分析、客户的购买趋势预测等。例如，一个汽车零售商将客户按照对汽车的喜好划分成不同的类，这样营销人员就可以将新型汽车的广告手册直接邮寄到有这种喜好的客户手中，从而大大增加了商业机会。

2.回归分析

回归分析方法反映的是数据库中属性值在时间上的特征，产生一个将数据项映射到一个实值预测变量的函数，发现变量或属性间的依赖关系，其主要研究问题包括数据序列的趋势特征、数据序列的预测以及数据间的相关关系等。它可以被应用于市场营销的各个方面，如客户寻求、保持和预防客户流失活动、产品生命周期分析、销售趋势预测及有针对性的促销活动等。

3.聚类分析

聚类分析是把一组数据按照相似性和差异性分为几个类别，其目的是使得属于同一类别的数据间的相似性尽可能大，不同类别中的数据间的相似性尽可能小。它可以被应用于客户群体的分类、客户背景分析、客户购买趋势预测、市场的细分等。

4.关联规则

关联规则是描述数据库中数据项之间所存在的关系的规则，即根据一个事务中某些项的出现可导出另一些项在同一事务中也出现，即隐藏在数据间的关联或相互关系。在客户关系管理中，通过对企业的客户数据库里的大量数据进行挖掘，可以从大量的记录中发现有趣的关联关系，找出影响市场营销效果的关键因素，为产品定位、定价与定制客户群，客户寻求、细分与保持，市场营销与推销，营销风险评估和诈骗预测等决策提供参考依据。

5.特征分析

特征分析是从数据库中的一组数据中提取出关于这些数据的特征式，这些特征式表达了该数据集的总体特征。例如，营销人员通过对客户流失因素的特征提取，可以得到导致客户流失的一系列原因和主要特征，利用这些特征可以有效地预防客户的流失。

6.变化和偏差分析

偏差包括很大一类潜在有趣的知识，如分类中的反常实例、模式的例外、观察结果对期望的偏差等，其目的是寻找观察结果与参照量之间有意义的差别。在企业危机管理及其预警中，管理者更感兴趣的是那些意外规则。意外规则的挖掘可以被应用于各种异常信息的发现、分析、识别、评价和预警等方面。

7.Web页挖掘

随着Internet的迅速发展及Web的全球普及，Web上的信息量无比丰富，对Web进行挖掘，可以利用Web的海量数据进行分析，收集与政治、经济、政策、科技、金融、各种市场、竞争对手、供求信息、客户等有关的信息，集中精力分析和处理那些对企业有重大或潜在重大影响的外部环境信息和内部经营信息，并根据分析结果找出企业管理过程中出现的各种问题和可能引起危机的先兆，对这些信息进行分析和处理，以便识别、分析、评价和管理危机。

四、数据挖掘的功能

数据挖掘通过预测未来趋势及行为，使管理者作出前瞻性的、基于知识的决策。数据挖掘的目标是从数据库中发现隐含的、有意义的知识，其主要有以下五类功能：

1.自动预测趋势和行为

数据挖掘自动在大型数据库中寻找预测性信息，以往需要进行大量手工分析解决的问题如今可以迅速地直接由数据本身得出结论。一个典型的例子是市场预测问题，数据挖掘使用过去有关促销的数据来寻找未来投资中回报最大的用户，其他可预测的问题包括预报破产以及识别对指定事件最可能作出反应的群体。

2.关联

数据关联是数据库中存在的一类重要的可被发现的知识。若两个或多个变量的取值之间存在某种规律性，就称之为关联。关联可分为简单关联、时序关联、因果关联。关联分析的目的是找出数据库中隐藏的关联网。有时我们并不知道数据库中数据的关联函数，即使知道也是不确定的，因此，关联分析生成的规则带有可信度。

3.聚类

数据库中的记录可被划分为一系列有意义的子集，即聚类。聚类增强了人们对客观现实的认识，是概念描述和偏差分析的先决条件。聚类技术主要包括传统的模式识别方法和数学分类学。20世纪80年代初，Mchalski提出了概念聚类技术，其要点是：在划分对象时不仅考虑对象之间的距离，还要求划分出的类具有某种内涵描述，从而避免了传统技术的某些片面性。

4.概念描述

概念描述就是对某类对象的内涵进行描述，并概括这类对象的有关特征。概念描述分为特征性描述和区别性描述，前者描述某类对象的共同特征，后者描述不同类对象之间的区别。生成一类对象的特征性描述只涉及该类对象中所有对象的共性。生成区别性描述的方法有很多，如决策树方法、遗传算法等。

5.偏差检测

数据库中的数据常有一些异常记录，从数据库中检测这些偏差很有意义。偏差包括很多潜在的知识，如分类中的反常实例、不满足规则的特例、观测结果与模型预测值的偏差、测量值随时间的变化等。偏差检测的基本方法是寻找观测结果与参照值之间有意义的差别。

五、数据挖掘常用技术

常用的数据挖掘技术有：

①人工神经网络；

②决策树；

③遗传算法；

④近邻算法；

⑤规则推导。

六、数据挖掘的流程

1.数据挖掘

数据挖掘是指一个完整的过程，该过程从大型数据库中挖掘先前未知的、有效的、实用的信息，并使用这些信息作出决策或丰富知识。

2.数据挖掘过程图

图9-1描述了数据挖掘的基本过程和主要步骤。

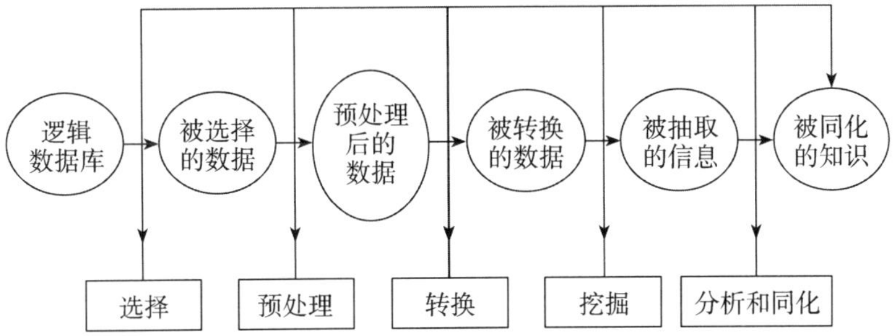

图9-1　数据挖掘的基本过程和主要步骤

3.数据挖掘过程工作量

在数据挖掘中被研究的业务对象是整个过程的基础，它驱动了整个数据挖掘过程，也是检验最后结果和指引分析人员完成数据挖掘的依据和顾问。图9-2中各步骤是按一定顺序完成的，当然整个过程中还会存在步骤间的反馈。数据挖掘的过程并不是自动的，绝大多数的工作需要人工完成。图9-2给出了各步骤在整个过程中的工作量之比。可以看到，60%的时间用在数据准备上，这说明数据挖掘对数据的要求严格，而挖掘工作仅占总工作量的10%。

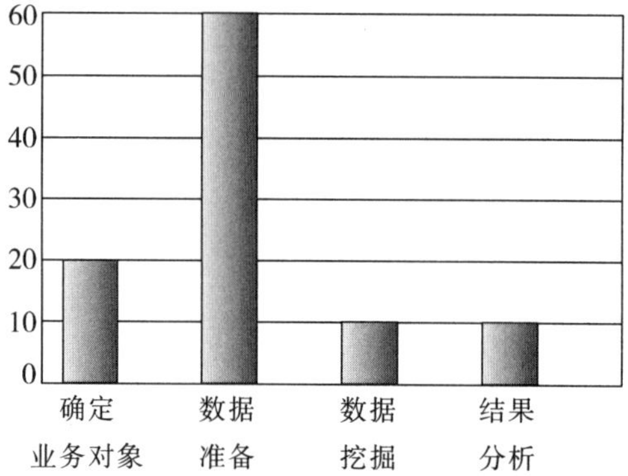

图9-2 数据挖掘过程主要步骤工作量比例（%）

4.数据挖掘过程简介

过程中各步骤的内容如下：

（1）确定业务对象

清晰地定义出业务问题，认清目的是进行数据挖掘的重要一步。挖掘的最后结果是不可预测的，但要探索的问题应是有预见性的，为了数据挖掘而数据挖掘则带有盲目性，是不会成功的。

（2）数据准备

①数据的选择。搜索所有与业务对象有关的内部和外部数据信息，并从中选择出适用于数据挖掘应用的数据。

②数据的预处理。研究数据的质量，为进一步分析做准备，并确定将要进行的挖掘操作的类型。

③数据的转换。将数据转换成一个分析模型。这个分析模型是针对挖掘算法建立的。建立一个真正适合挖掘算法的分析模型是数据挖掘成功的关键。

（3）数据挖掘

对所得到的经过转换的数据进行挖掘，除了完善合适的挖掘算法外，其余一切工作都能自动地完成。

（4）结果分析

解释并评估结果，其使用的分析方法一般应视数据挖掘操作而定，通常会用到可视化技术。

（5）知识的同化

将分析所得到的知识集成到业务信息系统的组织结构中去。

5.数据挖掘需要的人员

数据挖掘过程是分步实现的，不同的步骤会需要有不同专长的人员，他们大体可以被分为三类。

（1）业务分析人员。要求精通业务，能够解释业务对象，并根据各业务对象确定用于数据定义和挖掘算法的业务需求。

（2）数据分析人员。精通数据分析技术，并能较熟练地掌握统计学，有能力把业务需求转化为数据挖掘的各步操作，并为每步操作选择合适的技术。

（3）数据管理人员。精通数据管理技术，并从数据库或数据仓库中收集数据。

从以上介绍可以看出，数据挖掘是一个多种专家合作的过程，也是一个在资金上和技术上高投入的过程。这一过程要反复进行。在反复进行的过程中，不断地趋近事物的本质，不断地优化问题的解决方案。主要内容包括数据重组和细分、添加和拆分记录、选取数据样本、可视化数据探索、聚类分析神经网络、决策树数理统计、时间序列结论综合解释评价数据知识、数据取样、数据探索、数据调整模型化评价。

七、数据挖掘与传统分析方法的区别

数据挖掘与传统的数据分析（如查询、报表、联机应用分析）的本质区别在于数据挖掘是在没有明确假设的前提下去挖掘信息、发现知识。数据挖掘所得到的信息应具有先前未知、有效和实用三个特征。

先前未知是指该信息是预先未曾预料到的，即数据挖掘是要发现那些不能靠直觉发现的信息或知识，甚至是违背直觉的信息或知识，挖掘出的信息越是出乎意料，就可能越有价值。在商业应用中最典型的例子就是一家连锁超市通过数据挖掘发现了小孩尿不湿和啤酒之间有着惊人的联系。

八、数据挖掘和数据仓库

在大部分情况下，数据挖掘都要先把数据从数据仓库中拿到数据挖掘库或数据集市中（如图9-3所示）。从数据仓库中直接得到进行数据挖掘的数据有许多好处。就如我们后面会讲到的，数据仓库的数据清理和数据挖掘的数据清理差不多，如果数据在导入数据仓库时已经清理过，那很可能在做数据挖掘时就没必要再清理一次了，而且所有的数据不一致的问题都已经被解决了。

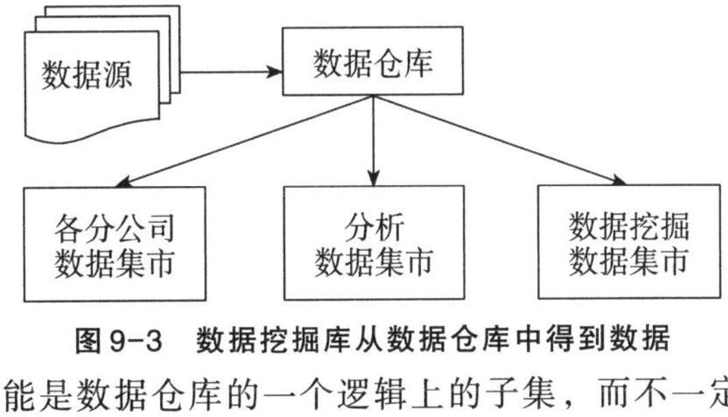

图9-3　数据挖掘库从数据仓库中得到数据

数据挖掘库可能是数据仓库的一个逻辑上的子集，而不一定非得是物理上单独的数据库。但如果数据仓库的计算资源已经很紧张，那最好还是建立一个单独的数据挖掘库。

当然为了数据挖掘也不必非得建立一个数据仓库，数据仓库不是必需的。建立一个巨大的数据仓库，把各个不同源的数据统一在一起，解决所有的数据冲突问题，然后把所有的数据导入一个数据仓库内，是一项巨大的工程，可能要用几年的时间，花上百万元才能完成。只是为了数据挖掘，可以把一个或几个事务数据库导入一个只读的数据库中，就把它当作数据集市，然后在它上面进行数据挖掘（如图9-4所示）。

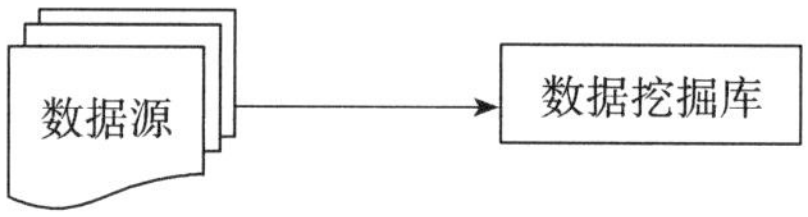

图9-4　数据挖掘库从事务数据库中得到数据

九、数据挖掘和在线分析处理（OLAP）

一个常见的问题是：数据挖掘和OLAP到底有何不同？下面将会解释，它们是完全不同的工具，基于的技术也大相径庭。

OLAP是决策支持领域的一部分。传统的查询和报表工具告诉使用者数据库中都有什么（What Happened），OLAP则更进一步告诉使用者下一步会怎么样（What Next）和如果采取这样的措施又会怎么样（What If）。用户首先建立一个假设，然后用OLAP检索数据库来验证这个假设是否正确。比如，一个分析师想找到是什么原因导致了贷款拖欠，他可能先做一个初始的假定，认为低收入的人信用度也低，然后用OLAP验证他这个假设。如果这个假设没有被证实，他可能去察看那些高负债的账户，如果还不行，他也许要把收入和负债一起考虑，一直进行下去，直到找到他想要的结果或放弃。

也就是说，OLAP分析中分析师是建立一系列的假设，然后通过OLAP证实或推翻这些假设来最终得到自己的结论。OLAP分析过程在本质上是一个演绎推理的过程。但是如果分析的变量达到几十个或上百个，那么再用OLAP手动分析验证这些假设将是一件非常困难和痛苦的事情。

数据挖掘与OLAP不同的地方是，数据挖掘不是用于验证某个假定的模式（模型）的正确性，而是在数据库中自己寻找模型。它在本质上是一个归纳的过程。比如，一个用数据挖掘工具的分析师想找到引起贷款拖欠的风险因素，数据挖掘工具可能帮他找到高负债和低收入是引起这个问题的因素，甚至还可能发现一些分析师从来没有想过或试过的其他因素，比如年龄。

数据挖掘和OLAP具有一定的互补性。在利用数据挖掘得出结论并采取行动之前，使用者也许要验证一下如果采取这样的行动会给公司带来什么样的影响，那么OLAP工具能回答这些问题。

此外，OLAP工具还有其他一些用途。它可以帮助探索数据，找到哪些是对一个问题比较重要的变量，发现异常数据和互相影响的变量。这些都能帮助使用者更好地理解数据，加快知识发现的过程。

十、数据挖掘与机器学习和统计

数据挖掘利用了人工智能和统计分析的进步所带来的好处。这两门学科都致力于模式发现和预测。

数据挖掘不是为了替代传统的统计分析技术。相反，它是统计分析方法学的延伸和扩展。大多数的统计分析技术都基于完善的数学理论和高超的技巧，预测的准确度还是令人满意的，但对使用者的要求很高。而随着计算机计算能力的不断增强，我们有可能利用计算机强大的计算能力，只通过相对简单和固定的方法就能够完成同样的功能。

一些新兴的技术同样在知识发现领域取得了很好的效果，如神经元网络和决策树，在足够多的数据和足够强的计算能力下，它们几乎不用人的“关照”，就能自动完成许多有价值的功能。

数据挖掘就是利用了统计和人工智能技术的应用程序，把这些高深复杂的技术封装起来，使人们不用自己掌握这些技术也能完成同样的功能，并且更专注于自己所要解决的问题。

十一、软硬件发展对数据挖掘的影响

使数据挖掘这件事情成为可能，关键的一点是计算机性能价格比的巨大进步。在过去的几年里，磁盘存储器的价格几乎降低了99%，这在很大程度上改变了企业界对数据收集和存储的态度。如果每兆的价格是10元，那存放1TB的价格是10 000 000元，但当每兆的价格降为0.1元时，存储同样的数据只需100 000元！

计算机计算能力的增强、价格的降低同样非常显著。每一代芯片的诞生都会把CPU的计算能力提高一大步。内存RAM也同样降价迅速，几年之内每兆内存的价格就由几百元钱降到现在只要几元钱。通常PC都有几个G的内存，工作站达到了几十个G，拥有上T容量的服务器已经不是什么新鲜事了。

在单个CPU计算能力大幅提升的同时，基于多个CPU的并行系统也取得了很大的进步。目前几乎所有的服务器都支持多个CPU，这些SMP服务器簇甚至能让成百上千个CPU同时工作。

基于并行系统的数据库管理系统也给数据挖掘技术的应用带来了便利。如果你有一个庞大而复杂的数据挖掘问题，要求通过访问数据库取得数据，那么效率最高的办法就是利用一个本地的并行数据库。

所有这些都为数据挖掘的实施扫清了道路，随着时间的延续，我们相信这条路会越来越平坦。

●第四节　人工神经网络

一、人工神经网络概述

人工神经网络（Artificial Neural Networks，ANNs），简称为神经网络（NNs），或称作连接模型（Connectionist Model），是对人脑或自然神经网络（Natural Neural Networks）若干基本特性的抽象和模拟。[①]人工神经网络以对大脑的生理研究成果

① 钟珞，饶文碧，邹承明. 人工神经网络及其融合应用技术［M］. 北京：科学出版社，2007.

为基础，其目的在于模拟大脑的某些机理与机制，实现某个方面的功能。国际著名的神经网络研究专家，第一家神经计算机公司的创立者与领导人Robert Hecht-Nielsen，给人工神经网络下的定义就是："人工神经网络是由人工建立的以有向图为拓扑结构的动态系统，它通过对连续或断续的输入状态相应地进行信息处理。"这一定义是恰当的。人工神经网络的研究，可以追溯到1957年Rosenblatt提出的感知器模型（Perceptron）。它几乎与人工智能同时起步，但30余年却并未取得人工智能那样巨大的成功，中间经历了一段长时间的萧条。直到20世纪80年代，其获得了关于人工神经网络切实可行的算法，以及以Von Neumann体系为依托的传统算法在知识处理方面日益显露出其力不从心后，人们才重新对人工神经网络产生了兴趣，导致人工神经网络的复兴。目前在神经网络研究方法上已形成多个流派，最富有成果的研究工作包括：多层网络BP算法、Hopfield网络模型、自适应共振理论、自组织特征映射理论等。人工神经网络是在现代神经科学的基础上提出来的。它虽然反映了人脑功能的基本特征，但远不是自然神经网络的逼真描写，而只是它的某种简化抽象和模拟。

二、人工神经网络的优点

人工神经网络的以下几个突出的优点使它近年来受到人们的极大关注：

（1）可以充分逼近任意复杂的非线性关系；

（2）所有定量或定性的信息都等势分布贮存于网络内的各神经元中，故有很强的鲁棒性和容错性；

（3）采用并行分布处理方法，使得快速进行大量运算成为可能；

（4）可学习和自适应不知道或不确定的系统；

（5）能够同时处理定量、定性知识。

三、人工神经网络的特点与优越性

人工神经网络的特点和优越性，主要表现在三个方面：

第一，具有自学功能。例如实现图像识别时，只要先把许多不同的图像样板和对应的应识别的结果输入人工神经网络，网络就会通过自学功能，慢慢学会识别类似的图像。自学功能对于预测有特别重要的意义。预期未来的人工神经网络计算机将为人类提供经济预测、市场预测、效益预测，其应用前途是很远大的。

第二，具有联想存储功能。用人工神经的反馈网络就可以实现这种联想。

第三，具有高速寻找优化解的能力。寻找一个复杂问题的优化解，往往需要很大的计算量，利用一个针对某问题而设计的反馈型人工神经网络，发挥计算机的高速运算能力，可能会很快找到优化解。

四、人工神经网络的主要研究方向

神经网络的研究可以分为理论研究和应用研究两大方面。

理论研究可分为以下两类：

（1）利用神经生理与认知科学研究人类思维以及智能机理。

（2）利用神经基础理论的研究成果，用数理方法探索功能更加完善、性能更加优越的神经网络模型，深入研究网络算法和性能，如稳定性、收敛性、容错性、鲁棒性等；开发新的网络数理理论，如神经网络动力学、非线性神经场等。

应用研究可分为以下两类：

（1）神经网络的软件模拟和硬件实现的研究。

（2）神经网络在各个领域中应用的研究。这些领域主要包括：模式识别、信号处理、知识工程、专家系统、优化组合、机器人控制等。随着神经网络理论本身以及相关埋论、相关技术的不断发展，神经网络的应用定将更加深入。

五、人工神经网络的应用分析

神经网络近来越来越受到人们的关注，因为它为解决复杂度高的问题提供了一种相对比较有效的简单方法。神经网络可以很容易地解决具有上百个参数的问题（当然实际生物体中存在的神经网络比我们这里所说的程序模拟的神经网络要复杂得多）。神经网络常用于两类问题：分类和回归。

在结构上，可以把一个神经网络划分为输入层、输出层和隐含层（如图9-5所示）。输入层的每个节点对应一个预测变量。输出层的节点对应目标变量，可有多个。在输入层和输出层之间是隐含层（对神经网络使用者来说不可见），隐含层的层数和每层节点的个数决定了神经网络的复杂度。

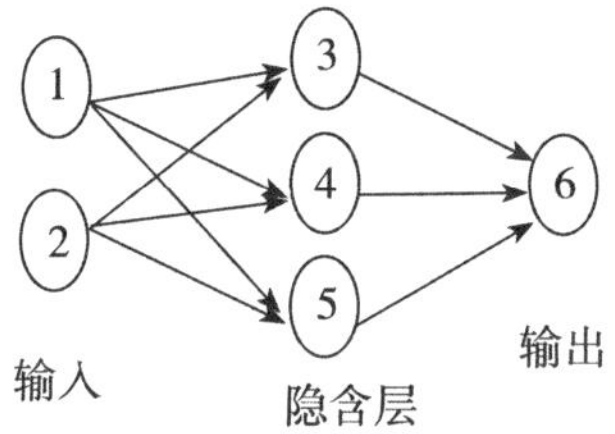

图9-5 一个神经元网络

除了输入层的节点，神经网络的每个节点都与很多它前面的节点（称为此节点的输入节点）连接在一起，每个连接对应一个权重 W_{xy}，此节点的值就是通过它所有输入节点的值与对应连接权重乘积的和作为一个函数的输入而得到的，我们把这个函数称为活动函数或挤压函数。如图9-6中节点4输出到节点6的值可通过如下计算得到：W_{14}×节点1的值+W_{24}×节点2的值。

神经网络的每个节点都可表示成预测变量（节点1、节点2）的值或值的组合（节点3至节点6）。注意节点6的值已经不再是节点1、节点2的线性组合，因为数据在隐含层中传递时使用了活动函数。实际上如果没有活动函数的话，神经元网络就等价于一个线性回归函数，如果此活动函数是某种特定的非线性函数，那神经网络又等价于逻辑回归。

调整节点间连接的权重就是在建立（也称训练）神经网络时要做的工作（如图9-6所示）。最早的也是最基本的权重调整方法是错误回馈法，现在较新的方法有变化坡度法、类牛顿法、Levenberg-Marquardt法和遗传算法等。无论采用哪种训练方法，都需要有一些参数来控制训练的过程，如防止训练过度和控制训练的速度。

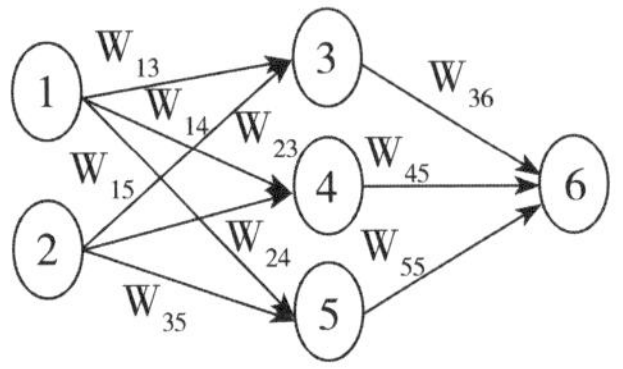

图 9-6　带权重 W_{xy} 的神经元网络

决定神经网络拓扑结构（或体系结构）的是隐含层及其所含节点的个数，以及节点之间的连接方式。要从头开始设计一个神经网络，必须要决定隐含层和节点的数目、活动函数的形式，以及对权重做哪些限制等。当然如果采用成熟软件工具的话，它会帮你决定这些事情。

在诸多类型的神经网络中，最常用的是前向传播式神经网络，也就是我们前面图示中所描绘的那种。我们下面详细讨论一下，为讨论方便假定只含有一层隐含节点。

可以认为错误回馈式训练法是变化坡度法的简化，其过程如下：

前向传播：数据从输入到输出的过程是一个从前向后的传播过程，后一节点的值通过它前面相连的节点传过来，然后把值按照各个连接权重的大小加权输入活动函数再得到新的值，进一步传播到下一个节点。

回馈：当节点的输出值与我们预期的值不同，也就是发生错误时，神经网络就要“学习”（从错误中学习）。我们可以把节点间连接的权重看成后一节点对前一节点的“信任”程度（它自己向下一节点的输出更容易受它前面那个节点输入的影响）。学习采用惩罚的方法，过程如下：如果一节点输出发生错误，那么它看这个错误是受哪个（些）输入节点的影响而造成的，是不是它最信任的节点（权重最高的节点）陷害了它（使它出错），如果是，则要降低对它的信任值（降低权重），惩罚它（们），同时升高那些作出正确建议节点的信任值。对那些受到惩罚的节点来说，也需要用同样的方法来进一步惩罚它（们）前面的节点。就这样把惩罚一步步向前传播直到输入节点为止。

对训练集中的每一条记录都要重复这个步骤，用前向传播得到输出值，如果发生错误，则用回馈法进行学习。当把训练集中的每一条记录都运行过一遍之后，我们称完成一个训练周期。要完成神经网络的训练可能需要很多个训练周期，经常是几百个。训练完成之后得到的神经网络就是在通过训练集发现的模型，描述了训练集中响应变量受预测变量影响的变化规律。

由于神经网络隐含层中的可变参数太多，如果训练时间足够长的话，神经网络很可能把训练集的所有细节信息都“记”下来，而不是建立一个忽略细节只具有规律性的模型，我们称这种情况为训练过度。显然这种“模型”对训练集会有很高的准确率，而一旦离开训练集应用到其他数据，很可能准确度急剧下降。为了防止这种训练过度的情况，我们必须知道在什么时候要停止训练。在有些软件实现中会在训练的同时用一个测试集来计算神经网络在此测试集上的正确率，一旦这个正确率不再升高甚至开始下降时，那么就认为现在神经网络已经达到最好的状态了，可以停止训练了。

图9-7中的曲线可以帮我们理解为什么利用测试集能防止训练过度的出现。在图9-7中可以看到训练集和测试集的错误率在一开始都随着训练周期的增加不断降低，而测试集的错误率在达到一个谷底后反而开始上升，我们认为这个开始上升的时刻就是应该停止训练的时刻。

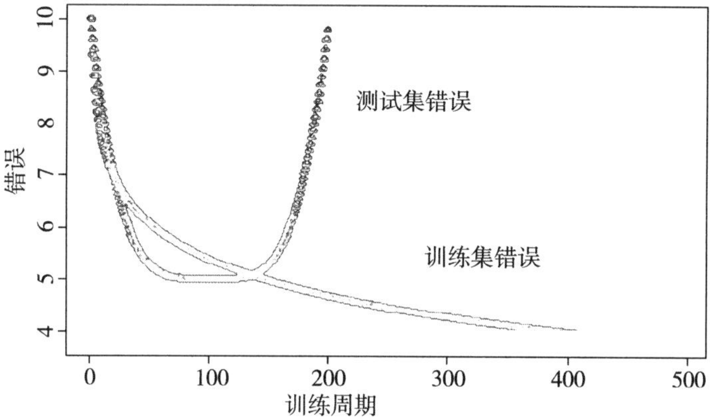

图9-7　神经网络在训练周期增加时准确度的变化情况

神经网络和统计方法在本质上有很多差别。神经网络的参数可以比统计方法多很多。由于参数如此之多，参数通过各种各样的组合方式来影响输出结果，以至于很难对一个神经网络表示的模型作出直观的解释。实际上神经网络也正是被当作“黑盒”来用的，不用去管“盒子”里面是什么，只管用就行了。在大部分情况下，这种限制条件是可以接受的。比如银行可能需要一个笔迹识别软件，但它没必要知道为什么这些线条组合在一起就是一个人的签名，而另外一个相似的则不是。在很多复杂度很高的问题上，如化学试验、机器人、金融市场的模拟和语言图像的识别等领域，神经网络都取得了很好的效果。

神经网络的另一个优点是很容易在并行计算机上实现，可以把它的节点分配到不同的CPU上并行计算。

在使用神经网络时有几点需要注意：

第一，神经网络很难解释，目前还没有能对神经网络作出全面解释的方法学。

第二，神经网络会训练过度，在训练神经网络时一定要恰当地使用一些能严格衡量神经网络的方法，如前面提到的测试集方法和交叉验证法等。这主要是由于神经网络太灵活、可变参数太多，如果有足够的时间，它几乎可以“记住”任何事情。

第三，除非问题非常简单，否则训练一个神经网络可能需要相当可观的时间才能完成。当然，一旦神经网络建立好了，在用它做预测时，运行还是很快的。

第四，建立神经网络需要做的数据准备工作量很大。一句很有误导性的话就是：不管用什么数据，神经网络都能很好地工作并作出准确的预测。这是不确切的，要想得到准确度高的模型必须认真地进行数据清洗、整理、转换、选择等工作，对任何数据挖掘技术而言都是这样，神经网络尤其注重这一点。比如神经网络要求所有的输入变量都必须是0～1（或-1～+1）之间的实数，因此像“地区”之类的文本数据必须先做必要的处理之后才能被用作神经网络的输入。

复习思考题

1.人工智能在管理审计中有哪些应用?
2.工作流技术在管理审计中有哪些应用?
3.数据挖掘技术在管理审计中有哪些应用?
4.人工神经网络在管理审计中有哪些应用?

第三篇

应用篇

本篇是管理审计技术方法的具体应用，主要包括以下内容：(1) 战略管理审计，主要内容包括战略管理审计的起源与内容，战略管理审计的程序、方法与指标体系，战略管理审计案例分析方法与案例分析。(2) 市场营销审计，主要内容包括市场营销审计的认知，市场营销审计的基本内容，市场营销审计的程序。(3) 技术创新审计，主要内容包括技术创新审计的认知，技术创新审计的基准及程序，技术创新审计的框架，技术创新审计的指标体系。(4) 人力资源管理审计，主要内容包括人力资源管理审计理论与内容，人力资源管理审计效果，人力资源管理审计案例分析。(5) 运营战略审计和运营效率审计，主要内容包括企业运营管理内涵，运营战略及运营战略审计，运营效率审计。(6) 产品系统审计，主要内容包括设计过程审计，产品系统中的工艺过程审计，产品系统的标准化审计，产品系统开发的"串行缺陷"审计。(7) 运营流程审计，主要内容包括运营流程概述，企业的运营流程审计，运营流程绩效审计，业务外包运营审计，运营审计的柔性学习机制。

第十章

战略管理审计

主要知识点

战略作为一个企业的全局性规划，事关企业的生死存亡。据研究，世界500强公司的绝大多数皆因成功的战略而取得今天的成就，因此企业对于战略，再多的投入和关注都不过分。现代企业管理的显著变化之一就是“从以战术为中心的管理向以战略为中心的管理转变”，战略管理已经成为现代企业管理的关键，直接影响建立与健全内部审计制度的性质、模式、运行和发展。因此，企业内部审计在进行全面、系统审计的同时，以战略审计为重点已越来越成为一种趋势。由经营审计向战略管理审计转变，是西方内部审计发展的十大趋势之一，面向21世纪的内部审计应以战略管理审计为重点。

本章阐述了战略管理审计的起源与内容，程序、方法与指标体系，以及战略管理审计案例分析方法与案例分析等。

关键概念

战略管理审计；成本-效益分析法；平衡计分卡

●第一节　战略管理审计的起源与内容

一、战略管理审计的起源

王光远（1996）认为：1977年，美国国会发布了《国外反贪污行贿法》（Foreign Corrupt Practices Act of 1977），从而确定了内部审计的法定地位。加之，20世纪60年代以来推行战略管理的影响，内部审计师不仅从事业务的效率性和效果性审计，而且发展出了对战略管理过程进行全面审查的战略审计。[①]按照王光远的

① 王光远．管理审计理论［M］．北京：中国人民大学出版社，1996.

观点，战略审计（也称战略管理审计）的出现应该在20世纪70年代。在这一时期，正是战略管理研究得到普遍重视的阶段（Robbins，1997）。[①]Frazer等学者在1972年提出了将绩效审计扩展到公司战略管理过程的思想，他们认为："绩效审计强调外部董事参与公司战略选择与计划的设计与评价，以及从管理层以外获取信息。"就目前掌握的资料来看，Frazer等学者应是战略审计思想的早期提出者。[②]也有学者认为，1956年艾贝·肖克曼最先提出"市场营销审计"概念，这是战略管理审计的开端。[③]

20世纪70年代以后，正是企业规模的扩大、经营环境不确定性的增强、管理活动的复杂化以及法律和政府对于投资者和社会公众利益保护力度的加大，使得管理者的受托责任范围空前扩大，才使管理者、投资者和其他利益相关者产生了对于战略审计的需求，并导致了战略管理浪潮的兴起。管理者需要战略审计，是因为战略审计所提供的信息能够帮助他们缩小战略执行过程中的偏差、减少战略决策的不确定性和失误、降低经营风险并提高经济效益。投资者需要战略审计，是因为企业的战略管理对于公司绩效有着相当重要的影响，并进而决定着投资者的投资能得到多少回报，他们需要加强对于企业战略管理过程的监督和控制，确保能够为投资者创造利益的战略得到制定和执行。其他利益相关者也需要战略审计，因为战略审计能够直接或者间接地维护他们的权益。

进入20世纪80年代以后，国外研究战略审计的文献开始增多。Rappaport在1980年讨论了独立审计人员开展战略审计的可行性。在他看来，独立审计人员在正式开始审计之前，必须了解客户的业务、产业和整体经济背景，而战略审计正是这一步骤的扩展；战略审计是对于影响公司整体经营状况关键因素的评价活动，它有助于独立审计人员了解主要的风险领域，从而为审计计划的制订提供更为坚实的基础；独立审计人员可以通过战略审计帮助公司董事增强其战略监督功能，他们提供的信息是董事会特别需要的、来自管理层之外的信息；战略审计既有可能为公司带来利益，也有可能为公司带来附加成本，是否应该实施战略审计应取决于成本效益的权衡。

Wheelen和Hunger在1987年讨论了战略审计的性质及重要作用。他们认为，咨询公司、管理学者、董事会和管理工作者已经发现管理审计是决策过程中的一种重要的分析和诊断工具，可以发现公司经营中存在问题的领域以及公司的强项和弱项。[④]然而，以往的管理审计多局限于公司管理中的具体事项和具体职能领域，例如对公司社会责任的审计（Social Audit）、对通货膨胀及其对经营产生的影响的审计（Inflation Audit）、对公司销售队伍的管理审计（Sales Force Management Audit）

---

① 罗宾斯. 管理学［M］. 黄卫伟，等，译. 4版. 北京：中国人民大学出版社，1997.

② FRAZER C，WILDE B，VANCIL R F. Performance audits by outside directors［J］. Harvard Business Review，1972（7/8）.

③ SHUCHMAN A. The marketing audit：its nature，purposes，and problems［R］. AMA Management Report，1956：No. 32.

④ WHEELEN T L，HUNGER J D. Using the strategic audit［J］. S.A.M. Advanced Management Journal，1987，52（1）：4-12.

等，而未能从战略视角对公司整体状况进行评价。战略审计则是一种具有整体观的管理审计，它超越了具体职能部门的界限而注意到企业与环境的相互作用及各职能部门的有机关联，能够通过战略分析和评价而减少战略决策中的不确定性并增强战略决策的可行性。

Neish和Jackson在1992年讨论了内部审计部门在战略管理过程中的作用以及实施战略审计应具备的一些条件。他们认为，传统的内部审计主要关注效率问题，即“如何把事情做正确”（Do Things Right），而比较忽视效果问题，即“如何做正确的事情”（Do Right Things）。[①]从公司管理的角度来看，效果问题显然比效率问题更为重要而且层次更高，战略管理主要解决的就是“如何做正确的事情”。传统的内部审计较少地介入公司的战略管理过程，是因为它在战略管理过程中的作用没有得到应有的管理层的重视和支持。实际上，内部审计可以介入战略管理的任何关键步骤并发挥重要作用。为了开展战略审计，内部审计人员必须具备更高的素质，例如，他们除了必须独立而客观以外，还必须了解公司整体的运作、熟悉公司内部的文化和利益冲突、必须拥有战略管理理论和实务的相关经验、必须有良好的沟通技巧、必须拥有发散性思维等。

Donaldson1995年在《哈佛商业评论》上发表的《董事会的新工具：战略审计》可谓是研究战略审计的一篇经典论文，许多国内学者就是通过这篇论文开始接触战略审计研究的。Donaldson的主要贡献是将战略审计作为公司治理的重要工具并且分析了战略审计的构成要素。他认为，董事会和经理层对于战略管理的视角是不同的，经理层总是将战略管理作为自己的“势力范围”，主要关注既定战略的执行效率问题；而董事会则为了维护股东利益，主要关注战略本身的合理性问题。董事会对于战略管理的参与，常常局限于CEO退休、公司财务状况恶化或者敌意收购三种特殊情况。再加上董事会的议程安排常常不太适合就战略方向问题进行严肃讨论，以及董事会的大部分成员通常缺少有关行业和公司的专业经验和知识，也缺乏参与战略管理的足够时间，董事会对于战略的监督常常并不能严格到位。Donaldson认为“战略审计”可以作为一种正式的战略考察过程，使董事会切实履行其战略监督责任，它可以对董事会和经理层同时施加约束；战略审计的领导权必须集中在独立董事手中，只有这样它才经得起公司内部权力冲突的考验。他同时还提倡“低调和幕后的战略审计”，强调战略审计应加强董事会和经理之间的信任而不是随意侵犯经理的权限范围。在Donaldson看来，战略审计的构成要素包括确定标准、数据库的设计和维护、建立战略审计委员会、协调与CEO的关系等。[②]

自20世纪90年代以来，国内已有不少学者开始介绍、研究战略审计。李会太（1998）提出了市场营销战略审计的概念。[③]何卫东（1999）认为，战略审计是

---

① NEISH R, JACKSON J. Strategic internal auditing [J]. Australian Accountant, 1992, 62 (5): 41-47.
② DONALDSON G. A new tool for boards: the strategic audit [J]. Harvard Business Review, 1995, 73 (4): 99-107.
③ 李会太. 试论市场营销战略审计 [J]. 北京商学院学报, 1998 (6).

非执行董事参与公司治理的方式。[①]文奇（1999）将战略审计的内容划分为利润战略审查、增长战略审查、市场开发战略审查、资本削减战略审查、转变战略审查、系列经营与多元化战略审查。[②]于玉林（2000）认为战略审计是面向21世纪的内部审计的重点。[③]靳磊（2000）分析了企业战略审计的必要性、基本思路、内容和应注意的问题。[④]陈良华等（2001）提出了供应链战略审计的概念。[⑤]韩晓梅（2002）认为，由经营审计到战略审计是西方内部审计发展的十大趋势之一。[⑥]彭正新等（2003）分析了战略审计与公司治理的关系，并结合我国上市公司战略决策和执行中的问题对战略审计的实施提出了若干建议。[⑦]陈良华等（2003）将企业管理审计划分为战略管理审计、管理控制审计和业务审计三个不同层次，并且认为战略管理审计的评价重点是最高管理层所关心的企业与经营环境关系和企业竞争力问题。[⑧]余玉苗等（2004）分析了战略审计及其实施的现实意义并提出了战略审计实施的有关构想。总体而言，我国的战略审计研究尚处于起步阶段，还缺乏全面、系统和深入的研究。[⑨]梅丹（2004）对企业战略审计的主体、对象、内容和评价标准进行了论述。[⑩]陈留平等（2005）对战略审计实施的条件、机构及评价标准进行了分析。[⑪]廖洪等（2005）对战略审计研究的发展过程进行了回顾和总结。[⑫]程新生等（2008）对战略审计与内部控制关系进行了研究。[⑬]

表10-1阐述了战略管理审计方法与传统内部审计方法的比较。

表10-1　**战略管理审计方法与传统内部审计方法的比较**

比较项目	传统内部审计	战略管理审计
基本理念	交易、账户余额导向	整体战略导向
风险种类	审计风险	战略风险
专业知识	会计、审计	管理、会计、审计、系统论
关注重点	信息收集过程	企业经营过程

资料来源　管亚梅．战略管理审计模式构建和评价指标体系研究［J］．科技管理研究，2008（4）：96-99.

一个公司的战略管理决定着公司的未来，有效的战略管理监督能提前发现问题，并能判断公司是否进行着有效和有序的公司治理。战略管理审计的作用主要有

① 何卫东．论非执行董事对公司战略的参与［J］．南开管理评论，1999（4）．
② 文奇．企业战略审计内容浅谈［J］．中国审计信息与方法，1999（6）．
③ 于玉林．试论面向新世纪的内部审计制度［J］．审计研究，2000（6）．
④ 靳磊．企业战略审计初探［J］．淮南工业学院学报，2000（4）．
⑤ 陈良华，缪云霞，张颖．试论供需链审计［J］．审计研究，2001（4）．
⑥ 韩晓梅．西方内部审计十大发展趋势［J］．中国审计，2002（2）．
⑦ 彭正新，李传昭，李华．建立战略审计制度完善公司治理机制［J］．江苏商论，2003（10）．
⑧ 陈良华，石盈．管理审计模式发展与管理制度变迁［J］．审计研究，2003（5）．
⑨ 余玉苗，黄兵海．我国上市公司战略审计初探［J］．财会月刊，2004（5）．
⑩ 梅丹．浅谈公司战略审计［J］．审计与经济研究，2004（5）．
⑪ 陈留平，赵顺娣．试论企业战略审计［J］．企业活力，2005（8）．
⑫ 廖洪，陈波．企业战略审计研究的回顾与展望：一个综述［J］．审计研究，2005（2）．
⑬ 程新生，罗艳梅，申拴亮，等．控制方式对控制绩效影响的实证研究［R］．武汉：中国会计学会高等工科院校分会2008年学术年会，2008.

以下三个方面：第一，在公司发展的不同阶段，公司的战略管理性资源和公司的战略管理性条件是不同的，需要通过“战略管理审计”进行阶段性的确认，保持公司对影响公司发展的重大因素始终保持关注；第二，通过“战略管理审计”，公司中高层对公司的战略管理环境、战略管理条件、战略管理形势、战略管理机会、战略管理挑战保持统一和清醒的认识，以保证决策的正确性和贯彻落实性；第三，实施“战略管理审计”，可以使公司中高层及时掌握公司战略管理性资源、战略管理性条件的变动信息，并获得关于这些变动对公司战略管理的有意义的分析，是机会，还是挑战，积极采取应对措施。

根据战略审计的定义，其应主要纳入管理审计或绩效审计的范围。审计学按照其审计对象和采用的技术方法的不同，可以划分为财务审计与管理审计两部分。

财务审计主要是审查公司的会计资料和内部控制系统，评价公司提供的财务报表和其他会计资料是否真实公允。管理审计则是对公司的经营活动和管理活动的经济性、效率性和效果性进行直接的检查和评价。战略管理活动是公司内部最高层次的管理活动，也是最为重要的管理活动，对于战略管理的审计自然应纳入管理审计的范围。目前大多数学者持这一观点。同时，由于绩效审计是审计发展的高级阶段，也是管理审计的一部分，战略管理又是公司经营和管理活动绩效的最重要的决定因素，因此战略审计又可以归类于绩效审计。

战略审计的主体应主要是内部审计部门、管理咨询人员等。战略审计应采取由董事会主导的审计模式。在以董事会为核心的审计体系中，可供选择的战略审计途径有：董事会直接领导内部审计部门开展战略审计，设立专职审计委员会开展战略审计、聘请独立审计师等。国外的一些研究认为，为了实施战略审计，内部审计部门应有足够高的组织地位和权威，理想位置是位于审计委员会和CEO的双重领导之下，而比其他的职能部门（财务、人力资源、营销、生产等）地位稍高。为了胜任战略审计工作，内部审计人员必须具备更高的素质，接受更多的战略管理培训并具备丰富的管理经验。管理咨询人员在满足一定的独立性要求时也可以成为战略审计的主体，例如，不具体负责战略制定及其实施等，否则他们提供的就是一般性的管理咨询服务，而不是我们所定义的战略审计了。

战略审计对董事会和管理者都提出要求：管理者负责将战略规划转换成具有可操作性的实践，他们的任务是制定战略并将其付诸实施；董事会则是保证股东利益在公司战略中得到反映，并对战略的合理性和可操作性提出质询。

由此，公司可将战略审查的领导权集中在董事——尤其是独立董事——的手中，由他们确定战略审查的依据和方法。具体解决办法是给董事会的特定成员分配责任和领导权，就像建立其他委员会一样，在董事会下设立战略审计委员会，从外部独立董事中选2～3人来组成，选择委员会的主席尤为重要。该委员会负责确定评价公司战略绩效的依据，审查评价所需基础数据的获取，设立审查程序和检查审计过程。该委员会应保证数据收集和报告的真实性和连续性；明确应与CEO讨论的问题；使全体董事会成员随时掌握公司战略的情况，安排商讨战略问题的定期或临时会议。其他的措施包括公司内部审计部门划归董事会管辖，由其负责战略审计；也可由公司董事会聘请外部审计人员进行独立审计，由管理者提供会计师事务所或咨询公司的人选。因为至少在战略审计的最初，董事会和事务所、咨询公司都需要管理层的积极合作和有力援助。所聘请的会计师事务所可以是为企业进行年度报表审计的会计师事务所，但审计人员最好不是为公司进行年度报表审计的原班人员。这样，一方面由于事务所对客户情况的熟悉和基础数据的掌握，能节省审计时间和成本；另一方面又可避免将战略审计与经营业绩审计混淆，还可增强审计人员的独立性。当前，许多咨询公司和会计师事务所都能提供战略审计的服务。

管理观的战略审计研究认为，战略审计的职能主要是分析、评价、咨询，并通过这些活动为董事会和高层管理者提供有价值的信息。这种信息的价值在于，它是由与战略管理过程没有直接利益联系、具有相对独立性的人士提出来的，因而往往比较公正、客观。

战略管理审计的职能是分析、评价与监督。评价与监督是审计的基本职能，通过战略管理审计，应能得出公司战略选择合理性和战略实施有效性的评价结果，并监督有关的责任人认真履行与战略管理有关的受托责任。我们之所以将分析也列入战略管理审计的职能是因为战略分析对于战略管理审计有着特殊的重要性，它是战略管理审计的核心环节，准确地进行战略分析是进行战略评价和战略监督的前提。

二、战略管理审计的关键与内容

战略审计应能覆盖战略管理的各个层次和全过程，因此，战略审计的内容应包括所有与战略管理有关的资料，既包括财务资料，也包括其他非财务资料，且非财务资料与财务资料相比可能更重要。审计的范围则应包括公司的所有管理层次和所有重要经营事项，重点是评价战略制定所依据资料的可靠性和相关性以及评价既定战略执行的有效性，主要指向战略业务单元和各个职能部门，即公司总战略的执行部门。

从内容上看，战略审计是对影响企业全局、重大、长远的具有战略意义的决策，如企业的发展战略、技术创新战略和市场营销战略等进行审计，包括审查公司的战略地位、战略原则、财务战略层次、战略种类、战略实施和战略管理等。从过程上看，为保证战略主观设想的科学性、可行性，要对战略的制定过程进行管理；为保证战略构想能有效地贯彻执行并达到预期目标，要对战略实施过程进行管理；如战略实施周期长，战略条件变化快，还要对战略条件进行监控管理，以便对战略进行调整和实施，因此要审计企业的战略管理体系、战略行为表现、战略条件变化和战略态势表现。

开展战略管理审计仅仅依靠内部审计是远远不够的，更需要社会审计的参与，进行战略管理系统的审计。战略管理系统审计模式并不局限于对被审计单位财务风险的评估，而是通过一个更为广阔的视角，从源头上对被审计单位的动态系统，包括被审计单位的战略管理及其选择的经济策略，被审计单位同市场经济中其他利益相关者（顾客、供应商、投资者、监管方）的联系紧密程度，以及可能威胁到被审计单位战略管理和经济策略实现的各种可能的因素进行审视。采用战略管理系统审计模式，其实是采用“自上而下式”的审计策略，可以确保注册会计师能够充分了解被审计单位及其所在的行业，更好地服务于之后的财务报表审计。

（一）战略审计的关键

1.战略管理系统审计的第一个关键是分析被审计单位的战略管理

对公司的战略管理进行审计主要包含对外部竞争、市场份额、产品市场和顾客网络的分析，而这四个方面的审计和分析可以集中到一个关键问题——对公司的R&D（研究和开发）战略进行分析。因为为了构筑公司的核心竞争力和保持公司持久的竞争优势，公司，特别是高科技公司，往往积极致力于研究和开发活动，这带来了研究开发支出的激增。R&D支出可以被看作公司在优胜劣汰的市场经济环境中面对同行业其他公司的外部竞争的反应性策略，也可以被看作公司争夺市场份额、扩展和占领产品市场制高点的重要举措，最终将带来顾客网络的繁荣，顾客网络是公司一项重要的无形资产、利润增加点和价值驱动因素（如今，国外很多公司已经将顾客网络看作公司最重要的无形资产之一），确保公司经营的良性运作。

2.战略管理系统审计的第二个关键是对公司经营环境以及经营环境的主要因素（战略管理、核心能力、人力资源和决策权）进行审计

该层面的审计关键是对公司的人力资源——尤其是对管理层人员——进行审计，因为战略管理最为关键的环节正是对公司的人力资源进行战略管理，而公司核心能力的构筑必须依赖于人力资源的能动参与，也正是有了管理层人员的智力投入和正确的决策，才带来物质财富的增长。在知识经济的背景下，人力资源已成为公司最关键的价值驱动因素，对管理层人员的审计是战略管理系统审计的关键。

此外，公司管理层人力资源计量是对其进行审计的基础，对其计量确定了账面价值，而审计的结果将有助于确定管理层人员的市场价值。管理层人员计量应该采纳与生产型人力资源截然不同的计量模型和审计方法，即期权计量和机会成本法，同时要更看重他们在工作中的执行力度与面对危机和机会时的管理能力。

3.战略管理系统审计的第三个关键是对管理绩效、财务持久性、资源配置效率和内部控制等因素进行审计

对这四项要素的审计可以归总到对公司商誉的审计上去。因为商誉本身就意味着超额的盈利能力，它是优异的管理绩效和良好的财务适应性或弹性，以及高于同行业平均水平的资源配置效率共同作用的结果，也是良好的内部控制环境带来公司内部运行机制“摩擦力”减小而产生的节约。

（二）战略审计的内容

1.关于战略制定基础和制定过程的审计

其一，审查公司战略的制定基础是否是在对公司目标、市场、环境、竞争者和内部资源等内外部环境全面认识的基础上制定的（梅丹，2004）。审查战略目标是否符合国家宏观经济状况；反映市场的需求；与环境变化趋势保持协调；与公司内部资源的应变能力保持平衡。

其二，审查公司战略层次的制定。战略一般划分为三个层次：公司层次战略、事业部层次战略和职能部门层次战略。战略管理审计应能覆盖各层次的战略管理活动，特别是公司整体层次的战略管理。战略管理过程一般划分为确定公司使命和目标、明确战略意图、分析公司内外环境以确定公司面临的机会与威胁以及公司相对于这些机会和威胁的优势与劣势（SWOT分析）、制订并选择战略计划、实施战略计划与评估战略效果。

2.关于战略类型的选择背景和选择过程的审计

战略类型大致可分为增长战略、利润战略、集中战略、转变战略和退出战略。对增长战略主要审查该战略的提出和进行是否发生在公司产品或市场发展的成长阶段，公司是否设法获取市场资源、努力融通资金、为对付更加激烈的竞争采取更有效的竞争手段。对利润战略主要审查该战略的提出和进行是否发生在公司产品或市场发展的成熟阶段，公司是否将经营重心从市场开发和筹集资金转向市场细分与资产利用。对集中战略主要审查该战略的提出和进行是否发生在公司产品或市场发展成熟阶段及开始衰退阶段，公司是否开始稳妥地压缩经营规模、减少投资，把战略重点集中于具有最大优势的细分市场上。对转变战略主要审查该战略的提出和进行是否发生在公司产品和市场的衰退时期，公司是否考虑改善原战略的执行方法，或考虑重新制订新战略方案。对退出战略主要审查该战略的提出和进行是否发生在公司万不得已时，公司是否削减费用、减少资金投放、削减产品、进行清理。

3.关于战略实施过程的审计

第一，对实施过程的审计首先应判断各职能部门是否制定了与上市公司发展战略相适应的分战略。第二，还要检查上市公司内部是否存在灵活的沟通机制，能否保证各职能战略之间的相互支持；实施过程中各种信息的传递是否畅通，能否将相关信息迅速反馈给战略制定者。第三，审查战略实施过程是否沿着制定战略总目标、分解出战略具体目标、评价和选择战略方案、制定年度目标和财务策略、配置资源、度量和评价业绩的方向进行。第四，审查战略实施的规划、方法、组织保证及控制和报告系统是否健全并实施。

4.关于战略实施结果的审计

审查增长战略是否带来公司市场份额的增加，是否增强或提高了公司在行业或市场上的地位。审查利润战略是否带来公司现有资源和经济效益的增长，使利润最大化。审查集中战略是否使公司重新安排生产经营规模和财务力量，以提高短期盈利和长期效益。审查转变战略是否尽快控制或扭转了公司的衰退局面。审查退出战略是否使公司谨慎退出市场并最大限度地收回投资。

第二节　战略管理审计的程序、方法与指标体系

一、战略管理审计的程序

不同的审计模式，由于其要达到的审计目标存在着差异，在具体审计程序的内

容上也有所不同，一般程序如下：

（一）确立战略审计的框架

（1）通过调查、分析等方法确定审计目标和范围，评估识别重要的战略风险。

（2）编制审计方法和预算。根据初步认定的审计风险、审计目标和范围，确定审计需要收集的证据的大致数量，从而预计所需要的人力和大致的费用。编制方案时，较为困难的是选择适当的战略审计依据和测试手段。审计人员应尽可能地选择与被审计单位所使用的标准和考核手段相适应的审计依据和测试手段，这样可以减少所需收集资料的数量，并减少和被审计单位之间对所选依据的争议。

（3）配备审计人员并组织审计人员培训。根据第二步确定审计所需人力，为审计小组配备审计人员，包括确定主审人、现场审计人员和非现场审计人员以及战略管理和分析专家。在对审计小组成员进行组合时，要注意合理搭配各类专业人员。

（二）充分收集和整理基本信息

（1）收集材料。所需收集的材料主要包括：被审计对象的年度经营管理信息，包括但不限于年度经营计划，年度内对资产、利润产生较大影响的经营决策，年度决算报告，年度工作总结；外部审计监管报告；媒体报道的相关信息；审计人员认为需要了解的其他信息。

（2）同时整理和深入分析信息。审计人员在收集基本信息的基础上，应对这些信息进行仔细的整理、筛选和初步分析，确定风险点和审计切入点以及需要延伸的评价信息。必要时，审计评价人员可以通过现场和非现场的方式进一步开展审计工作，以补充相关信息，支持审计结论。

（3）与管理层和外部审计监督部门进行信息沟通与交流。战略审计应十分重视内外部审计信息的汇集，通过与管理层或外部监管部门的会谈访问，获取更多的相关信息，充分了解被评价机构经营管理、内部控制等方面的情况。

（三）实施审计

1.综合分析

综合分析主要是根据战略审计工作方案确定的审计范围、内容、目标和方法，对收集到的所有评价信息进行综合整理分析。通过检查、取证进行分析和评价，对于被评价机构不愿意提供的信息，应视其为不利于被审计机构的信息；对于不能确定有利于被审计机构的情况，应视其为不利于被审计机构的情况；对于可能导致被审计机构遭受损失甚至发生重大问题的明显迹象，审计人员应当作出合理的判断和审慎的预测。

2.确定初步的评价结果

审计人员依据审计方案，在综合分析评价信息的基础上，合理准确判断被评价机构的战略执行过程中的风险状况，初步确定各个单项审计内容和综合审计结果，并参考其他审计内容的有关因素和对风险的影响程度，对审计结果作出判断。

3.复核与交流

实施阶段的最后，由主审人将审计人员的意见编写成文并加以复核，确保审计过程中根据客观的、相关的、可接受的标准进行衡量，以得出客观的结论和建议。针对审计结果与被审计机构进行交流，在充分沟通的基础上撰写审计报告，对于提出异议的审计结果，审计组通过内部审核程序并结合被评价机构提供的相关资料进行再次审定。

4.撰写战略审计报告并向董事会反馈

战略审计报告是审计人员在完成战略审计任务之后，针对其审计过程中所发现的情况发表审计意见并作出审计评价的一种书面文件，具有很重要的意义，是审计人员发表战略审计意见的重要途径，也是审计人员提出改进意见和建议的重要方式。

战略审计报告的目的是传达对事实和审计人员结论所依据的基本原理的理解，指出企业战略执行过程中存在的各种问题及解决问题的办法和建议，供被审计单位参考。企业战略审计报告通常要描述所从事企业战略审计约定的目的、范围、委托的方式和具体的调查结果及建议。战略审计作为一种管理审计，它的报告通常没有固定的格式，其所包含的内容也存在一定的差异，但通常都对企业战略审计的范围和具体调查结果以及建议尽可能清楚、准确地加以描述，具体包括以下内容：

（1）审计目的、范围和方法。审计人员应报告审计目的、范围和方法。

（2）审计结果。审计人员应报告重大的调查结果，在适当的情况下报告审计结论。

（3）建议。审计人员应当提出审计建议，报告为改正企业战略制定过程中存在的问题和改善企业战略应采取的行动。

（4）主要管理人员的观点。审计人员应当报告被审计单位负责人对审计人员的审计结果、审计结论和计划改进措施的看法。

（5）显著的成就。审计人员需要报告那些值得注意的成绩，特别是当某个企业战略制定过程的改进能够大幅度增加企业的价值时。

（6）需要进一步研究的问题。审计人员应向负责制订未来审计工作计划的审计人员提及有关需要进一步审计的重大问题。

（7）报告的陈述。报告的陈述应当是完整的、准确的、客观的、有说服力的，并且应尽可能清楚和简明。

（8）报告的分发。审计组织应将书面审计报告交给相关的董事会成员、战略委员会以及审计委员会官员及其他相关人员。

二、战略管理审计方法

考虑到战略审计对象的特殊性，审计方法和一些战略管理方法同样适用于战略审计，在此引进了一些体现战略审计特点的审计方法：

（一）风险评估法

企业战略审计是以减少企业的战略决策失误、规避风险为目的的，审计风险的评估贯穿于企业战略审计的整个过程。审计人员希望能将企业战略执行风险降到最低，以维持企业战略实施效果。进行审计时，对审计人员而言，最关键的是要按审计程序执行，以便把战略制定风险降到最低。审计程序的性质很重要，对于特定的企业战略制定过程，确认使用适当的审计程序，工作效率会更高。在对一个特定的企业战略执行过程进行审计时，可采用以下两种方法：

（1）确保该企业战略执行过程中的内部控制架构的有效性，控制环境、风险评估、控制活动、信息与沟通及监督，使该战略决策执行中的可操作性风险最低，进而设计审计程序。

（2）为直接证实这个企业的战略执行过程可以使审计人员有确切把握将该战略执行过程的重大错报查出来而设计审计程序。

审计人员可以同时使用以上两种审计程序。

（二）成本-效益分析法

成本-效益分析法是对社会经济的投入（成本）与产出（收益）之间的关系进行分析评价的一种基本方法。使用这种方法对经济活动进行评价，可以更直观和科学地反映某种经济行为可能产生的结果，从而为决策者提供是否实施该经济活动的依据。因此，成本-效益分析法是企业战略审计方法中最为适用的一种。成本-效益分析可以确保企业战略审计制定的科学合理性，使企业能以最小的投资成本取得最大的效益，即达到经济上最佳状态的收益水平。

成本与效益是相对目标而言的，效益是为实现目标所作出的贡献，成本是为实现目标所付出的代价。因此，明确项目的基本目标，是识别成本与效益的基本前提。成本计算较为复杂，如涉及对于分支机构的成本计算，需考虑资金转移定价、成本分摊、预期损失和资本分摊等多种因素。可以引入股东价值增加值（SVA）和风险调整资本收益率（RAROC）加以衡量。

股东价值增加值，即资产收益扣除作为财务成本的融资成本、经营成本和预算损失，以及作为风险成本或资本成本的分配于特定资产的经济资本所要求的最低收益。实现股东价值增加至少应解决好三个问题：一是资产定价能充分反映对应的风险并实现股东的风险溢价，使资产收益可以抵补所有分配的成本；二是对面临各种风险的各类资产或业务单元进行一致的业绩判断，获得不同资产或业务单元对股东价值贡献的具体信息；三是在此基础上确定总体的以及不同资产或业务单元的风险承担水平，并分配经济资本，继而调整资产或业务发展结构。

风险调整资本收益率表示特定资产或业务单元在扣除预期损失后的净收益与所占用经济资本的比值，RAROC较好地反映了任何资产或资产组合的资本回报水平。利用RAROC指标，可以清楚地观察到不同产品和业务单元是否在增加股东价值，以便对收益过低的项目进行取舍，将有限的资本投入到具有良好业绩和发展前景的项目之中，提高资本的整体利用效率，并有效防范风险。

（三）平衡计分卡

平衡计分卡是一种有效的战略管理体系，它能够使战略实施变得容易，把战略目标与评价指标进行分解和联系，以确保公司的战略与愿景能够贯彻和达到。而战略执行的有效性和实施效果同样是战略审计的重点，因此在战略审计中引入平衡计分卡的理念制定评价标准可以更有效地达到战略审计的目标。

平衡计分卡提供了一个全面的衡量框架，以企业的战略目标为出发点，从最关键的四个方面来评价业绩：客户维度，客户如何看我们；内部维度，如何改进流程；学习与成长维度，任何提高应变能力和创新能力的方法；财务维度，怎样满足股东。

平衡计分卡由财务、客户、内部经营过程、学习与成长等四个具有因果关系的维度构成，通过权重来平衡四个维度以及各项指标之间的关系，以一种深刻而一致的方法描述了战略在公司各个层面的具体体现，为战略管理提供了有力的支持。

从范围来看，战略审计的审计内容应能覆盖战略管理的各个层面和全过程，包含公司层战略、经营层战略和职能层战略三个层次，而平衡计分卡一般在一个战略业务单元进行应用，也有少数企业选择从总公司层次开发平衡计分卡。平衡计分卡的作用范围在战略审计范围内，且能满足战略审计的运用需要。从职能来看，平衡计分卡的主要职能是进行绩效评价和战略管理，直接帮助企业制定、实现和调整战略目标，而战略审计的职能是分析、评价与监督，通过战略审计，得出公司战略执行的有效性和战略实施的结果评价，并监督有关的责任人认真履行与战略管理有关的受托责任，战略审计也包含了平衡计分卡的职能。

以上无论是从职能，还是从运用范围上分析，平衡计分卡都是适用于战略审计的，而战略审计在平衡计分卡的实施基础上还可以对战略管理过程进行分析和监督，可以有效地帮助经营管理层实现既定的战略目标。

三、战略管理审计指标体系

一个真正的战略管理审计评价系统应该是均衡的、整体的，进行系统设计时应强调公司关键的输入、输出和过程变量。它实质上是从企业价值和企业战略的角度，对组织内各部门和员工的绩效进行评价，以便形成正确的决策和行为导向，共同努力实现企业的战略目标和提升企业价值的一种管理体系。鉴于此，在平衡计分卡的思想和方法基础上，构建一套面向客户需求、基于价值最大化和企业战略管理的审计评价系统就显得尤为重要。它是以企业战略为起点，通过绩效目标的确定，沿着部门、个人延伸到战略管理系统和激励报酬体系，再回到企业战略，构成了一个开放的管理循环，其不仅贯彻了“基于均衡价值观之上谋求企业价值最大化”的核心思想，还确立了“以人为本、客户决定一切”的应用理念。因此，可以借鉴平衡计分卡思想，即设置一套完善的考核财务、客户、内部经营过程、学习与成长等方面的评价指标体系。

（一）战略管理审计财务指标是评价体系的核心

战略管理审计最终要评价战略对股东的投资的影响，财务指标数据将有助于董事评价公司既定战略的实施效果。同时，又由于管理者对产品市场细节和公司特定情况很熟悉，他们比董事更有优势接触大量的证据，标准的财务指标便于各方理解，财务指标是战略管理评价体系的核心。在原有的财务评价指标——如经营利润、资本报酬率、销售增长率、现金流量、投资报酬率等——的基础上，还要考虑如下指标：投资的现金回报率（它是用投资的净现值除以投资额计算出来的。该指标强调现金流量而非会计上报告的收益，因而可与其他公司或市场上的回报率比较。用该指标做评价标准可使公司关注投资的现金流量），年度经济增加值（它是用股东投资收益减去投资成本计算出来的，该指标以动态方式描述经济增加程度）。

对于处于确立阶段的企业，其财务目标侧重于销售收入增长率，以及目标市场、顾客群体和销售额增长等指标。对于处于发展阶段的企业，其财务目标与获利能力相关联，如营业收入、资本报酬率和经济附加值等指标。对于处于收获阶段的企业，其财务目标更注重现金流量的最大化。可见，财务目标与企业战略是紧密结合在一起的，同样，财务考评也应与企业经营战略相结合。

（二）战略管理审计客户指标是评价体系的支撑点

客户类绩效指标的确认与计量要与企业的市场营销策略有机结合，真正体现和反映以客户为中心的企业的市场状况，指标可设计为包括衡量客户满意程度、市场占有率、产品交送货率、产品退货率、产品保修天数、市场份额、会计份额、客户保持及客户忠诚、客户获得、客户获利能力、企业在其目标市场吸引并保持客户份额的价值目标。在此基础上可以制定细分评估手段，如产品和服务属性、客户关系、形象和声誉，逐层细分，制定出评分表，每月除统计客户满意程度等各部分得分外，还可以了解各部门的业绩表现，总的累计得分又可反映企业在哪些方面未能满足客户要求及其原因等。

（三）战略管理审计内部经营过程指标是评价体系的基准点

之所以称其为基准点，是因为内部经营指标有产品制造周期、产品设计水平、工艺改造能力、生产能力利用率、安全生产率、存货周转率等，每个指标都反映了企业创造价值的能力以及对财务结果可能的影响，是战略管理绩效成败的基础。在这个过程中，企业以客户为导向，探寻客户显露出来的潜在需要，发现和培育新市场、新客户，从而创新循环表现出价值创造的增值过程。这一过程的主要考评指标是：新产品销售额在总销售额中所占的比重，专利产品销售额在总销售额中所占的比重，在竞争对手之前推出新产品的能力，开发下一代新产品的时间等。

（四）战略管理审计学习与成长指标是评价体系的发展点

学习与成长方面可由以下指标来衡量：员工满意程度、员工活动率、员工知识水平、员工培训次数、培训费比率、雇员保持、雇员生产率、战略工作覆盖率、新产品开发能力、研究开发费增长率、信息系统更新程度等。此类指标关系到企业的持续经营能力、发展潜力，涉及企业的前进方向，因此是评价体系的发展点。企业的学习与成长来自三类主要的资源：人员、信息系统和企业程序。在企业战略审计中，财务目标、客户目标和内部经营过程目标通常显示出现有的员工素质、信息系统和程序的生产能力与实现突破性业绩目标所要求的生产能力之间的巨大差距。应该说，企业能否实现财务、客户和内部经营过程等方面的目标，将取决于企业能否处理好学习与成长方面的问题。

总之，公司要考虑自身发展水平、所处行业状况及主要竞争对手情况来确定各比率的标准值，将公司的实际值与之比较，找出差异及形成原因。除了上述所列示的财务、客户、内部经营过程、学习与成长等方面的评价指标外，还要考虑内部控制体系分析指标、业务运作体系分析指标和信息系统评价指标等。这是一个完整的指标评价体系，在企业内部通过对业务的分解与协调，有效组织内部的生产及采购，并透过特定渠道将市场需求的产品制造并传递出去，以实现价值链中企业可能获取的最大利润。

●第三节　战略管理审计案例分析方法与案例分析

一、战略管理审计的案例分析方法

（一）战略管理审计案例分析步骤

1.阅读案例

大概了解公司及其环境，着手列出公司当时面临的可能的战略因素，列出可能需要的有关公司、行业和竞争者的研究信息。

2.从战略管理审计角度阅读案例

以战略审计作为分析框架再次阅读案例，你可能需要战略审计工作单的副本，以便在阅读案例时记下你的看法。战略审计提供的概念性框架是为了调查公司的使命、目标、战略和政策，也是为了了解问题、征兆、事实、看法和争议点。采用比率分析法对公司进行财务分析，并进行必要的计算把财务报表的主要部分转换为共同比报表。

3.进行外部研究

每个案例都有实际发生的决策日期。研究要基于案例叙述的那段时期，包括案例时期的环境信息，要寻找行业的平均比率。可能还需要获得有关竞争者和公司本身的更多信息。这些信息有助于进行行业分析。不要试图了解案例讨论的公司实际发生的事情。管理层的实际决策可能不是最好的方案。进行它可能会使你的分析抱有偏见，并很可能使你的建议缺乏正当的理由。

4.开始SWOT分析

外部环境分析：分析外部社会因素以了解可能影响公司所在行业的趋势。这些外部因素应是案例时期影响公司的最重要的机会与威胁。进行内部组织分析，这些因素应是案例时期公司最重要的优势或是公司的劣势。

5.撰写战略备选方案

战略备选方案与建议。开发三个相互排斥的战略备选方案。如果正在分析的案例合适，要为成长时期提出一个方案、为稳定时期提出一个方案和为紧缩时期提出一个方案。对于每项公司战略，很可能要提出相应的业务或竞争战略，可能还要提出某些相应的职能战略。为每个备选方案构思脚本，要利用在阐述一般社会趋势和行业趋势的外部研究中获得的数据，要以这些数据作为假设基础，为每个战略备选方案编制今后五年的预计财务报表。

根据脚本列出每个备选方案的利弊，明确说明在三个备选方案中建议采用哪个。根据战略审计内容对列出的战略因素的讨论选择辩护。制定政策以帮助实施战略。

6.撰写战略审计报告

战略审计报告内容包括：制订方案以实施所推荐的战略，明确说明谁对实施每项方案负责和完成每项方案需要多长时间。查阅先前为被推荐的战略编制的预计财务报表。采用共同比利润表作为预计财务报表的基础。数字仍有意义吗？若无意义，这可能是重新思考预算数字以反映被推荐的方案的好时机。

7.评估与控制

明确说明确保被推荐的战略成功的实施需要的评估与控制方式。明确说明谁对监督这些控制负责。指出是否能获得足够信息以监控战略如何实施。如果效果不佳，要建议改变信息系统，完成战略审计报告草稿。检查以确信所推荐的方案确实考虑了那些战略因素；检查报告中的错误，若用计算机，要检查拼写错误等。

（二）公司的战略审计清单

1.当前状况

从投资利润率、市场份额和利润方面看公司去年的整体表现如何？战略态势，包括公司当前的使命、目标、战略和政策是什么？具体包括：

（1）对它们的陈述清晰吗，还是隐含在表现中？

（2）使命：公司从事什么（哪些）业务？为什么？

（3）目标：公司目标、业务目标、职能目标分别是什么？它们相互一致吗？它们与使命一致吗？它们与内外部环境一致吗？

（4）战略：公司采取的战略或战略组合是什么？它们相互一致吗？它们与使命一致吗？它们与内外部环境一致吗？

（5）政策：公司的政策有哪些？它们相互一致吗？它们与使命一致吗？它们与内外部环境一致吗？

（6）当前的使命、目标、战略和政策反映公司是国际化经营，还是全球化、多国化经营？

2.公司治理与董事会

（1）谁是董事会成员？他们是内部人还是外部人？

（2）他们拥有大量的股份吗？

（3）股票是私人持股还是上市流通？有区分不同投票权的不同股票种类吗？

（4）董事会成员在知识、技能、背景和关系方面对公司有哪些贡献？

（5）他们任董事会成员多久？

（6）他们参与战略管理到什么程度？他们仅仅是例行公事地批准管理层的计划，还是积极地参与并对未来发展方向提出建议？

3.高级管理层分析

（1）什么人或集团组成了高级管理层？

（2）高级管理层在知识、技能、背景和风格方面的主要特点是什么？如果公司从事国际经营，高级管理层有国际管理经验吗？被并购企业的高层经理人员是高级管理层班子的成员吗？

（3）高级管理层对过去几年的绩效负责吗？有多少经理担任现职至少三年？他们是从内部提升上来的，还是从外部招聘来的？

（4）高级管理层建立进行战略管理的系统方法了吗？

（5）高级管理层在战略管理过程中参与到什么程度？

（6）高级管理层如何与基层管理人员和董事会相互作用？

（7）战略决策是以合乎道德和承担社会责任的方式作出的吗？

（8）股票期权在高级经理人员的报酬中起什么作用？

（9）高级管理层的能力足以应对未来可能的挑战吗？

4.外部环境：机会与威胁

（1）社会环境

①当前哪些总体环境力量影响公司和公司所在行业？哪些是目前的威胁？哪些是未来的威胁？哪些是目前的机会？哪些是未来的机会？

A.经济；

B.技术；

C.政治、法律；

D.社会文化。

②这些力量在世界其他地区不一样吗？

（2）任务环境

①什么力量驱动行业竞争？这些力量全球都一样，还是国与国之间不同？用高、中、低评价各种力量。

A.新进入者的威胁；

B.购买者的议价能力；

C.替代产品或服务的威胁；

D.供应商的议价能力；

E.有竞争关系的公司间的竞争；

F.有关的工会、政府、特殊利益群体等组织的力量。

②当前的直接环境（客户、竞争对手、供应商、债权人、工会、政府、贸易联盟、利益群体、当地社区和股东）中哪些关键因素影响公司？哪些是目前的威胁？哪些是未来的威胁？哪些是目前的机会？哪些是未来的机会？

（3）外部因素总结

这些力量中哪些力量对公司和公司所在行业目前最重要？哪些对公司和公司所在行业未来最重要？

5.内部环境：优势和劣势

（1）公司结构

①公司的结构目前如何？

②决策权集中在一个集体手里还是分散在不同的单位手里？

③公司是以职能、项目、地理为基础，还是以这些因素的结合为基础组织起来的？

④公司所有人都清晰地理解公司的结构吗？

⑤现在的结构与当前的目标、战略、政策和项目相一致吗？现在的结构与公司的国际化经营一致吗？

⑥与同类公司相比这种结构有什么不同？

（2）企业文化

①有明确的或正在形成的由共同信念、期望和价值观念构成的文化吗？

②文化与当前的目标、战略、政策和方案一致吗？

③文化对公司面临的重要问题（如生产效率、绩效、质量、对变化环境的适应性和国际化）是什么态度？

④文化与雇员的背景多样化相一致吗？

⑤公司在其他国家经营时考虑所在国（地区）的文化价值观念吗？

（3）企业资源

①营销

A.公司当前的营销目标、战略、政策和方案是什么？

- 对它们的陈述清晰吗，还是仅仅隐含在绩效和预算中？
- 它们与公司的使命、目标、战略和政策一致吗？它们与内外环境一致吗？

B.公司在国内和国际市场的市场地位和营销组合（产品、价格、渠道和促销）分析方面的表现如何？国外经营占销售额的比例是多少？现有产品分别处于产品生命周期的哪个阶段？

- 该分析显示了什么趋势？
- 这些趋势对过去的绩效有什么影响？这些趋势如何影响未来的绩效？
- 该分析支持公司过去的和待定的战略决策吗？

C.与同类型公司相比公司的营销绩效如何？

D.营销经理们运用普遍使用的营销概念和技术来评估和提高产品绩效吗？考虑产品生命周期、市场细分、市场调研和产品组合。

E.公司在其他国家经营时营销适应所在国（地区）环境吗？

F.在战略管理过程中营销经理起什么作用？

②财务

A.公司当前的财务目标、战略、政策和项目是什么？

- 对它们的陈述清晰吗，还是仅仅隐含在绩效或预算中？
- 它们与公司的使命、目标、战略和政策一致吗？它们与内外部环境一致吗？

B.公司在财务分析方面的表现如何？考虑比率分析、共同比报告和资本结构。在现金流方面，公司的产品和业务组合如何平衡？

- 这项分析显示了什么趋势？

• 按不变价计算的财务报表与按公布价计算的财务报表相比有很大差异吗？

• 这些趋势对过去的绩效有何影响？这些趋势如何影响未来的绩效？

• 该分析支持公司过去的和待定的战略决策吗？

• 财务是公司的竞争优势吗？

C.与同类型公司相比公司的财务绩效如何？

D.财务经理们运用普遍使用的财务概念或技术来评估和提升公司和分部当前的绩效吗？考虑财务杠杆、资本预算、比率分析和外汇管理。

E.公司在其他国家（地区）经营时财务适应所在国（地区）环境吗？

F.在战略管理过程中财务经理起什么作用？

③研发

A.公司当前的研发目标、战略、政策和项目是什么？

• 对它们的陈述清晰吗，还是仅仅隐含在绩效或预算中？

• 它们与公司的使命、目标、战略和政策一致吗？它们与内外部环境一致吗？

• 技术对公司绩效起什么作用？

• 在公司使命和战略既定的情况下，基础研究、应用研究和工程研究的组合适当吗？

• 研发是公司的竞争优势吗？

B.公司从研发投入中获得什么收益？

C.公司有能力进行技术转移吗？在产品和流程设计中采用并行工程和多职能工作团队吗？

D.技术中断对公司产品起什么作用？

E.与同类公司相比公司的研发投入如何？研发外包程度如何？

F.公司在其他国家（地区）经营时研发适应所在国（地区）环境吗？

G.在战略管理过程中研发经理起什么作用？

④经营与物流

A.公司当前的制造/服务目标、战略、政策和方案是什么？

• 对它们的陈述清晰吗，还是隐含在公司的绩效或预算中？

• 它们与公司的使命、目标、战略和政策一致吗？它们与内外部环境一致吗？

B.公司的经营能力是什么类型？达到什么程度？国内与国外各占多少？外购数量适应竞争需要吗？采购管理合适吗？

• 如果公司是产品导向，考虑工厂设施、制造系统的类型（连续大量生产、间歇单件小批量生产或柔性制造）、设备的年限和类型、自动化程度及作用、设备能力及利用程度、生产率、运输能力和类型。

• 如果公司是服务导向，考虑服务设施（医院、剧院或学校建筑）、经营系统的类型（对同一顾客的长期连续性服务或对不同顾客的长期间歇性服务）、救援设备的年限和类型、自动化和大型通信手段（诊断仪器、录像机）的运用程度和作用、设备能力及利用率、服务人员的效率，以及将服务人员与顾客组织在一起的运输工具的有效性和类型。

C.生产或服务设施容易受到自然灾害、本地或国内罢工、供应厂商减少或限制提供资源、原材料成本大幅增加或政府国有化的影响吗?

D.人机配备(制造企业)或支持人员与专业人员配备(服务企业)合适吗?

E.与竞争对手相比公司的表现如何?库存成本(仓库)与物流成本(准时生产)平衡吗?考虑人均成本、单位材料成本和总成本;停工期;库存控制管理及服务人员的调度;生产率;设备利用率;成功服务不同类别顾客的人数(服务企业)或及时传送的订货指令的比率(制造企业)。

- 这项分析显示了什么趋势?
- 这些趋势对过去的绩效有什么影响?这些趋势如何影响未来的绩效?
- 这项分析支持公司过去的和待定的战略决策吗?
- 经营是公司的竞争优势吗?

F.经营经理们运用普遍使用的概念和技术来评估和提升绩效吗?考虑成本系统、质量控制和可靠性系统、库存控制管理、人员调度、全面质量管理(TQM)、学习曲线、安全项目,以及能提升生产和服务效率的工程项目。

G.公司在其他国家(地区)设有的生产基地经营时适应所在国(地区)环境吗?

H.外购在公司经营战略中起什么作用?

I.在战略管理过程中经营经理起什么作用?

⑤人力资源管理(HRM)

A.公司当前的人力资源管理的目标、战略、政策和方案是什么?

- 对它们的陈述清晰吗,还是隐含在绩效或预算中?
- 它们与公司的使命、目标、战略和政策一致吗?它们与内外部环境一致吗?

B.在改善雇员个人与职务的匹配方面,公司的人力资源管理表现如何?考虑流动率、抱怨、罢工、临时解雇、雇员培训和工作生活质量。

- 这项分析显示了什么趋势?
- 这些趋势对过去的绩效有什么影响?这些趋势如何影响未来绩效?
- 这项分析支持公司过去的和待定的战略决策吗?
- 人力资源是公司的竞争优势吗?

C.与同类型的公司相比较公司的人力资源表现如何?

D.人力资源经理们运用普遍使用的概念和技术来评估和提升公司绩效吗?考虑职务分析方案、绩效评估系统、自上而下的职务说明、培训和发展项目、满意度调查、职务设计项目、与工会的关系,以及自主工作团队的运用。

E.公司对职工队伍多样化的管理如何?公司的人权记录是什么?

F.公司在其他国家(地区)经营时人力资源适应所在国(地区)的环境吗?公司在发展中国家(地区)有人力资源管理的行为准则吗?准备担任管理职位的雇员接受国际派遣吗?

G.在战略管理过程中人力资源经理起什么作用？

⑥信息系统

A.公司的信息系统目标、战略、政策和方案是什么？

- 对它们的陈述清晰吗，还是隐含在绩效或预算中？
- 它们与公司的使命、目标、战略和政策一致吗？它们与内外部环境一致吗？

B.在提供实用数据库、办公自动化、辅助经理日常决策和战略决策提供必要信息方面，公司的信息系统表现如何？

- 这项分析显示了什么趋势？
- 这些趋势对过去的绩效有什么影响？这些趋势如何影响公司未来的绩效？
- 这项分析支持公司过去的和待定的战略决策吗？
- 信息系统是公司的竞争优势吗？

C.与同类型公司相比，公司的信息系统表现如何，发展程度如何？它合理地使用了互联网、内部网和外部网吗？

D.信息系统经理们运用普遍使用的概念和技术来评估和提升公司绩效吗？他们知道如何建立并管理复杂的数据库、进行系统分析和实施互动式决策，即支持系统吗？

E.公司有全球信息化和互联网实力吗？它在跨国界获取数据时有困难吗？

F.在战略管理中信息化经理起什么作用？

（4）内部因素总结

在这些因素中哪些是核心竞争力？哪些是独特能力？这些因素中哪些因素对公司和公司所在行业目前最重要？哪些因素对公司和公司所在行业未来最重要？哪些职能或活动最有可能外购？

6.战略因素分析（SWOT）

进行形势分析，外部和内部因素是对公司当前和未来绩效有重大影响的战略性因素吗？

（1）使命目标回顾

①根据关键战略因素和问题，目前的使命和目标合适吗？

②要改变使命和目标吗？如果是，如何改变？

③如果使命和目标改变了，会对公司产生什么影响？

（2）战略备选方案

①通过更加精心地实施当前采取的战略能够实现目前或经修改的目标吗？

②公司现有的可行的备选方案有哪些？它们的利弊有哪些？公司的方案能开发和通过吗？（备选方案必须与未来3～5年的社会环境、行业和公司相符合）

A.公司战略的备选方案要考虑稳定性、成长和成本削减；

B.业务战略的备选方案要考虑成本领先和差异化；

C.职能战略的备选方案要考虑强化重要的公司或业务战略。

（3）推荐战略

①详细说明所要推荐的公司、业务和职能层面的战略备选方案。要向公司不同

的事业部推荐不同的业务或职能战略吗？

②根据解决长期和短期问题及有效应对战略因素的能力来证明所推荐的方案是正确的。

③要制定或修改哪些政策以指导方案有效实施？

④所推荐的战略对公司的核心竞争力和独特能力有什么影响？

（4）实施

①实施推荐的战略要开发什么样的方案（如重组公司或实行TQM）？

A.谁来开发这些方案？

B.谁来负责这些方案？

②方案在财务上可行吗？能编制和通过预算吗？优先权和时间表适用于个别方案吗？

③需要开发新的标准作业流程吗？

（5）评估与控制

①当前的信息系统对实施行动和绩效有提供足够反馈的能力吗？

A.能准确描述地区、事业部、项目和职能的绩效吗？

B.信息及时吗？

C.公司采用标杆法来评估其职能和活动吗？

②确保行动与推荐的战略计划一致的控制措施适当吗？

A.采用的标准和衡量方法合适吗？

B.报酬体系有反映并奖励良好绩效的能力吗？

二、具体案例应用分析

战略审计在中国工商银行的应用[①]

中国工商银行战略规划是董事会在认真总结工商银行成立20多年的发展经验与规律，准确判断我国未来10年经济金融发展趋势及其对工商银行的影响，以及根据中央对国有银行转变为现代金融企业要求的基础上，审时度势地作出关于实行经营结构和经营模式转型的战略决策。中国工商银行总体战略目标是“把中国工商银行打造成为在中国最有影响力、客户服务领先、管理最好、赢利最强，在全球居于领先地位的国际金融服务机构”。

鉴于中国工商银行实施战略转型是一个复杂艰巨的长期过程，预计需要经过从2006年起到2016年的十年的时间。整个转型期的主要战略任务是：在体制上，实现产权重组和股份制改造和战略转型，全面调整资产结构、业务结构、负债结构、收益结构、客户结构、营销渠道结构以及员工知识与技能结构，使经营结构转变为传统存贷款业务与投资性、交易性和收费性业务并重，信贷资产与非信贷资产并重，贷款利差收入与非信贷收入并重的集约化、多元化和综合化结构；实现经营模式和增长方式由以规模扩张为主向以质量效益为主的转变，实现股东价值最大化和

---

① 王浩. 战略审计在国有商业银行的应用［M］. 上海：上海交通大学出版社，2007.

可持续化，同时兼顾包括客户利益、员工利益和社会利益在内的利益相关者的利益，提升核心竞争力和金融服务水平，最终实现工商银行由“大”到“优”、由“本土银行”到“国际银行”的战略转变。

为扎实推进战略转型，需要分阶段制定和落实转型目标。工商银行的发展与转型分为两个重要阶段：以2006—2008年的三年为第一战略发展阶段，以2009—2016年为第二战略发展阶段。其主要任务如下：

一是完成产权制度改革，完善公司治理机制。在成立股份公司的基础上，明晰股东大会、董事会、监事会和高管层的权责，形成科学高效的决策、执行和监督机制。全面协调推进管理体制改革，完成以客户为中心、以风险控制为主线的业务和管理流程改造，实现由“部门银行”到“流程银行”的转变；组建统一资金交易平台，实现全行资金管理一体化、经营集约化；分步实现全行财务集中，建立与绩效紧密挂钩、条块有机结合的财务资源分配体制；健全内部审计组织体系、制度架构、管理机制和报告流程，以及更为有效规范的内控体系；建立符合国际监管标准和境外上市规则的资本管理制度、财务管理制度和信息披露制度；建立以提升人力资本价值为目标的激励和约束机制，以及市场化的薪酬体系。在完成财务重组的基础上择机上市。

二是加快实行经营结构的调整，三年初步实现转型。大力推进网上银行、电话银行、手机银行和自助银行四大营销渠道的发展，增强电子银行和自助设备对物理网点的替代效应。

三是2009—2016年是转型的第二战略发展阶段，此阶段的主要任务是彻底完成经营结构的转型，目标是确保非信贷资产在资产结构中的占比维持在50%以上，非信贷收益在业务净收入中的比重不断提高，接近或达到70%，主要经营指标达到国际前10家银行的先进水平，最终实现工商银行由“大”到“优”、由本土银行到国际一流银行的战略转变。

中国工商银行战略审计组织架构如下：

中国工商银行在2004年年末成立了董事会直属的内部审计委员会，下设内部审计局和10家垂直管理的内部审计分局。这一改革从组织上保障了内部审计的独立性，确立了内部审计在中国工商银行风险管理、内部控制和公司治理中的地位和作用。中国工商银行内部审计局的工作职能定位是：通过与经营管理层、经营机构建立合作伙伴关系，运用系统化、规范化的方法评价和改善工商银行的持续健康运营过程中的风险管理、内部控制、公司治理机制的有效性，以此来增加工商银行的企业价值和提高组织运营效率。在组织建设上创建了一支独立、高效、专家型的内部审计工作团队，由董事会直接领导，由审计委员会统一管理系统机构设置、人力培训、绩效考核体系，但目前费用预算、职务升迁、薪酬福利等仍受总行管理。

垂直独立的内部审计机构为战略审计的实施打下了良好的基础，2005年年中中国工商银行董事会在对内部审计局进行调研的讲话中要求内部审计部门进一步改进内部审计工作，研究分析中国工商银行经营管理中存在的深层次问题及其原因，工作的重点要逐步由合规性、真实性审计向风险导向审计和战略审计转变。

中国工商银行内部审计局于2005年年底开展战略审计试点项目——年度审计评价，首次尝试从战略角度对总、分行经营状况进行评价。年度审计评价的目的是对全行整体风险状况及其变动趋势，风险管理、内部控制和公司治理过程的有效性进行综合的整体评价，帮助经营管理者及时识别和判断战略执行过程中存在的风险因素及其对效益和资本可能产生的不良影响，为各项经营决策提供参考依据。

中国工商银行战略审计实施流程和方法如下：

与传统审计不同的是，中国工商银行年度审计评价是通过审计视角，运用审计手段、审计方法对全行及各分行（包括境外机构）经营管理、风险管理和内部控制、过程、趋势等进行的客观综合评价，而不仅仅是一个审计项目。

中国工商银行年度审计评价实施流程如下：

第一，制定评价办法。

2005年年末中国工商银行内部审计局和部分分局组成工作小组集中对涉及审计评价工作的文件进行了研究和起草，按照“骆驼评级”原理，借鉴银监会《股份制商业银行风险评级体系（暂行）》评级规定，拟对分行实施评级分类。起草的年度审计评价办法在征求各内部审计分局反馈意见的基础上，对评价办法、评价标准、评价方案等进行了修订。

2006年年初内部审计局就年度审计评价的准备情况向董事会作了全面汇报，经董事会同意于2006年1月开始实施对2005年度总、分行的审计评价工作。

第二，评价前的准备。

收集上年内部审计成果、被评价行的年度经营管理信息外部审计监管报告以及媒体报道等基本信息。整理、筛选和初步分析，确定风险点和审计切入点，补充相关信息，支持审计结论，与管理层和外部审计监管部门进行信息沟通与交流。

第三，试点阶段。

每个分局先选取1个一级分行进行审计评价，对信息资料按照评价标准进行全面综合分析，定量指标和定性因素分析相结合，静态分析和动态分析相结合，客观、准确判断、评价，初步确定各个单项评价内容和综合评价结果，形成审计评价报告。在试点的基础上组织各内部审计分局对年度审计评价报告进行审定交流，并对评价试点工作进行总结，修改《年度审计评价办法》。

第四，全面实施审计评价。

各内部审计分局组织对余下的一级（直属）分行、直属机构进行审计评价。总行内部审计局组织各内部审计分局对年度审计报告进行审定，并在各内部审计分局评价工作的基础上，形成对全行的2005年度审计评价报告。

第五，评价结果的反馈、报告。

就审计评价内容、发现问题等与被评价机构充分沟通，被评价机构在一定时期内对审计评价结果提出反馈意见。审计评价报告完成后由内部审计局报告董事会，并召开2005年度审计评价报告总结会议，对2005年年度审计评价工作进行全面总结交流。

中国工商银行年度审计评价方法如下：

内部审计人员应按照《中国工商银行股份有限公司年度审计评价办法》和《2005年年度审计评价标准》的要求，充分利用全年现场、非现场审计，外部审计监管，现场调研以及其他检查工作成果，多渠道、全方位采集被评价单位的内外部信息，遵循重要性、风险性原则，对被评价单位开展年度审计评价。

职责分工如下：

中国工商银行内部审计局负责全行年度审计评价的组织工作，并具体负责境外机构的评价和全行的审计评价工作；直属分局负责总行本部及直属机构的年度审计评价，并协助内部审计局完成对全行的审计评价；其他9个局负责各一级（直属）分行的年度评价工作。

审计评价的对象包括：总行本部、各直属机构、各一级（直属）分行、各境外分支机构，在对上述单位评价的基础上形成对全行的审计评价报告。

评价指标如下：

根据全行、分行的不同特点，年度审计评价借鉴国际通用的评价银行整体财务实力和经营管理状况的方法体系，即“骆驼评价体系”，结合我国具体实践，设置了7大类评级指标，主要有资本充足性、资产质量状况、管理状况、盈利状况、流动性状况、市场风险状况、持续发展等七个方面，具体指标有25个定量指标、38个定性分析标准，除对内部控制状况全部采用定性分析外，对其他单项评价内容在定量分析（60%）的同时，辅之以定性分析（40%）对历史经营状况进行分析，并对未来风险状况作出趋势判断和动态预测，使评级结构更具客观性。评级办法考虑了中国工商银行对总行和分行评价的特性要求，将评级指标分为全行和分行两类。

审计评价实施效果如下：

中国工商银行年度审计评价于2006年年初试点进行，对全行37家境内分支机构2005年年度经营状况进行了评价，将全部37家分行的经营管理水平和战略执行能力分为5级。

通过审计评价，内部审计局充分肯定了中国工商银行经营管理层在2005年的战略转型中取得的成绩：

（1）通过国家注资、发行次级债券和剥离不良资产，全行资产充足率和核心资本充足率分别达到9.98%和9.01%，超过银监会8%和4%的监管标准；

（2）通过剥离、核销、压降等措施，全行不良资产率和不良贷款率分别达到2.49%和4.46%，低于银监会4%和5%的监管标准；

（3）盈利能力得到大幅提升，全年实现经营利润902亿元、账面利润280亿元，贷款拨备覆盖率和资产损失准备充足率分别达到102%和101.23%；

（4）经营结构不断优化，在传统存、贷业务稳步发展的同时，以电子银行为代表的新兴业务突飞猛进；

（5）全行持续推进全面风险管理和内部控制建设，为全行业务的发展发挥了积极的保障和促进作用。

同时发现37家分行在经营管理中存在的主要问题和不足：

（1）分行之间总体差距加大，不平衡问题更加突出；

（2）信贷资产质量的结构性矛盾突出，不良贷款存在反弹压力；

（3）部分行内部控制薄弱、管理执行力不强等问题依然存在；

（4）部分行盈利水平和盈利能力不高，市场竞争力面临挑战；

（5）主要业务市场份额出现缩减，未来发展面临较大压力；

（6）中间业务中传统业务和新兴业务的均衡性发展有待重视；

（7）负债业务多元化和创新发展有待加强。

通过这次评价工作，中国工商银行内部审计部门充分发挥了内部审计在全行战略管理、风险管理、内部控制和公司治理评价和改进中的作用，让董事会和高管层全面、客观地了解到中国工商银行的业务发展状况、经营管理水平和各项经营活动的风险状态，促进了中国工商银行建立健全内部控制体系，完善风险防范机制，提高全行的运营效率，为董事会和管理层了解全行经营状况、风险状况、内部控制状况，并据以进行决策提供了重要依据和参考。

业务题

选择上海主板或者深圳创业板的一家上市时间超过三年的公司，收集一手和二手资料，结合本章的学习，根据问题导向，运用风险评估法、成本-效益分析法或平衡计分卡，分析企业的战略管理体系、战略行为表现、战略条件变化和战略态势表现，并编写相应的战略管理审计报告。

第十一章

市场营销审计

主要知识点

本章介绍市场营销审计，主要内容包括：市场营销审计的认知，市场营销审计的基本内容，市场营销审计的程序，市场营销审计案例。

关键概念

市场营销审计；营销环境审计；营销战略审计；营销组织审计；营销系统审计；营销绩效审计

●第一节 市场营销审计的认知

一、市场营销审计的概念

市场营销活动在企业经营过程中具有非常重要的地位，因此对市场营销活动本身的评价与管理就显得非常重要。市场营销组织的任务是规划、实施和控制市场营销活动，而市场营销控制则包括年度计划控制、盈利控制、效率控制和战略控制，其中尤其以战略控制最为重要。战略控制的目的在于确保企业的目标、政策、战略和措施能够与市场营销环境相适应。在面对复杂多变的市场和环境时，企业有必要通过市场营销审计（Marketing Audit）这一工具来定期地、批判性地评估营销活动的战略、计划以及执行情况（吴健安，2007）。[①]

对于市场营销审计的基本内涵，国内外学者从不同研究视角进行了界定。“营销审计”一词最早是由Shuchman（1950）提出，他认为市场营销审计是一种检查和评价活动，其目的在于确定市场营销活动中的问题和机会，提出相应的市场营销行动计划和建议，以改进市场营销活动的效果。随后，Shuchman（1959）对其研

① 吴健安. 市场营销学［M］. 北京：高等教育出版社，2007.

究进一步深化，将其定义扩展为对所有的市场营销活动所进行的系统批评、公平的回顾和评价，认为市场营销审计既是一个公司前景的预测工具，又是一个诊断营销活动中存在问题的工具，包括对市场营销的基本目标、市场营销活动的策略、市场营销的基本假定，以及以它们为基础的市场营销方法、程序和组织的评价，以有效地执行市场营销政策，实现组织的预期目标（富闽鲁，2007）。[①]这一定义在美国管理协会的一份报告《控制和改善业绩》（Analyzing and Improving Marketing Performance）（AMA，1959）中被采纳（Rothe，Harvey and Jackson，1997）[②]，为后来学者研究市场营销审计提供了指导。Oxenfeldt（1966）认为，市场营销审计是对一个公司或某个特定的营销活动的全部营销投入，包括其目标、方案、执行和组织进行独立评价以确定已作出了哪些投入，同时对已作出的投入进行评价并建议未来该怎么做（韩睿，2004）。[③]Philip Kotler（1967）强调，营销审计应定期进行，而不是仅在出现危机或问题时进行。审计的内容既包括营销活动的成效，又包括营销活动的执行过程，有必要对营销活动的执行过程和效果进行综合、全面的评估，而不是仅局限于已出现的问题。Tirmann（1971）认为，市场营销审计是为帮助管理人员评价整个公司综合市场营销效果的活动，理想的市场营销审计应该是全面、定期进行的，市场营销审计涉及市场营销活动的方方面面，而且从事审计的人员应该是客观、公正的。[④]Kotler，Gregor和Rodgers（1977）[⑤]发表了《营销审计时代的到来》一文，他们在文中明确提出了营销审计的定义，即对企业的营销环境、营销目标、营销战略、营销组织、营销绩效等一系列营销活动，进行全面、系统、独立和定期的审查，以寻找市场机会，发现营销管理存在的问题，寻求改进营销的有效途径，提出正确的营销战略计划，以提高营销效果。Mokwa（1986）指出，市场营销审计定义为对一个组织的市场营销任务和政策体系、市场营销动力和市场定位、市场营销程序、市场营销绩效和市场营销潜力进行系统、客观、全面、正式的评价活动。[⑥]Martin（2003）认为市场营销审计是对企业在市场方面所做的投入的一个检验过程，其关注运行过程和结果（汤亚莉、韦俊，2006）[⑦]。

国内学者邝鸿（1990）[⑧]强调市场营销审计是对企业的市场营销环境、目标、战略、组织、方法、程序和业务等进行综合、系统、独立和定期的查核，以便确定困难所在和各项机会，并提出行动计划的建议，改进市场营销管理效果。市场营销审计实际上是在一定时期内对企业全部市场营销业务进行总的效果评价，其主要特

① 富闽鲁．制造业企业营销审计理论与应用研究［D］．天津：天津大学，2007.

② American Management Association. Analyzing and improving marketing performance：marketing audits in theory and practice［R］．AMA Management Report，1959：No. 32. ROTHE J T，HARVEY M G，JACKSON C E. The marketing audit：five decades later［J］．Journal of Marketing Theory and Practice，1997，5（3）：39-54.

③ 韩睿．西方营销审计的发展历程［J］．广东财经职业学院学报，2004（4）.

④ TIRMANN E A. Should your marketing be audited?［J］．European Business，1971（Autumn）：49-56.

⑤ KOTLER P，GREGOR W，RODGERS W. The marketing audit comes of age［J］．Sloan Management Review，1977，18（Winter）：25-44.

⑥ MOKWA M P. The strategic marketing audit：an adoption/utilization perspective［J］．The Journal of Business Strategy，1986（6）：88-95.

⑦ 汤亚莉，韦俊．国外市场营销审计研究综述以及对我国的启示［J］．科技管理研究，2006（8）：53-56.

⑧ 邝鸿．现代市场营销大全［M］．北京：经济管理出版社，1990.

点是，不限于评价某一些问题，而是对全部活动进行评价。甘碧群、盛和鸣（1996）①指出，市场营销审计是一种整体的、系统的、独立的和定期的对市场营销环境、目标、战略进行检查，发现问题，改进市场营销计划，提高市场营销效益的方法。谢获宝（2003）②认为，市场营销审计是审计人员受企业经营者的授权或委托，为了改进企业整体的市场营销管理绩效，以市场营销战略、计划、预算、规章、制度、本企业的历史指标值、同行业中优秀企业的指标值或行业的平均值等为标准，通过收集、整理和分析相关的证据，对整个企业或业务单位的市场营销环境、市场营销战略、市场营销制度、市场营销生产力、市场营销的功能领域等所进行的全面、系统、独立、定期的评价与控制活动。

总体而言，市场营销审计作为一种有效的营销管理和控制工具，可以有效克服市场营销活动的盲目性，提高市场营销活动的效率和营销资源利用效果，全面提升企业的管理水平和竞争能力。随着人们将市场营销审计用于实践中并不断地将其延伸运用到商业领域以外，诸如服务行业、保险行业等，市场营销审计的概念呈现多样化、实际化和简单化的特点。可以看出，市场营销审计随着市场营销理论和实践的进步而发展，随着市场营销环境的变迁而变得重要，随着市场营销内容的丰富、理念的提升而逐步完善（车诚，2009）③。

二、市场营销审计的特点

市场营销审计的目的在于决定问题的范围和机会，提出行动计划，以提高公司的营销业绩。其目的决定了市场营销审计具有独立性、全面性、系统性和定期性的特点（韩俊，2010）④。

1.独立性

审计的独立性体现在审计人与委托人和被审计人之间的独立，这种独立同时表现为形式独立和实质独立。而市场营销审计在很大程度上是为委托人的利益服务，并向其提出审计报告的，其独立性体现在审计人与被审计人之间的关系上。这种关系包括审计人和被审计人及其所从事的市场营销活动在财务利益、组织地位和调查自由等方面保持独立。组织地位的独立性则是在财务利益方面保持独立性的基本保障，也是确保审计结论正确、公正的重要基础。调查自由则是独立性的重要表现，市场营销审计人员需要在调查自由的基础上得出独立、客观的审计结论。

2.全面性

市场营销审计需要评价和控制影响市场营销绩效的所有因素，而不是仅限于那些明显出现问题的领域。同时，企业内部所有执行营销功能的部门都应该包含在市场营销审计范围之内，甚至企业内部的一些非营销机构，如财务部门、物流部门等，由于其行为也会影响到企业价值和经营绩效，也都应该包括在市场营销审计范围之内。

---

① 甘碧群，盛和鸣. 市场学通论［M］. 武汉：武汉大学出版社，1996.
② 谢获宝. 市场营销审计研究［M］. 武汉：武汉大学出版社，2003.
③ 车诚. 营销审计理论与评价体系研究［D］. 北京：北京邮电大学，2009.
④ 韩俊. 东光集团营销审计体系构建研究［D］. 长春：长春理工大学，2010.

3.系统性

市场营销审计必须遵循一种逻辑严密、系统合理的框架，并按一系列有序的诊断步骤进行，需要以市场营销战略、计划、规制等作为标准，在审计过程中收集真实、可靠的信息，以此为基准对市场营销的环境、战略、组织、制度、功能性活动、效率和效果作出全面系统评价，以发现市场营销活动中的问题，抓住市场中的潜在机会，帮助原有市场营销计划的落实，或修正和全面调整行动计划，然后再组织实施。

4.定期性

定期性也是市场营销审计的重要特征。企业需要每年定期对其市场营销活动进行审计。很多企业都是在销售量下降、销售人员士气低落、市场营销效率低下、市场营销效益不好或出现其他市场营销问题之后才进行市场营销审计的，这是不可取的。市场营销审计可以帮助企业预见、识别和避免各种问题的出现，必须定期执行和实施，同时还需要与时俱进，不断修正和完善各种市场营销审计基准。

第二节　市场营销审计的基本内容

市场营销审计的基本内容也是随着企业所面临的营销环境的变化而不断进行调整的。Tirmann（1971）[①]认为企业市场营销审计活动包括三个阶段：第一阶段是营销环境审计，包括对企业所在市场的评价、企业的竞争地位评估、顾客的特点分析；第二阶段是营销系统评价，包括企业的营销目标、营销计划的制订和实施情况，营销组织结构等；第三阶段是对前两个阶段所出现的问题进行进一步的细节审计活动。Kotler（1977）[②]提出了营销审计的基本内容架构，主要包括营销环境、营销目标、营销战略、营销功能、营销组织、营销绩效六大方面。每个方面又包括一些细分项。这个架构主要是基于企业内部效果的角度来考虑的。Wilson（1980）对Kotler提出的内容架构进行了补充，添加了一个新的组成部分，即在开展正式审计之前，审计人员必须要调查被审计单位的营销系统各个部门的现行需要，以及这些需要被满足的程度。Castle（1988）将对企业营销策略的外部效果评价引入营销审计内容之中。外部效果评价的对象包括竞争者、顾客、分销商、媒体等。与竞争者相比，竞争地位是否有所提高，能否满足顾客需要，分销商的绩效表现如何，媒体对企业的评价如何等，都是进行营销审计时重要的外部标杆。它们对于理解企业面临的营销问题、制订相应的改进方案是非常重要的。

当然，由于企业环境、企业能力以及资源等都会随着企业自身发展而不断变化，因此，企业需要根据市场营销审计目的和任务选择合适的审计内容，而且每个方面的具体内容还应根据审计的深度予以确定。本书中，市场营销审计的主要内容包括营销环境审计、营销战略审计、营销组织审计、营销系统审计、营销功能审

① TIRMANN E A. Should your marketing be audited? [J]. European Business, 1971 (Autumn): 49-56.

② KOTLER P. From sales obsession to marketing effectiveness [J]. Harvard Business Review, 1977 (11/12): 67-75.

计、营销绩效审计（富闽鲁，2007；张旺玉，2008①）。

一、营销环境审计

企业的营销活动都是在一定的环境下进行的，它的营销行为既要受到自身条件的限制，又要受到外部条件的影响。企业的营销活动只有主动地、充分地与营销环境相适应，才能使营销活动产生最佳的效果，从而实现企业的营销目标。市场营销环境审计包括宏观环境和微观环境两个方面，具体内容见表11-1。

表11-1 企业市场营销环境审计的基本内容

环境	分类	影响因素及需考虑的问题
宏观环境	人口	人口的规模及增长速度、年龄结构、受教育程度和地区分布
	经济	经济周期的走势及预期、信用贷款的难易程度、个人可支配的收入水平、居民的消费倾向、利率及汇率的波动
	技术	企业所拥有技术的变化趋势、企业在技术领域所占地位
	政治与法律	政府预算及采购规模、进出口限制、财政与货币政策等，以及污染控制、就业机会、产品安全、广告限定、价格控制等
	社会文化	公众对行业和企业生产的产品与技术所持态度、消费者生活方式和价值观念的变动趋势
微观环境	顾客	顾客对企业的声誉、产品质量、服务和价格的评价，及其与竞争者的比较，顾客群的购买决策特征，顾客需求变化趋势等
	竞争者	存在哪些主要的竞争者?每个主要竞争者的目标和战略、优势和不足、反应模式如何
	分销和经销商	企业的各种渠道的效率和成长潜力、针对不同渠道成员的控制策略
	供应商	供应的及时性和服务品质，用于生产的各种关键资源的可得性，供应商模式中存在的变化趋势
	辅助机构	运输服务的成本和可得性的前景，可借用的第三方物流的成本和服务水平，仓储设备的成本和可得性的前景，广告代理商、市场调研公司的效率
	公众	企业所面临的公众及其特征，应对每类公众的方式，与媒体、消协、政府的密切程度

资料来源 根据富闽鲁（2007）的观点改编。

二、营销战略审计

营销战略是企业整体战略的一个组成部分，是建立在对企业目标、市场、环境、竞争者、内部资源的全面认识的基础上，决定市场营销的组织、计划、策略等其他内容。由于营销战略审计是定期进行的，因此，许多影响营销战略的因素在发生变化时可以被及时发现，并且企业可以预计出其对营销的影响，从而采取必要的措施。营销战略审计可以作为一种很好的战略控制的工具。营销战略审计的内容见表11-2。

① 张旺玉．发达国家企业市场营销审计的经验值得借鉴［J］．经济纵横，2008（2）：117-119.

表 11-2　　营销战略审计内容

审计项目	影响因素及需考虑的问题
营销战略	营销战略与企业整体战略是否具有一致性 营销战略的类型选择是否与企业所处的成长阶段相适应 营销战略是否与企业的核心竞争力相适应 营销目标是否切实可行，是否可度量，是否有协同性 拟定的战略是否确有足够的资源予以保证 与竞争者相比，企业的营销战略的优点和缺点各有哪些 充分考虑潜在市场和新兴市场的相应对策性措施 营销战略是否具有柔性 营销战略与政府政策、法律是否抵触 营销战略实施的方便性、快捷性、实效性、可行性

资料来源　根据富闽鲁（2007）的观点改编。

三、营销组织审计

有效的营销执行要求建立一个有很强执行力的组织，将资源分配给对营销计划起关键作用的活动上，制定出相应的营销政策，建立起完善的运作程序和有效的监控评估体系，能够快速地解决计划执行过程中的问题，及时纠正和改善偏离行为。具体审计内容见表 11-3。

表 11-3　　营销组织审计内容

审计项目	审计内容
结构和人员	营销组织结构、岗位与职能设置上是否与既定的营销目标、营销战略相适应 营销组织的规模与整个企业的规模是否相适应 营销组织的层级设置是否合理，能否对企业所有的营销活动、不同的营销渠道进行有效的管理及控制 在影响顾客满意度的企业活动中,是否具有拥有适当权利、承担适当责任的高水平市场营销主管 营销机构人员是否在相关专业知识、职业操守、技能方面与企业营销活动相适应
职能部门效率	市场营销活动是否和企业的职能、产品、最终用户和地理区域最理想地匹配 产品经理是否能够规划利润还是只能预测销售额 营销组织对于企业产品或服务的定价是否合理且有效 能否动员经销商、零售商、广告代理商等对营销活动给予有力的配合 营销团队和个人有无合理、客观的业绩、能力评估体系，有无良好的激励机制，有无适当的职工培训，有无有效的监督和评价的方式方法
协调效率	营销部门与制造、研发、采购、财务等部门之间的沟通是否畅通 是否存在一定程度上的资源共享 营销部门与其他部门之间是否存在协同效应

资料来源　根据富闽鲁（2007）的观点改编。

四、营销系统审计

企业为了分析、计划、实施和控制营销工作，需要各种有价值的信息，而提供信息的任务由营销信息系统完成。而且，企业加强对市场营销部门在运营过程中的营销活动的有效性，更有赖于一套完善的营销系统。该系统主要包括营销信息系统、营销计划系统及营销控制系统，具体审计内容见表11-4。

表11-4 营销系统审计内容

审计项目	审计内容
营销信息系统	营销信息系统是否提供恰当、及时的有关市场定位及未来发展的信息 公司决策者是否恰当地使用市场营销研究结果
营销计划系统	计划制订是否经过预先环境调查、市场及企业内部情况的了解 计划是否涵盖市场状况分析、公司主要政策、销售目标、推广计划、市场调查计划、销售管理计划、损益预估及控制等方面 计划的实施时间进度是否明确且具有渐进性 计划是否以客户为导向，且能够平衡各个目标之间的关系
营销控制系统	掌握计划落实程度，实现对包括整体目标、硬性目标、软性目标的监控 实际运作中销售人员对计划的理解和认同程度及执行方法是否统一 销售人员对效率的一些关键指标的控制，如对广告效率的控制，对促销效率的控制，对分销渠道效率的控制 将各种营销信息纳入规范管理，跟踪计划执行效果 营销控制程序是否可以确保企业达到其在年度计划中设定的目标；是否可以阶段性地检查营销成本及生产率；是否可以根据控制过程的结果分别采取相应的有效对策

资料来源 根据富闽鲁（2007）的观点改编。

五、营销功能审计

营销功能审计是对产品、价格、销售人员、销售渠道等进行的审计，具体审计内容见表11-5。

六、营销绩效审计

营销绩效是营销活动中投入与产出的比较。对营销绩效的审计是从营销效果、效率和效益三方面来进行的。

1.营销效果的审计

营销效果的审计要点在于计算企业的市场占有率以及对客户态度进行跟踪审计。市场占有率表明企业在市场的份额，连续计算则能揭示企业在市场份额方面的变化。市场占有率的变动由多重因素合力所致，作为具有建设性的营销审计，应进一步稽查变化的原因。一种分析市场占有率转移的有效方式可表述如下：

$$MS=CP \cdot CL \cdot CS \cdot PS$$

表 11-5　**营销功能审计内容**

审计项目	审计内容
产品	产品组合的结构，发展目标的合理性 产品线和产品项目的发展、增减和延伸等 产品线和产品项目的改进
价格	定价的目标、政策、战略和程序，以及设定的标准 价格与产品可察觉的价值是否相符 有效使用价格手段进行促销 价格政策与分销商、经销商的要求及政府法令一致的程度 产品价格与竞争者的差距
促销	企业广告目标的合理性 广告费用是否合适，预算是如何决定的 广告主题与文稿是否有效 广告媒体是否是精心挑选的 对公共宣传项目是否有较好的策划和构思
销售人员	销售队伍按地域、市场、产品等专业化原则进行有效组织 销售人员接受充分的训练和激励，设定销售额度和评价绩效的合适程序 销售队伍的费用凭证齐全
销售渠道	渠道网络化设计使物流、资金流、信息流、促销流、谈判流在营销活动各个参与者之间有效组织与顺畅通行 渠道销售能力利用率，对中间商的信赖程度 渠道成本符合总体战略的需要，建立渠道成本的责任控制系统 与渠道成员进行信息沟通，对渠道成员的资源投入与预期效益相符

资料来源　根据富闽鲁（2007）的观点改编。

式中：MS——市场占有率；

CP——顾客渗透率（Customer Penetration），是指购买本公司产品的顾客占所有顾客的百分比；

CL——顾客忠诚度（Customer Loyalty），是指老客户购买本公司某一产品的数量占其同期购买同类产品总量的百分比；

CS——顾客选择性（Customer Selectivity），是指本公司一般顾客的购买规模相对于其他顾客规模的百分比；

PS——价格选择性（Price Selectivity），是指其他公司的平均价格相对于本公司平均价格的百分比。

2.营销效率的审计

营销效率审计的内容见表 11-6。

表11-6　　营销效率审计内容

审计项目	审计内容
推销效率审计	每个推销员平均每天推销访问次数 平均每次访问时间 平均每次推销访问达成的订购的百分比 是否有客户访问记录及汇总报告
促销效率审计	现金折扣占销售额的百分比 免费试用产品费用占销售额的百分比 附送礼品、礼券费用占销售额的百分比 广告费用占销售额的百分比 抽样调查客户对广告的认可及接受程度 营业推广后询问次数及销售额的增长率
分销效率审计	每百元销售成本中的仓储费用 每百元销售成本中的运输费用 每百元销售成本中的储运毁坏损失 平均发货时间
界面效率审计	营销部门与财务部门的凭证单据传递的平均时间 营销部门与财务部门、制造部门等有无双向信息交换机制与记录 各部门执行营销计划的同步状态

资料来源　根据富闽鲁（2007）的观点改编。

3.营销效益的审计

营销效益的审计更偏重于财务指标，其要点主要包括：（1）营销费用与销售收入的比率，进一步细分，又可分为广告费用占销售收入的比率，除广告费用外其他促销费用占销售收入的比率，市场研究费用占销售收入的比率，销售管理费用占销售收入的比率。（2）营销成本费用利润率，是企业销售利润与营销成本费用总额的比率，通过这个比率可以评价营销效益的大小，也可以评价企业对营销成本费用控制的能力和管理水平。

●第三节　市场营销审计的程序

市场营销审计的程序一般包括初审阶段、评审阶段、结论阶段和后续阶段（富闽鲁，2007）。其中初审阶段主要是拟订审计计划和建立审计标准的过程；评审阶段主要是资料取证和判断的过程；结论阶段主要是依据评审阶段的结果，按照一定的规范和程序进行总结并提出相应解决措施和策略的过程；后续阶段是追踪以及及时发现问题并进行反馈的过程。

一、市场营销审计的初审阶段

初审阶段的主要工作是明确审计目标、范围、工作的深度、信息来源、审计报告的形式，与企业的管理层达成一致，进而熟悉被审计单位情况，审查及测试营销控制和方案，制订出审计工作计划和方案。该阶段较为重要的工作即拟订审计计划和建立审计标准。

1.拟订市场营销审计计划

完整和明确的市场营销审计计划，有利于实现市场营销审计的目标，也有利于节约审计时间与审计成本，提高市场营销审计的效率和效果。审计人员需要与企业的高层管理人员沟通，明确市场营销审计的目的、范围，然后将审计工作分解为若干阶段和子项目，具体列出执行每个子项目的时间安排和审计人员。同时还要明确审计活动需要访谈的人员、时间、地点、主要内容等。由于市场营销审计计划在具体执行过程中，实际情况往往会不断发生变化，因此，应及时对营销审计计划进行修改和补充。

2.建立市场营销审计标准

市场营销审计标准是指审计人员评价被审计单位市场营销活动效率和效果的基准。审计标准具有多种来源：（1）审计人员凭其经验可以确定一些市场营销审计标准；（2）以同行业企业一些指标的平均值和共同遵循的规范作为审计标准；（3）以同行业中优秀企业的规范和标准作为审计标准；（4）综合其他企业各自优秀的业务规范和指标值（不是各个企业的全部业务，只是优秀业务）形成一个考核与评价标准体系作为审计标准；（5）以直接竞争对手制定的各项业务标准作为审计标准；（6）以本企业的计划、预算、业务规范和其他的规章制度为审计标准；（7）根据企业以往的财务和营业记录，采用统计方法求得平均值作为审计标准；（8）涉及国家法律、法规的业务项目，可以直接以法律、法规的相关规定作为审计标准。在决定市场营销审计标准时，可以利用上述一种方法或多种方法交叉使用。

从以上分析可以看出，市场营销审计标准主要分为三种类型：一是企业计划性质的标准，包括涉及企业市场营销活动的相关计划，如市场营销的战略计划、年度计划、月度计划等，根据计划编制与市场营销有关的收支和利润预算等，还包括为本年度及以后年度制定的市场营销活动的业务规范等。二是企业历史绩效性质的标准，比如企业以往的产品质量标准、服务规范标准，企业以往的销售量、销售额、销售利润、投资报酬率、销售利润率、成本利润率等指标值。三是外部标准，如竞争者的指标值和业务规范，行业平均和行业内优秀企业的指标值和业务规范等。

二、市场营销审计的评审阶段

市场营销审计评审阶段的主要工作是收集和核实数据及其他资料，查阅有关材料，进行实地访问，掌握确切情况，也就是取证和判断的过程。

审计证据是审计人员在审计过程中按照审计目标收集的，并据以得出审计结论的资料和事实，这些资料和事实是对被审计的经济活动及其属性的客观描述，是被审计的经济活动中各种发展变化和特征的真实反映。此外，营销审计在企业内部要形成制度化，也离不开营销审计工作的档案，这种档案在审计工作中被称为审计工作底稿。

营销审计工作底稿是营销审计证据的载体，是审计人员在执行营销审计过程中形成的与审计事项有关的全部工作记录和获取的资料，主要包括：(1) 审计人员在制订和实施营销审计计划时直接编制的、用以反映其营销审计思路和营销审计过程的工作记录，例如，实施具体营销审计程序的记录和资料、营销审计方案及其调整变更情况的记录，审计人员的判断、评价、处理意见和建议，审计小组讨论的记录等。(2) 审计人员从被审计单位或其他有关部门取得的、用作营销审计证据的各种原始资料，例如，企业的营销计划书、销售合同、产品目录、广告文案、消费者投诉记录等。

可见，营销审计工作底稿的全部内容，是审计人员形成审计结论、发表审计意见的直接依据。营销审计工作底稿的形成方式分为编制和取得两种。营销审计工作底稿应包括的内容有：被审计单位营销活动中存在的问题；审计过程的记录，包括审计人员选择的审计程序和审计方法，获取的审计证据及其说明等；审计人员的结论，包括对企业营销情况的评价和建议。

三、市场营销审计的结论阶段

审计结论阶段即报告阶段，主要是对审计过程中发现的问题和提出的改进意见进行书面总结，形成市场营销审计报告。市场营销审计报告，既对市场营销审计过程和结果进行了全面总结，也对被审计单位的市场营销活动及其绩效作出了评价论，还对与市场营销活动有关的各方当事人委托与受托责任履行情况进行了鉴证。营销审计报告主要包括重述市场营销审计的目标，展示市场营销审计的主要发现，对市场营销活动提出相应的建议。一份完整的市场营销审计报告应该明晰被审计单位的名称，被审计业务发生的期间或时间，市场营销审计报告的提交对象，该审计项目的目的、任务和范围，市场营销审计所涉及的主要内容，市场营销审计人员所采用的审计程序、审计标准和主要的审计证据，市场营销审计人员在执行市场营销审计时受到的约束和限制，市场营销审计人员作出的审计结论和提出的建议。

四、市场营销审计的后续阶段

后续阶段是进行追踪，主要任务是审查审计建议和意见的落实情况，促使企业贯彻实施审计建议，并在客观条件变化时及时提出修正意见。当企业的客观情况有所变化时，审计人员若在后续阶段发现重大问题，应及时写出后续审计报告，同样应以审计证据为依据，得出新的审计结论和改进建议。

●第四节　GY公司的市场营销审计案例

GY公司是A集团设在GZ地区的一家分公司，主要负责GZ地区自主品牌手机的销售。自2010年6月起，其连续4个月在集团下属所有分公司中销售业绩排名倒数第一。营销审计人员对GY公司进行全面的诊断式营销审计，力求查明业绩差的原因，查找营销操作中存在的问题，提出整改方案，提升GY公司的销售业绩。

一、GY公司的营销环境分析

市场环境主要从经济发展水平、消费者、手机销售渠道的构成以及经销商结构等方面进行分析，主要内容如下：

（1）GY公司所在省份经济总体水平比较落后，人均GDP较低，居于全国后列。山区面积大，致使交通落后，经济发展缓慢，而城市软硬件的建设落后导致大量的人才外流，外省的人才也不愿进入，但同时其城市消费水平居高不下，与其经济发展和城市建设极不对等。

（2）GY公司所在省份消费者的消费特征也呈现出一种畸形态势。整个市场消费呈现两极化。在手机消费方面，表现为高价位和低价位的机型相对畅销，而一些中端机型的销售相对乏力。

（3）手机销售渠道仍是米柜卖场与专业零售店“两分天下”的格局。实际上在GZ地区，米柜销售总体份额（含水货）还要高于专业零售店销售的总体份额。由于其所在省份没有大型家电巨鳄进入，在整个GZ地区的手机销售网点中，就形成了“两分天下”的格局。而且，米柜的小商家们为了追求相对高的利益，导致水货机成为其主要推荐的产品。

（4）GZ地区的经销商，普遍资金实力较弱且大多追求短期利益。在2010年3月经过调整之后，GY公司重新梳理了渠道，使一些资金实力不够强，又没有自有零售店的经销商逐步退出，将资源相对集中在一些资金实力和零售实力较强的经销商手中。

（5）GZ地区的网络信号较差，加之山区又多，网络运营商的服务质量对GY公司产品的销售影响较大。

（6）商家之间的利益难以平衡。GZ地区的大部分消费者仍然习惯于在米柜卖场进行“还价式”购买，这就导致米柜份额大于专业零售店的市场份额，而米柜商家需要的是既要有还价的空间，还要有足够的利润，这与专业零售店的销售方式有着根本利益的冲突。

二、GY公司的市场竞争态势分析

为了更好地描述GY公司所面临的市场竞争态势，在此用竞争态势矩阵进行分析。

1.确定竞争态势分析指标

竞争态势分析指标是根据市场营销原理及实践所构建的，涵盖市场营销审计的大致内容，具体如下：（1）广告。在区域市场竞争态势矩阵中，广告这一关键因素指的是某一品牌的分公司在该区域市场中所有广告的投放量。（2）产品质量。涉及各个品牌手机的产品质量的高低。（3）价格竞争力。反映各品牌手机在区域市场上价格竞争优势的强弱程度。（4）分公司对市场的管理控制能力。它是指各品牌的分公司对所辖区域市场中的各级经销商、市场零售价格、渠道价格体系、市场秩序的控制能力。（5）分公司对渠道规划设计的合理性。它是指为了充分把握区域市场内出现的市场机会，分公司能否根据区域市场的特点，合理规划设计渠道的能力。（6）渠道成员的忠诚度。它是指各级经销商对所经销品牌的忠诚度、认可程度。（7）顾客忠诚度。（8）顾客满意度。（9）渠道库存的合理性。它是指各级经销商库存量的合理性。合理库存量指的是一个区域市场上的经销商，为了避免出现断货现象而必须持有的库存量。（10）库存机型构成结构的合理性。它指的是各级经销商的库存中，各机型的相对构成比例的合理性。(11) 市场占有率。(12) 零售商的上柜率。它是指在某一区域内，经销GY公司手机产品的零售店的数量与所有经销手机的零售店的数量之比。(13) 零售商的主推率。它是指在某一区域内，某公司产品获得第一推荐率的零售店的数量与所有经销手机的零售店的数量之比。(14) 硬终端建设情况。它是指各品牌、各竞争对手硬终端制作的数量、质量、位置、维护状况等相关情况。(15) 软终端建设情况。软终端指的是促销员的数量、销售能力等相关情况。(16) 促销活动情况。它是指各品牌为推广促销所做的抽奖、买赠礼品等促销活动。

2.竞争态势分析

根据上述指标的基本权重（事先确定），选择GZ地区区域市场上具有代表性的手机品牌进行竞争态势分析。GY公司所在GZ地区的竞争态势分析见表11-7。

表11-7 GZ地区的区域市场竞争态势矩阵

关键因素	权重	Nokia		Moto		TCL		GY公司	
		评分	加权分数	评分	加权分数	评分	加权分数	评分	加权分数
广告	0.08	2	0.16	1	0.08	3	0.24	3	0.24
产品质量	0.09	4	0.36	3	0.27	3	0.27	2	0.18
价格竞争力	0.1	2	0.2	2	0.2	3	0.3	4	0.4
分公司对市场的管理控制能力	0.05	2	0.1	2	0.1	3	0.15	2	0.1
分公司对渠道规划设计的合理性	0.05	3	0.15	3	0.15	3	0.15	3	0.15
渠道成员的忠诚度	0.08	3	0.24	3	0.24	4	0.32	2	0.16
顾客忠诚度	0.05	4	0.2	3	0.15	2	0.1	2	0.1
顾客满意度	0.05	4	0.2	3	0.15	3	0.15	2	0.1
渠道库存的合理性	0.05	2	0.1	2	0.1	3	0.15	1	0.05
库存机型构成结构的合理性	0.03	2	0.06	2	0.06	3	0.09	2	0.06
市场占有率	0.06	1	0.06	1	0.06	4	0.24	3	0.18
零售商的上柜率	0.08	2	0.16	2	0.16	3	0.24	2	0.16
零售商的主推率	0.08	2	0.16	2	0.16	2	0.16	2	0.16
硬终端建设情况	0.05	3	0.15	3	0.15	3	0.15	4	0.2
软终端建设情况（人员推广）	0.05	1	0.05	1	0.05	3	0.15	4	0.2
促销活动情况	0.05	3	0.15	3	0.15	3	0.15	3	0.15
总计	1		2.5		2.23		3.01		2.59

从竞争态势矩阵中得出，在GZ区域市场上，GY公司的加权分数为2.59；其主要竞争对手TCL、Nokia、Moto的加权分数分别为3.01、2.5、2.23。这反映出Nokia和Moto在GZ区域市场上并不是很强势，市场占有率并不高，这一现象主要是由当地市场特点和区域消费者的心理偏好造成的。根据对全国市场的调查结果，GY公司市场占有率比TCL的市场占有率高，因此，在GZ区域市场上的占有率与全国市

场占有率存在如此大的差距反映出GY公司在GZ区域的市场竞争态势是不正常的，造成这一结果的原因是GY公司市场操作不当。

三、GY公司的营销审计

以下将从价格、渠道、促销、营销成本分析等方面对GY公司进行营销审计，进一步分析GY公司业绩差的主要原因。

（一）价格

对GY公司的价格管埋进行营销审计将考虑以下三个指标：价格竞争力、产品价格体系的合理性、对价格的管理控制能力，主要衡量GY公司在产品价格管理方面的效率和效果。

1.价格竞争力

在此采用同业比较的方法来评价GY公司价格管理的效率、效果。运用同业比较分析方法，分析找出严重偏离同业平均水平的财务数据或财务指标，从而得出会计报表相关数据的合理性。以下将GY公司的零售价格与主要竞争对手的零售价格以及其他区域市场内的价格进行同业比较。具体见表11-8、表11-9。

表11-8　**GZ地区畅销机型价格表**

品牌	畅销机型	月销量（台）	地包价（元/台）	地包发货价（元/台）	零售价（元/台）
GY公司	B182	1 130	730	1 230	1 299
XY	彩蝶A6	470	1 200	1 250	1 299
KG	E899	380	1 510	1 580	1 688
DBT	5566	590	1 230	1 280	1 398
AUX	D6	410	1 650	1 730	1 830
Moto	N359	400	1 210	1 250	1 368
Nokia	3100	550	1 600	1 650	1 780

表11-9　**ZY地区畅销机型价格表**

品牌	畅销机型	月销量（台）	地包价	地包发货价（元/台）	零售价（元/台）
GY公司	C28	163		1 150	1 220
	V18	192		1 310	1 430
XY	A6	151		1 300	1 480
	A90	257		1 980	2 140
KG	869	145		1 560	1 780
DBT	5566	624		1 300	1 480
AUX	D6			1 750	1 960
	C308			1 850	混乱
Moto	T730	114		1 890	2 050
Nokia	8250			1 150	1 280

通过同业比较，可以发现如下问题：

①GY公司的主力机型的定价不合理，价格竞争力偏弱。这主要表现为在GZ市场上的零售价格毫无竞争力，GY公司的B182、C28、V18产品定位都是中低端产品，细分目标市场是三、四级市场，这几款产品绝对是价格敏感型产品，零售价格偏高是制约销量上升的主要原因。

②“零售价格偏高”，这不符合A集团公司的市场营销总战略。GY公司需要提升这几款机型的销量，以达到规模经济销量，迅速抢占细分目标市场，扩大市场份额，打压竞争对手。而GY公司的产品零售价格偏高，直接与集团总战略相违背，这使得集团的总体市场战略无法在GZ区域市场上得以实现。

③价格偏高后，有较大的市场缝隙，给竞争对手可乘之机，GY公司将市场份额拱手相送。

2.产品价格体系的合理性

GY公司的产品价格体系不合理，突出表现为：与竞争对手相比，留给各级经销商的利润空间太小。微薄的零售利润使各级经销商的积极性严重受挫，直接导致销量、回款等业绩指标持续下滑。对渠道成员（各级经销商）进行的管理要以利益为导向，用合理的利润空间驱动渠道成员积极提高销量。规划、设计合理的产品价格体系是实现利益驱动的重要手段之一。而GY公司恰恰没有根据区域市场的特点制定合理的产品价格体系，这是GY公司产品在GZ区域市场上业绩比较差的一个主要原因。

3.对价格的管理控制能力

GY公司对市场零售价格的管理控制能力偏弱，造成区域市场零售价格不统一，零售价格体系混乱，从而导致区域市场内窜货严重，市场秩序管控不力，这是GY公司业绩下滑的又一个原因。

（二）渠道

对GY公司的渠道管理进行营销审计，将从对渠道的规划管理能力、渠道库存的合理性、渠道成员的忠诚度三个方面考察GY公司渠道管理的效率和效果。

1.对渠道的规划管理能力

GY公司的渠道建设基本情况如下：GY公司渠道设计略显混乱，如仅在一个办事处就有16个地包，供货方式非常混乱。大部分地包无零售能力，仅仅作为资金流与物流的平台。而且更为严重的是，不少地包存在的价值是仅仅为一家零售商供货。不少地包既无零售能力也无分销能力，靠物流的运转赚取中间差价，但GY公司整合地包资源的能力极差。

2.渠道库存的合理性

渠道库存的合理性指标从三个层次上分析：渠道库存量的合理性、渠道库存机型结构的合理性。

（1）渠道库存量的合理性

GY公司2010年10月销售主力手机机型的渠道库存、日平均销量、平均周转天数见表11-10。相对于目前GZ区域市场上A集团产品的终端出货量来说，GY公司渠道库存量偏大，周转天数偏长。

表11-10　**GY公司渠道库存分析表**

机型	B182	C28	V18	K8	S6
渠道库存量（台）	2 200	1 213	951	281	678
日平均销量（天）	25	23	20	36	52
平均周转天数（天）	88	53	48	8	13

（2）渠道库存机型结构的合理性（见表11-11）

表11-11　**渠道库存机型比例构成**

机型	B182	C28	V18	K8	S6
比率（%）	41	23	18	5	13

滞销的机型B182和C28的库存分别占库存总量的41%和23%，而畅销的新机型K8和S6的库存分别只占库存总量的5%和13%，这显然是不合理的。畅销的机型进不来，而滞销的机型大量积压在渠道中，导致渠道阻塞，滞销机型占用大量经销商的资金，使各级经销商无力进货（购进畅销机型）。

3.渠道成员的忠诚度

由于GY公司的价格体系设计不合理，经销商利益链维护不好，再加上渠道管理中存在的种种问题，所以造成GZ区域市场的各级经销商对GY公司的忠诚度不高，进货、回款的积极性也不高。

综上所述，GY公司对渠道的规划管理能力差，渠道规划不合理，渠道库存不合理。

（三）促销

一般而言，营销审计人员对市场推广行为进行审计的内容大致包括以下四个方面：广告、硬终端建设、软终端建设、促销活动。在此，对GY公司市场推广的营销审计主要集中在软终端建设（人员推广）方面。

通过对GY公司软终端建设的审计，发现GY公司存在如下情况：

1.软终端建设效率低下，采取高投入的人海战术

经过统计得知，2010年8月，GY公司软终端促销人员一共为443人，月度销量为14 767台，人均月销量为33.33台，人均日销量仅为1.11台，即一个促销员平均1天只能卖1台，效率严重低下的促销员3天才能卖1台。特别是自2010年6月以来，连续3个月销量下滑，可是促销员人数反而增加，日均销量连续下滑。这表明GY公司对软终端的人数没有控制好。

2.软终端高投入低产出

GY公司在软终端的管理上，总体上说存在的问题是：投入与产出失衡，投入过大，占用了太多的推广费用。人员设置与薪酬体系设置不合理，没有对优秀促销员的奖励制度，人均收入很低，无法提升工作积极性。

（四）营销成本分析

营销成本分析采用同业比较方法，将GY公司和KM公司进行比较分析。选取KM公司作为高标定位是基于如下考虑：两家公司地理位置相同，省情、民情、消费心理、消费习惯比较相似；KM公司的业绩比较好，其成本控制的方法得当，具有可参照性；两家公司同属于二类分公司，具有可比性。二者的营销成本分析对照见表11-12。

表11-12　　GY公司和KM公司的营销成本分析对照表

比较对象	GY公司				KM公司		
具体指标	项目	费用合计（元）	费用比重	成本指标	费用合计（元）	费用比重	成本指标
固定费用	工资	32 778	12.34%	7.11	73 260	16.30%	6.45
	电话补贴	18 523	6.97%	4.02	13 350	2.97%	1.18
	房屋租金	10 073.3	3.79%	2.19	10 426.67	2.32%	0.92
	办公费	3 272.3	1.23%	0.71	16 302.56	3.63%	1.44
	招待费	7 659	2.88%	1.66	5 097	1.13%	0.45
	车管费	2 916.5	1.10%	0.63	3 324.24	0.74%	0.29
	保险	8 286	3.12%	1.80	2 192	0.49%	0.19
	小计	83 508.1	31.44%	18.12	123 952.47	27.59%	10.91
变动费用	差旅费	30 009	11.30%	6.51	31 887.72	7.10%	2.81
	运杂费	2 326	0.88%	0.50	6 624	1.47%	0.58
	工会教育	4 744	1.79%	1.03		0.00%	0.00
	其他	18 452.38	6.95%	4.01	19 446.44	4.33%	1.71
	小计	55 531.38	20.91%	12.05	57 958.16	12.90%	5.10
管理费用	合计	139 039.48	52.35%	30.17	181 910.63	40.49%	16.02
管理费用率		5.36%		30.17		0.00%	0.00
推广费	人员推广	83 027	31.26%	18.01	194 006	43.18%	17.08
	销售促进	9 155	3.45%	1.99	3 705	0.82%	0.33
	广告	14 334.4	5.40%	3.11	68 701.9	15.29%	6.05
	公共关系	0	0.00%	0.00	1 000	0.22%	0.09
	专项	20 032	7.54%	4.35		0.00%	0.00
推广费用	合计	126 548.4	47.65%	27.46	267 412.9	59.51%	23.55
推广费用率		4.87%		27.46	1.95%		23.55
费用总计		265 587.88	100.00%	57.63	449 323.53	100.00%	39.56
费用率		10.23%			3.28%		
终端销量		4 609			11 357		
单台成本		57.62			39.56		

由于推广费用在营销成本中占据很大的比重，在此要重点分析两家分公司的推广费用的比例构成。二者的推广费用比例构成见表11-13。

表11-13 GY公司和KM公司推广费用比例构成比较

公司	人员推广	销售促进	广告	公共关系	专项
GY	66%	7%	11%	0	16%
KM	73%	1%	26%	0	

从表11-13中可以看出，人员推广（促销员工资）占推广费用的大部分，在此应用推广费用合理性指标评价体系，运用对比分析的方法展开分析，评价GY、KM公司推广费用使用的合理性。如：

促销员工资单台费用=促销员工资（元）÷促销员形成的销量（台）

推广费单台费用=推广费总额（元）÷总销量（台）

可以得出：

GY公司的促销员工资单台费用=83 027 ÷4 609=18（元/台）

GY公司的推广费单台费用=126 548.4÷4 609=27.5（元/台）

KM公司的相关指标计算结果、二者单台费用比较见表11-14。

表11-14 GY公司和KM公司的单台费用对比表 单位：元/台

单台费用指标	GY公司	KM公司
促销员工资单台费用	18	17
推广费单台费用	27.5	23.5

由此对比分析得出：GY公司促销员工资单台费用比KM公司高出5.56%，这说明促销员的产出效率比较低，投入较大而产出较小。造成这一结果的原因有：①GY公司的促销员配置不合理，没有把有限的人力配置在有效的零售点上。②GY公司在促销员使用上，分公司、办事处经营意识淡薄。GY公司推广费单台费用明显高出14.55%，这一数字说明GY公司推广费用的使用效率要比KM公司低很多。

四、GY公司的营销对策

基于上述分析，针对GY公司存在的问题，提出的对策建议如下：

（1）重新设计产品价格体系，根据产品定位确保所制定的价格在GZ区域市场上有竞争力。

（2）重新设计价格利益链体系，确保各级经销商有合理的利润空间，利益链不断。

（3）根据产品定位及目标细分市场，严格控制中、低端产品的零售价格，使其能迅速提升销量，实现GY公司的营销战略目的。

（4）针对GZ区域市场竞争态势，研究竞争对手的产品策略、渠道策略、促销策略，针对竞争对手的策略，制订GY公司的反击作战方案。制定有效的、有竞争力的渠道、促销等策略。

（5）强化分公司、办事处的市场管理控制能力。

（6）重新规划设计渠道。根据各区域市场的不同情况，设计长短结合的渠道模式，长渠道、短渠道各有长处，又各有短处，要因地制宜设计合理的渠道模式：宜用长渠道则用长渠道，宜用短渠道则用短渠道。

（7）分公司、办事处应注重分析渠道库存量的合理性，解决渠道不畅的问题，应用市场预测技术，力求准确预测销量，保持合理渠道库存量。

（8）在人员推广方面，分公司、办事处应强化经营成本意识，控制人工成本，使投入产出的比例合理。

（9）重新设计促销员的薪酬体系，力求使促销员的薪酬既有公平性，又有充分的激励性。兑现奖金要及时，保证一线促销员的工作激情。

（10）对分公司、办事处的核心骨干人员进行营销成本管理方面的培训，培养其经营管理意识。

复习思考题

1.营销审计的内容有哪些？

2.营销审计的步骤有哪些？

第十二章

技术创新审计

主要知识点

本章介绍技术创新审计，主要内容包括：技术创新审计的认知，技术创新审计的基准及程序，技术创新审计的框架，技术创新审计的指标体系。

关键概念

技术创新审计；技术创新审计基准；创新能力审计；创新过程审计；创新业绩审计

●第一节　技术创新审计的认知

一、技术创新审计的概念及作用

自从熊彼特（J. A. Schumpeter）在《经济发展理论》（1912）一文中开创性地提出“创新思想”，创新活动已经渗透到社会、经济、管理等诸多领域。根据熊彼特的观点，创新的内涵具备全面性特征，即包括新产品（产品创新）、新技术或新的生产方法（流程创新）、开辟新市场（市场创新）、控制原材料的新供应源（价值链上的战略创新）以及新企业组织的生成（组织创新和创业）（朱凌、许庆瑞、王方瑞，2006）[①]。创新活动已经成为企业对内外部的各种资源进行效率组合的最有效途径。

20世纪90年代前后，国外学者将审计（Audit）概念引入技术创新管理领域。V. Chiesa et.al（1996）较为完整地提出了技术创新审计（Technical Innovation Audit）的概念，它是指在创新度量的基础上，通过自身和第三方利用审计工具对企业创新活动进行鉴定和评估，找出创新现状与理想状况之间的差距，确定问题的

① 朱凌，许庆瑞，王方瑞．从研发-营销的整合到技术创新-市场创新的协同［J］．科研管理，2006（5）：1-9.

所在和需改进的环节，从而为提高创新水平和管理水平提供必要信息的过程。[①] Chiesa的观点表明技术创新审计的目标在于给企业提供从事创新活动的信息，审计对象是企业的创新活动，审计的主体可以是内部审计人员，也可以是外部审计人员。这一概念后来得到国内外学界和业界的广泛认同。国内学者陈劲等（1999）[②]指出，技术创新审计是指以技术创新的度量为基础，找出创新目前的状况和期望状况间的差距，确定问题的所在和需改进的环节，进而提供用以提高创新水平的信息，促进技术创新管理的改善，提高创新业绩。毛荐其（2000）[③]则认为，技术创新审计就是用审计的原理、方法对企业技术创新全过程进行审查、监督的管理活动。卢宁文等（2009）[④]认为，技术创新审计是独立的审计人员根据委托人的目标制定详细的、合理的评估标准，主要运用访谈和问卷调查等审计方法，评价实际的创新业绩和管理水平与确定的标准之间的符合程度，将评价的结果报告给委托人，并对企业经营管理中的薄弱环节提出改进建议。廖雅等（2010）[⑤]认为，技术创新审计是技术创新管理实践中的一项重要突破，它是指技术创新审计委员会按照一定的程序和方法，以技术创新活动为主要审计对象，查明问题并提出解决办法，以改善管理素质、提高管理水平为目的，从而促进技术创新绩效提高而进行的一种审计和技术创新相结合的活动。

从以上国内外学者的定义中可以看出，企业技术创新审计实质上是根据审计的一般原理和方法对企业技术创新的过程、业绩和相应的组织管理，进行审查和评价并提供改进意见的一种监督管理活动。技术创新审计的作用在于有效地管理技术创新，提高技术创新的绩效和保证技术创新的顺利进行（陈劲、余芳珍，2006）[⑥]：①技术创新审计能帮助发现和克服技术创新过程中存在的漏洞。技术创新审计是一种主动的“前瞻式”的评价过程，通过定期审计，管理者可以对自己的管理工作进行审视，对各个管理职能的表现进行审计，从而发现管理工作中存在的问题和漏洞，进而在造成更大损失之前及时采取措施。②帮助管理者更有效地实现技术创新目标。技术创新审计涉及项目管理的各个环节，管理者将比较容易发现存在的问题。③为管理者提供了决策标准，使管理者更容易确定如何有效地管理，如何做才能实现技术创新战略目标等，技术创新审计提供了客观依据。

二、技术创新审计模型

随着审计思想在技术创新领域的不断应用，以及企业技术创新活动的不断发展，国内外学者和研究机构在基于企业技术创新实践活动的基础上，从理论和实践两个层面提出了诸多技术创新审计模型，这些模型各具特色，模型架构、构成要素、侧重点、适用领域等都不尽相同。企业技术创新审计模型是明确企业技术创新

---

① CHIESA V，COUGHLAN P，VOSS C A. Development of a technical innovation audit [J]. Journal of Product Innovation Management，1996（13）：105-136.
② 陈劲，耿雪松，李飞宇. 技术创新审计的理论源研究 [J]. 科技管理研究，1999（6）：42-45.
③ 毛荐其. 企业技术创新审计 [J]. 科学学与科学技术管理，2000（8）：22-24.
④ 卢宁文，顾晓敏，任爱莲. 创新审计的基本内涵分析 [J]. 科技管理研究，2009（5）：13-15.
⑤ 廖雅，樊一阳，陈亚锋. 基于审计的技术创新管理研究 [J]. 技术与创新管理，2010（5）：522-526.
⑥ 陈劲，余芳珍. 技术创新SPRE审计模型及其应用研究 [J]. 研究与发展管理，2006（5）：9-14.

审计对象和审计思路的一种理论模型，它为企业技术创新审计提供了基本框架，也是确定审计内容和指标体系的基本前提（王志坚，2003）[①]。在此，将从国内外两个方面对各种技术创新审计模型略加介绍。

1.国外学者和研究机构的技术创新审计模型

（1）发达国家的技术创新调查

20世纪70年代前后，美国、英国、德国和意大利等发达国家曾先后进行技术创新调查。在获得的大量调查数据的基础上，对技术创新活动进行全面、系统的分析，以加强对企业技术创新的管理。当时，该调查分为创新项目调查和企业创新调查两种形式。创新项目调查主要以分析创新项目成功与失败的因素为目的，通过调查了解到创新失败的基本原因，一般可归为市场、技术和管理三个方面。企业创新调查则主要是以反映企业技术创新活动和影响以及技术创新成果为目的。技术创新调查及相应的测度研究为技术创新过程管理和业绩评价提供了有意义的参考标准，也为技术创新审计奠定了基础。

（2）Burgelman et al.（1988）

Burgelman et al.（1988）[②]提出了技术创新能力和业绩评价审计模型，用于对技术能力、创新战略的制定和实施以及支持它们的组织结构进行审计。该模型包括五个方面：资源的可获得性和分配（表现为R&D基金水平、技术的广度和深度、明显的竞争优势、R&D的资源分配）、对竞争对手的创新战略和产业发展的了解、对技术环境的了解、组织（表现为R&D项目的管理、R&D到生产的转化，各职能部门的集中化程度）和文化氛围、企业家的战略管理能力等。

（3）Adler et al.（1992）

Adler et al.（1992）[③]提出高标定位和企业技术职能战略评估模型。该模型认为应该以产品和战略管理过程基准定位，其实质就是通过学习和借鉴领先企业的创新实践经验、创新思想和技术创新管理方式，根据自身的战略和条件，确定合适的跟踪、模仿和赶超策略以提高自身的竞争力。同时，该模型提出了一种评估所有技术职能战略的框架。他们认为战略管理有三个主要因素：领导、政策和调节机制。在政策因素中，其分析了人事管理、技术项目管理和质量控制管理等管理过程，知识产权、基金、设备和设施等资源，组织结构、职能联系、与外部的联系和规章遵守等方面的作用。该模型最重要的贡献是将成功的创新与相应的管理过程相互结合起来。

（4）《奥斯陆手册》（1992）

《奥斯陆手册》（Oslo Manual）是由经济合作与发展组织（OECD）和欧盟统计署（Eurostat）联合开发的，是OECD向成员国（地区）推荐的测度科技与创新活

---

① 王志坚. 企业技术创新审计模型及审计内容的探讨［J］. 企业活力，2003（9）：52-53.

② BURGELMAN R A，KOSNIK R J，VAN DEN POEL M. Toward an innovative capabilities audit framework ［M］// BURGELMAN R A，MAIDIQUE M A. Strategic management of technology and innovation. Homewood，IL：Richard D. Irwin Press，1988：31-44.

③ ADLER P S，MCDONALD W，MCDONALD F. Strategic management of technical functions ［J］. Sloan Management Review，1992，33（2）：19-37.

动、收集和解释创新数据的指南。它是用于测度和解释科技与创新相关数据的系列手册之一。这一系列包括指南、准则和手册，涵盖研发（《弗拉斯卡蒂手册》）、全球化指标、专利、信息社会、科技人力资源（《堪培拉手册》）和生物统计等内容。在总结OECD内部各成员国（地区）创新调查经验的基础上，对技术创新过程进行分解，并为创新效果提供度量标准，强调技术创新投入与产出的指标，而不是对创新内部过程的描述。因此，《奥斯陆手册》的主要特征可以概括为技术创新投入与产出的审计。《奥斯陆手册》通过对一系列的绩效指标——如新构想的数量、产品生命周期、投入市场的时间等——进行评价，进而评价企业技术创新的情况。

（5）V. Chiesa等人（1996）

V. Chiesa等人（1996）借助英国工业部和商务部的支持，提出了一个较为完善的技术创新过程审计模型。该模型认为完整的技术创新过程可以分为核心过程和支持系统。其中核心过程包括概念产生、技术获得、产品开发和工艺创新；支持系统包括资源供给、领导和系统工具；创新过程的结果是创新绩效。该模型认为企业技术创新审计不仅需要对创新业绩进行审计，更需要对创新过程进行审计，后者有助于寻找企业技术创新现状的问题所在和需要改进的环节。

2.国内学者和研究机构的技术创新审计模型

随着国外学者对于技术创新审计研究的不断深入，国内学者也逐渐开始关注技术创新审计的相关问题，并结合我国企业技术创新活动的基本特性，提出了各具特色的技术创新审计模型。

（1）陈劲及其研究团队

陈劲教授是国内较早关注技术创新审计方面的学者，其研究团队在不断关注国外研究成果动态的同时，还基于我国企业技术创新的具体活动和实践，提出了诸多具有可行性和操作性的技术创新审计模型，具体如下：

陈劲、耿雪松和理查德·史密斯（1997）[①]在结合Chiesa的过程审计模型和“奥斯陆”技术创新统计模型的基础上，提出了用于全面审计企业创新业绩的C-S模型。该模型构建了一些审计指标，如普通经济指标（销量、利润、总资产、职工数、技术和销售人员数、技术和设备水平等）、产品创新数（突破创新和渐进创新）、工艺创新数、创新战略（研制还是购买）、创新成本（具体的资金来源的细目）、创新收益（新产品销售、新技术转让）、创新过程（各阶段的特征）、创新能力的系统要素和定位等来帮助企业审计整个技术创新过程。

陈劲、耿雪松（1999）[②]在Chiesa模型的基础之上，从核心过程（包括产品开发、工艺创新和技术获得等维度）和周边系统（包括创新战略、组织环境、资源供给和技术积累等维度）两方面要素，在对6家企业进行了技术创新审计实证分析的基础上，提出了创新成长-均衡-新成长的创新管理路径。

---

① 陈劲，耿雪松，史密斯. 技术创新审计：理论框架与中加比较［J］. 科研管理，1997（6）：21-28.
② 陈劲，耿雪松. 基于审计的企业技术创新管理［J］. 管理工程学报，1999（3）：1-4.

李飞宇、耿雪松（1999）[①]在借鉴Chiesa模型的核心过程和支持系统概念，以及两种审计尺度——过程审计和业绩审计——的基础上，开发了“Chiesa拓展模型”，将过程审计分为核心过程、周边系统、技术积累三大部分。其中，核心过程包括技术获得、产品开发、工艺创新；周边系统包括技术战略、外部连接、组织环境、资源供给；技术积累包括技术能力积累和学习过程。

陈劲、龚焱（2002）[②]运用技术创新高标准定位研究方法，从技术创新能力、技术战略、组织环境、资源管理和技术创新业绩等5个方面实施了技术创新审计的实践应用。

陈劲、陈钰芬（2006）[③]指出了目前技术创新绩效评价指标体系过度注重投入指标，忽视了技术创新过程绩效和技术创新产出绩效，提出一个涵盖创新过程绩效（反映技术创新活动管理水平）和创新产出绩效（反映经济效益、直接技术效益和技术累计效益）的两维度技术评价指标体系。

陈劲、余芳珍（2006）[④]在综述国内外学者研究成果的基础上，从战略（Strategy）、流程（Process）、资源（Resource）和环境（Environment）等创新能力方面对企业技术创新情况进行考核，提出技术创新审计的SPRE审计模型，强调在整个审计过程中，需要形成一种以战略为引导，流程为本，资源为关键和环境为保证的审计理念。该模型从创新战略（战略制定、内容和实施）、创新流程（组织结构、组织内整合学习和价值链整合学习）、创新资源（信息资源、人力资源和资金资源）和创新环境（文化和制度）等四个维度对企业创新能力进行审计。

（2）马宁、官建成（1999）

马宁、官建成（1999）[⑤]的研究指出技术创新是一种集技术、设计、制造、管理和商业化于一体的全过程，确定了技术创新能力的审计内容和审计基准，包括R&D能力（R&D战略制定、项目的选择和计划管理、跨部门团队、与其他部门的合作关系、R&D投入产出）、生产制造能力（参与创新程度、设备水平、制造过程的质量和成本管理）、市场营销能力（市场监测、销售渠道、售后服务、营销水平）和组织管理能力（组织结构、专业化程度、激励和奖惩机制、组织界面管理）等内容要素。

（3）毛荐其（2000）

毛荐其（2000）[⑥]认为，企业技术创新可以分为立项、实施和评价等过程，所以企业技术创新审计也可分为立项审计、实施审计和成果审计三个阶段。其中立项审计包括项目市场前景审计（市场调查、市场需求和产品改进）、项目审计（新颖性、技术可行性、经济合理性）、公司资源审计、创新策略重点审计；实施审计包

---

① 李飞宇，耿雪松．技术创新审计应用实证研究［J］．科学管理研究，1999（5）：34-39.
② 陈劲，龚焱．技术创新高标准定位研究：新理论模型构建与分析［J］．管理工程学报，2002（4）：28-32.
③ 陈劲，陈钰芬．企业技术创新绩效评价指标体系研究［J］．科学学与科学技术管理，2006（3）：86-91.
④ 陈劲，余芳珍．技术创新SPRE审计模型及其应用研究［J］．研究与发展管理，2006（5）：9-14.
⑤ 马宁，官建成．企业技术创新能力审计内容及审计基准［J］．中国软科学，1999（5）：80-85.
⑥ 毛荐其．企业技术创新审计［J］．科学学与科学技术管理，2000（8）：22-24.

括技术创新战略审计、技术创新策略审计、创新路线审计、创新管理审计、创新文化审计；成果审计包括项目总结评价和市场创新审计。此外，其还提出了技术创新审计的基本程序：首先设立技术创新标准或模型，然后把企业技术创新各阶段的做法同标准相比较，从而发现问题，找出差距，采取措施进行调整甚至重做。

（4）陈光（2005）

陈光（2005）[①]在明确高标定位的基础上，提出了技术创新协同管理的审计模型，体现了技术创新的动态性和过程性的思想。该模型主要涉及核心过程和辅助过程两大部分，模型分解为市场信息获取、工艺创新、资源条件、技术信息获取、技术战略、文化因素、产品创新、组织要素、系统和工具等部分。

从以上可以看出，技术创新审计是以企业创新活动为中心的经济管理工作，通过追踪创新过程，评价创新投入、创新能力和创新绩效，以期发现企业创新过程的不足和问题。因此，根据各个模型所关注的焦点，可以将技术创新审计模型分为四类（桑辉、盛亚，2002；廖雅等，2010），即基于创新过程的创新审计模型、基于创新能力的创新审计模型、基于创新绩效的创新审计模型和全面创新审计模型。各类模型的基本特征比较见表12-1。

表12-1　**技术创新审计模型特征比较**

创新审计模型	审计对象	审计方法	审计时间	审计结果
创新过程审计	过程和环节	多种	事中	创新过程监控
创新能力审计	技术及相关能力	技术评估	事中和事后	创新能力提升
创新绩效审计	效率和效果	多种	事中和事后	创新绩效比较
全面创新审计	创新各个要素	多种	事前、事中和事后	创新水平提升

资料来源　桑辉，盛亚．技术创新审计问题研究［J］．科学学与科学技术管理，2002（5）：20-22.

基于创新过程的创新审计模型包括Chiesa模型，陈劲、耿雪松和史密斯提出的C-S模型等，其基本思想都是通过设计系列的创新过程审计指标以监控企业创新活动。基于创新能力的创新审计模型包括Burgelman的创新能力审计模型和Adler的创新战略能力要素模型，以及马宁、官建成的创新能力四要素模型等，其基本思想是以对创新能力影响要素和创新能力表现形式给予度量和评价。基于创新绩效的创新审计模型包括Chiesa模型和陈劲、陈钰芬的创新评价模型等，都关注创新业绩审计，即对创新各环节和创新过程的绩效以及对市场和企业竞争力的影响进行评价。全面创新审计模型是以全面创新管理理论为出发点，以创新要素的诸多方面为审计对象，包括陈劲、龚焱的五要素创新审计模型和陈劲、余芳珍的SPRE审计模型以及陈光的创新协同管理审计模型等，这些模型大多是从战略、流程、资源、环境、能力、创新产出等方面对企业创新的全过程进行测度、度量和评价的。以上各类模

① 陈光．企业协同创新管理的高标准定位与审计［J］．管理学报，2005（3）：327-332.

型的构成及适用情况见表12-2。

表12-2 **模型构成及适用情况比较**

模型类型	具体模型	审计基本内容	适用国家	适用行业
创新过程审计模型	Chiesa模型	产品开发、工艺创新、技术引进、领导、辅助工具	英国企业	印刷、化工
	C-S模型	普通经济指标、产品创新数、创新成本、创新收益	中国企业	电器、机械、纺织
	Chiesa模型拓展	核心过程、周边系统、技术积累	中国企业	制造
	毛荐其模型	立项审计、实施审计和成果审计	中国企业	未运用
创新能力审计模型	Burgelman模型	对技术环境、组织和文化氛围、资源可获得性和分配、竞争对手的创新战略和产业发展的了解，企业家的战略管理能力	美国企业	材料
	Adler要素模型	领导、政策、调节机制	美国企业	未运用
	弗朗霍夫模型	创新过程、创新战略、创新结构、创新文化	德国企业	各行业
	快速审计模型	R&D能力、生产制造能力、市场营销、组织管理	中国企业	工业
创新绩效审计模型	奥斯陆手册	输入指标、输出指标	OECD企业	各行业
	陈劲模型	过程绩效、产出绩效	中国企业	电子、机械、钢铁
全面创新审计模型	SPRE模型	战略、流程、资源、环境	中国企业	化工、农业、物流
	拓展模型	创新过程、创新输入、创新输出、行业生命周期	中国企业	未运用
	创新协同管理审计模型	市场信息获取、工艺创新、资源条件、技术信息获取、技术战略、文化因素、产品创新、组织要素、系统和工具	中国企业	电子、通信

资料来源 根据廖雅、樊一阳、陈亚锋（2010）以及相关资料整理。

●第二节 技术创新审计的基准及程序

一、技术创新审计的基准

审计是一种财务活动，是指企业外的独立审计人员对企业的会计和财务报表系统进行审查和评价，是对会计报表和财务行为的一种校正活动（陈光，2005）。事实上，除了财务审计之外，国外还出现了生产审计、管理审计、业绩审计和社会审计等多种形式（陈劲等，1999）。技术创新审计属于管理审计（Management Audit）范畴。技术创新审计是在管理审计、高标定位和技术创新测度的基础上发展而来的（吴贵生、王毅，2009[①]；陈劲、王方瑞，2006[②]）

1.管理审计

管理审计是技术创新审计最直接的基础。二者在审计内容上有一定程度的重合，审计方法相似。1962年，美国管理协会的Jackson Martindell设计了一套用于管理审计的标准化问卷。该问卷包括301个问题，覆盖企业的经济职能、组织结构、报酬系统、R&D、领导、生产、销售等管理的各个方面。其他学者，如William Leonard（1962）和Wgiam Greenwood（1967）也分别制定出一些管理审计问卷，这些工作为后续的管理审计改进奠定了基础。管理审计能够帮助企业发现和克服管理中存在的漏洞，这正是其优点所在。定期进行的管理审计可以帮助管理者对管理工作进行审视和评估，在结果产生之前发现管理工作中存在的问题，及时采取改进措施，避免损失。同时也为管理者提供有效管理的标准，帮助企业实现目标。

2.高标定位

高标定位的基本构成可以概括为两个部分：最佳实践和度量标准。最佳实践是指行业中领先企业在经营管理中所推行的最有效的措施和方法。度量标准是指能真实客观地反映经营管理绩效的一套指标体系以及作为标杆用的一套基准数据。

高标定位的基本内涵是以行业中领先企业作为标杆和基准，通过资料收集、分析比较、跟踪学习等一系列规范化的程序，改进绩效，赶上并超过竞争对手，这个过程需要不断循环，反复展开。其基本思想包括：一是高标可比。需要找准标杆，即可以比较的最高标准，这样的高标准更有利于企业明确追赶和改进的目标。二是动态发展，具有两层含义：高标定位分析中的标杆需要动态变化以及高标定位必须不断进行，结合到动态管理之中。三是组织学习，通过高标定位分析和明确差距后，要进行组织学习，赶超所确定的标杆。四是持续改进。这是动态发展和组织学习所决定的。

3.技术创新测度

技术创新测度把与技术创新相关的各种因素用数字表达，以定量把握技术创新，是技术创新管理的一个重要环节。技术创新测度能够对企业技术创新活动进行全面和系统的分析，能为技术创新审计提供详细的实际信息，是技术创新审计的基础性工作。

以企业技术创新测度为基础的创新调查，以企业为调查对象，反映企业技术创新活动和技术创新成果，发现企业技术创新活动的影响因素及其被影响的程度。现在技术创新测度的官方指标体系来自OECD编写和修订的《奥斯陆手册》。1992年OECD出版了《奥斯陆手册》，该手册在创新理论的指导下，由来自各个国家（地区）的技术创新专家编写而成，总结了OECD各国（地区）创新调查的经验，是

① 吴贵生，王毅. 技术创新管理［M］. 2版. 北京：清华大学出版社，2009.
② 陈劲，王方瑞. 技术创新管理方法［M］. 北京：清华大学出版社，2006.

OECD推荐的技术创新测度的指南。

无论是面向创新项目的测度还是面向创新的测度，技术创新的测度研究为对技术创新的过程、行为和绩效的评价提供了许多参考标准。众多官方机构和业界研究和采用的测度体系使技术创新的量化和审计成为可能。

二、技术创新审计的程序

技术创新审计需要根据基本的审计模型及指标体系确定适合企业自身情况的系统，这是一个不断试验和调整的过程。企业要选择具有典型代表性的部门、事业部和项目团队参与，初步按照审计模型和指标体系进行审计，进而发现不足并加以修正，随后依据调整和修正后的体系对企业的技术创新进行再审计，以期获得理想目标。企业技术创新审计的基本步骤如下：

1.建立审计模型和指标体系

通常企业内部技术主管或外部专家以团队的形式，根据基本审计模型和指标体系制定具体的技术创新审计模型和指标体系，作为审计工作的指导框架。

2.利用高标定位的方法确定指标衡量基准

如果情况不允许，或者企业本身的战略意图非常清晰，则可根据战略发展目标自行设计指标体系的衡量基准。

3.审计模型和指标体系的试验和修正

通过对选择试验对象的试验，企业可以更好地调整审计系统来最大限度地适应企业现状，从而促进审计工作的顺畅推行。

4.企业整体范围内的审计推行，获取数据，并分析差距和制定相应措施

在对指标体系进行修正之后，企业需要组建一个审计小组推行企业整体范围内的审计工作。在获得数据后，由专业人员根据科学数据处理方法，寻找企业技术创新中的差距，制定对策。

5.根据对策，制定改进实施措施，并在企业范围内逐步推行，提高技术创新管理水平

上述过程常常不是单向线性推进的，更可能的情况是企业在推进审计的过程中，要经过多次试验才能确定最终的指标体系。

●第三节 技术创新审计的框架

一、基于创新过程的审计框架

技术创新过程包括技术、设计、制造和营销等诸多环节。因此，从输入到输出，技术创新过程至少涵盖三大过程：①核心过程（Core Process），把具体的产品或工艺概念转化、传递为用户体验；②支持过程（Support Process），支持核心过程进行资源转换，让战略愿景指导创新活动，并为创新活动提供基础；③创新业绩（Innovation Performance），既表现为创新过程本身，也表现为市场绩效和竞争力。核心过程包括概念产生、产品开发、过程创新和技术获取；支持过程包括领导、资

源供给和系统工具，具体如图12-1所示。

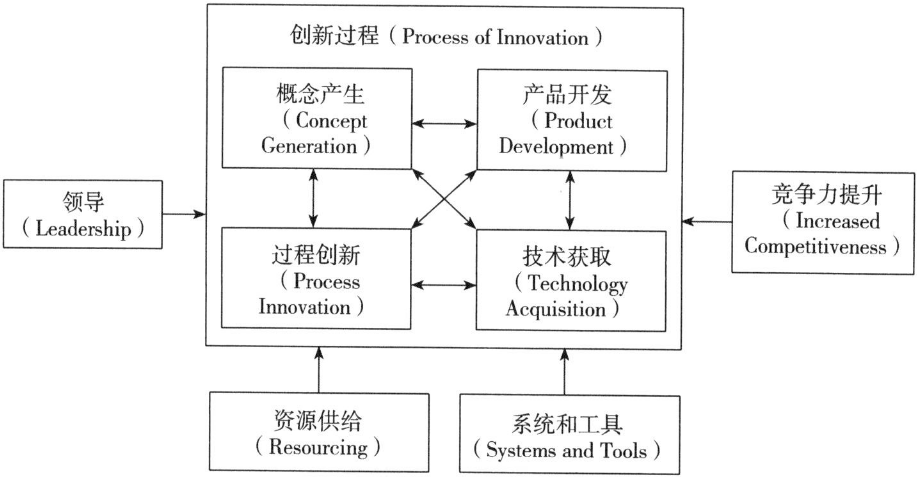

图12-1 基于过程的企业技术创新审计模型框架（Chiesa模型）

1.概念产生

概念产生是识别用户需求并运用技术能力来满足这些需求，从而产生新产品概念和已有产品的改进概念，主要包括：形成新产品构想，规划产品创新，推动和支持创造性，通过新业务推动创新四个方面的活动。

2.产品开发

产品开发是新产品概念经过开发、测试、制造直至成功上市的全过程，主要包括：产品开发的项目管理，团队工作和项目组织，从设计到制造和分销的转移，工业设计等活动。

3.过程创新

过程创新就是竞争优势的直接来源，也与产品创新间接相关，主要包括：形成生产工艺创新，实施新生产工艺，持续改进生产工艺等活动。

4.技术获取

技术获取是与监测、选择和获得技术相关的活动。新技术和技术改进可以通过内部研发或外部获取来完成，主要包括：制定公司技术战略，设定技术目标和计划，研发管理和组织，知识产权管理等活动。

5.领导

领导是高管层对战略和过程的管理，并创造和维持创新氛围。

6.资源供给

为创新进行资源供给包括下列机制和组织过程：招聘、发展、评估和激励创新需要的人力资源；为创新项目、产品开发、研发和技术获取提供资金。

7.系统和工具

系统和工具是支持创新过程的方法、系统和工具。其包含的内容主要如下：用于支持产品开发过程和跨职能沟通的系统，加快产品开发速度和提高产品开发效果的工具，设计过程中的质量管理，分析和改进创新过程质量的方法。

二、创新能力审计架构

创新能力审计可以帮助高层管理者评价公司现有创新能力的潜力，并构建一个未来发展计划，是属于战略层次的审计。通过创新能力审计明确企业的创新潜力和创新障碍，并有效制定相应的策略和措施，需要关注如下问题：①在所提出的产品、服务领域和生产、交付系统中，公司已经表现出的创新性如何？②公司当前业务、公司战略与创新能力之间的匹配程度如何？③要支持其长期经营和公司竞争战略，公司在哪些创新能力方面需要提升和发展？

创新能力存在于业务单元与公司（多业务）层级：①在业务单元中，具有独特的产品市场、竞争者与资源组合，能够确定具体战略与资源投入态势。创新能力审计要识别出影响该层次创新战略的关键因素。②在公司（多业务）中，既要识别出影响公司和业务单元层次在创新能力方面的联系的关键因素，也要识别出影响公司整体创新战略制定和实施的关键因素。因此，对于创新能力审计，需要从业务单元和公司两大层次展开。

1.业务单元的创新能力审计

业务单元的创新能力审计大致经历两个阶段：第一，需要描述创新战略。一般而言，这个层次的创新战略与新产品、新服务或新产品系统、交付系统有关，可以用进入市场时机、技术领先或追随、创新范围、创新速度等来描述。第二，需要明确创新战略的影响因素。在此有五类重要因素影响创新战略：用于创新活动的资源，从创新角度理解竞争对手战略和产业演化的能力，理解与业务单元有关的技术进展的能力，业务单元内部影响创新行为的组织结构和文化环境，处理内部创新的战略管理能力。前三类因素是业务单元创新战略制定的重要输入，后两类因素对业务单元创新战略的实施也特别重要。这五类因素综合起来就决定了业务单元创新战略的相对力量。这五类因素如图 12-2（A）所示。

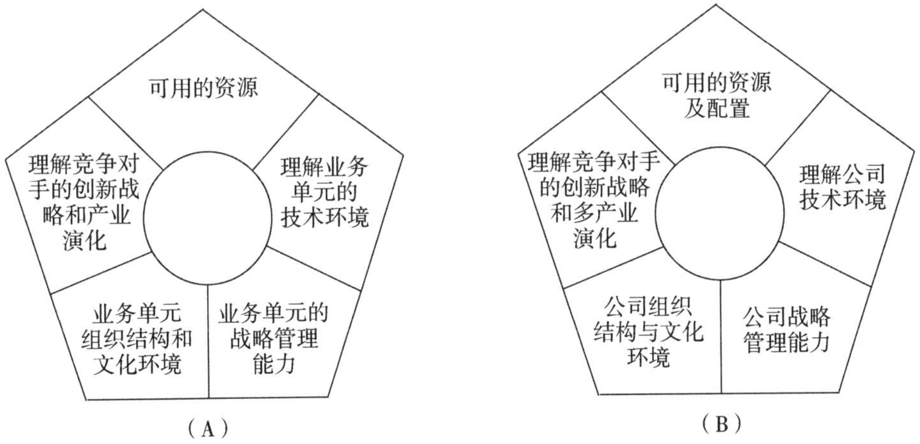

图 12-2　创新能力审计框架：业务单元层次和公司层次

资料来源　吴贵生，王毅．技术创新管理［M］．2版．北京：清华大学出版社，2009.

2.公司层次的创新能力审计

一般而言，公司层次的创新能力可以从以下方面来描述：①组合横跨当前业务单元的创新能力而产生的新产品、新服务或生产与交付系统的范围和速度；②在公司研究开发工作基础上形成新业务的范围和速度；③上述各事项的进入时机。

公司层次的审计需要考虑以上业务单元所强调的五类因素，但侧重点有所不同，这五类因素如图12-2（B）所示。具体如下：可以用于创新活动的资源及其配置（如公司研究开发资源，用于风险项目的现金）；理解多产业竞争战略和演化的能力；理解技术发展的能力；公司组织结构与文化环境；公司战略管理能力。前三类因素是公司战略制定的输入因素，后两类因素是公司战略实施的输入因素。

3.创新能力审计参照系与审计者

解释创新能力审计结果的一个参照系是历史状况——现在与过去相比如何；另一个参照系是公司相对于现有竞争者的地位。这两个参照系都能使审计者发现现有状态与期望状态的差距。

公司高层管理者要依靠其他人收集审计所需要的大量信息及其有关解释，因此需要决定，哪些信息和分析要靠内部人，哪些要靠外部人。内部人在了解公司可用资源、组织结构与文化环境方面更有优势，而外部人可能对公司战略管理能力、公司理解竞争和技术环境的能力作出更符合实际的评价。使用内部人的主要缺陷是可能带来狭隘的偏见，外部人却可能误解公司内部实际情况和提出不现实的建议。

第四节　技术创新审计的指标体系

一、创新过程审计指标体系

对于创新过程的审计，可以采用创新计分卡进行快速审计，也可以进行深度、详细的审计。创新计分卡提供创新过程及其管理的快速综合评价，是根据每个指标的定性描述对具体的评价对象计分，计分范围为1～4分。计分过程中用到高标定位的原理，可以发现审计对象现状与最佳实践之间的差距。它不仅关注每一个子过程，而且指出每个过程里需要注意的领域。详细审计之后可以获得当前做法的优点和不足等方面的信息，为学习和管理改进提供丰富的数据。创新计分卡见表12-3。

二、创新能力审计指标体系

1.业务层次创新能力审计指标

由于各个业务活动之间存在一定程度的差别，在此仅列出一些关键指标（Key Index），在应用过程中需要根据具体情况进行适当增减。

表 12-3　　**创新计分卡**

指标 \ 分数		1	2	3	4
产品创新	产生新产品概念	没有计划的新产品开发	产品概念开发在一个部门进行，只有有限的用户接触	营销和技术部门参与，在市场上进行用户需求研究，以寻找新构想	建立与用户和领先用户的直接联系，识别外在和潜在的需求，多个职能参与概念开发、筛选和早期分析
	产品创新规划	无	规划下一代产品	规划两代以上产品	长期规划三代以上产品
	创新性与创造性	控制系统和组织不鼓励创造性	新构想受到鼓励，但规避风险	鼓励承担风险，热心支持新构想	员工的创造性和创新行为受到鼓励和褒奖，常设机制为计划之外的活动提供经费
产品开发	产品开发过程	没有新产品开发规程	有简单规程用于所有项目，无并行活动	主要产品开发有项目管理和阶段评审	有成文的规程，有目标、有并行和整合活动，也有灵活程序让小项目快速运行
	团队工作与组织	没有团队工作，不同职能之间几乎不沟通	使用基于职能的团队，项目管理弱，没有其他职能参与	广泛使用跨学科团队，有明确的项目管理者，开发之前有内部的跨职能评审，但采购和供应商不参与	从项目早期就广泛使用跨学科团队、强有力的项目领导，对团队充分授权
	向制造和分销转移	没有转移程序	技术部门和制造部门在转移之前有沟通	制造和设计部门联系强	制造部门有能力测试产品原型、持续改进新产品直至上市，能够有效处理技术变化
	工业设计	从不考虑工业设计	快结束时引入设计	采用内部设计人员或外部设计咨询	工业设计人员从概念开发阶段就作为项目团队的核心成员参加

续表

指标		1	2	3	4
工艺创新	形成工艺创新构想	工艺需求和可用技术之间存在严重差距	没有制造战略，只有现成的工艺技术	制造战略确保工艺能力可以满足市场需求，投资改进已有和正在开发的技术	产品和工艺开发之间的联系强，积极获取新工艺技术的信息，验证新工艺获得经验
	实施新工艺	没有刻意关注实施	被实施为安装	跨职能实施团队	实施团队待在一起直至达到额定产能，以确保学习和改进，供应商积极参与
	持续改进	只要能用即可	集中关注保持工艺，而不是改进	持续改进，认识到工艺需求，主要是工艺部门的职责	鼓励工作团队识别改进机会，广泛使用内外部数据支持改进
技术获取	技术战略	没有技术战略，没有了解技术的机制	内向技术战略，根据一个个项目识别需求	通过每个职能监测发展趋势，产品驱动的合资和技术联盟了解技术需求	公司了解自己在技术和创新方面的核心能力，有分配资源以确立和增强核心能力的政策、监测竞争者使用的技术
	技术来源	存在非本地发明综合征，没有研发来源的计划	参加产业技术协会的活动，但几乎没有外部技术来源	与大学、公共研究所和产业协会等保持持续联系，与领先供应商和用户联系紧密	有明确的技术来源政策，包括内部研发、接受和发出技术许可、合作伙伴和外部联系
	环境与规制	没有政策和控制	有应对环境与规制的正式政策，但总的来说是被动管理	积极管理，促进适应环境和改进	积极主动地预测和顺应发展趋势，将产品和工艺设计的环境损害、健康和安全危害降到最低
领导	创新目标	管理层不参与创新	没有创新目标，董事会没有来自技术部门的代表	技术和创新能力被视为获得竞争优势的手段，并且被包含在使命陈述之中	有明确、长期的创新目标，并理解它如何影响经营战略
	产生与执行创新的过程	管理层不关心	管理层鼓励好的创新管理实践	董事会讨论创新管理、产品实现和技术获取	管理层主动作为，确保创新和产品实现管理中采用最佳实践经验
	创新氛围	管理层鼓励短期盈利和风险最小化，代价是不创新	泛泛地鼓励创新，既没有测评也没有奖励	鼓励用户导向的氛围，董事会定期评价创新绩效	管理层保证接受风险是受到鼓励的，而不是惩罚的，新构想会得到奖励。公司的技术使命在全公司得到理解和贯彻实施

续表

指标 \ 分数		1	2	3	4
资源	人力资源	没有针对创新的人力资源规划，关键技能缺失	总体而言，创新所需要的人力资源是知道的，而且可获得，但实施慢	识别创新需要的技能，通过招聘和培训而得到	开发所有职能，设置职业结构，支持创新
	资金	根据上年支出决定	投入达到产业水平，预算每年波动很大	制定研发资金政策，有机制确保供应商、制造商和支持职能的能力供给	在现金流波动的情况下尽量降低长期和短期波动，与潜在业务联系起来
系统和工具	系统	少量使用CAD信息	在职能内部使用信息系统	广泛使用信息系统，主要是单向的信息流，包括CAD和工艺仿真等，系统与供应商和用户连接	改进系统以提高设计有效性和缩短产品开发时间
	创新工具	不太使用管理和设计工具	即兴使用工具，没有明确目标	少量使用设计工具以改进产品和工艺设计，提高创新性	广泛使用合适工具来抓住用户需求，确保产品和工艺设计的有效性。使用现成的工具包，如为制造设计、为测试设计和为用户使用设计
	质量保证	非常有限的质量管理	制造中有质量控制，技术部门没有；有ISO 9000，但限于一些工艺程序	产品和工艺都有质量保证程序	有TQM，其中有创新管理改进的内容
竞争力提高	目标与测度	没有创新业绩和用户满意度测度	测度新产品的财务和销售业绩，测度产品质量	部门层次的某些创新方面有可以操作的目标	用户满意度调查反馈到创新过程之中
	创新业绩	只是用一些轶事表现业绩	在大多数领域的反映是正面的	在主要领域有良好至优异业绩，而且有证据表明这是积极创新管理的成果	在主要领域持续有优异业绩，而且这些明显是积极进行创新管理的成果

资料来源　吴贵生，王毅. 技术创新管理［M］. 2版. 北京：清华大学出版社，2009.

（1）可供运用的资源及其配置

业务单元研究开发资金投入水平（包括绝对数量、占销售额百分比、占公司全部研究开发资金投入百分比，与主要竞争者相比、与领先竞争者相比）；业务单元在以下技能领域的深度和广度（研究开发、工程化和市场研究）；在与业务单元有关的技术领域具有独特的能力；把研究开发分配到现有产品/市场；为现有产品种类开发新产品；开发新产品种类。

（2）理解竞争者的创新战略和产业演化

情报系统与可以获取的数据；识别、分析和预测竞争者创新战略的能力；识别、分析和预测产业演化的能力；预计与业务单元创新战略有关的外部促进/阻碍力量的能力。

（3）理解业务单元的技术环境

对与业务单元有关的技术的预测能力；评价与业务单元有关的技术的能力；为业务单元发现技术机会的能力。

（4）业务单元组织结构和文化环境

管理研究开发工作的机制；从研究向开发转移技术的机制；新产品开发过程中整合不同职能的机制；资助未列入计划的新产品开发请求的机制；引发员工产生新构想的机制；对创新行为的评价和奖励体系。

（5）处理创新行为的战略管理能力

业务单元管理层确定重大开发战略的能力；业务单元管理层评价创新行为战略重要性的能力；业务单元管理层评价创新行为与该单元核心能力相关性的能力；业务单元管理层指导新产品热心支持者的能力。

2.公司层级创新能力审计指标

（1）可以运用的资源及其配置

研究开发资金投入水平（绝对数量、占销售额的百分比，与主要竞争者相比、与领先竞争者相比）；公司层次人员在有关技能领域（研究开发、工程化和市场研究）拓展的深度和广度；在与多个业务单元有关的技术领域具有独特的能力；把研究开发分配到试探性研究，支持主流业务的研究开发；支持形成新业务的研究开发；支持新业务发展的研究开发。

（2）理解竞争者的创新战略和多产业演化

情报系统与可以获取的数据；识别、分析和预测竞争者横跨多个产业的创新战略的能力；对多个产业之间相互依赖的演化进行前景分析的能力；预计与公司创新战略有关的外部促进/阻碍力量的能力。

（3）理解公司技术环境

对多个领域技术的预测能力；对技术领域之间交互作用的预测能力；评价多个领域技术的能力；跨业务领域发现技术机会的能力。

（4）公司环境（组织与文化）

跨业务单元边界共享技术的机制；跨业务单元边界形成新业务机会的机制；为

管理创新投资而设计的内部和外部组织；资助未列入计划的行动请求的机制；对创新行为的评价与奖励体系；公司主流业务与创新业务之间的人员流动；主导价值观和对成功的界定。

（5）处理创新行为的战略管理能力

高层管理者确定长期重大公司发展战略的能力；高层管理者评价创新行为战略重要性的能力；高层管理者评价创新行为与核心能力相关性的能力；中层管理者与高层管理者一起工作并获得/维持对创新行为的支持的能力；中层管理者确定公司创新战略框架的能力；中层管理者指导创新经理的能力；创新经理建立新的组织的能力；创新经理为新创业务制定经营战略的能力；在主流业务之外发现和形成新业务机会的新产品热心支持者的数量。

三、创新业绩审计指标体系

公司的创新业绩可以从两个方面来衡量：一是每个核心子过程的局部业绩；二是创新过程的整体业绩，即创新过程对公司竞争力的影响。

1.核心子过程业绩审计指标体系

以下列出的关键指标仅供参考，可以根据具体情况进行适当调整。

（1）概念产生

用户满意程度、产品计划期间、平均产品生命周期。

（2）产品开发

投入市场的时间，包括从概念产生到上市的平均时间、每个阶段的时间、平均超过计划的时间；产品改进的平均时间；设计返工的平均时间；产品性能（成本、技术性能和质量）、设计（制造成本、可制造性、可测试性、产品设计返工的数量）。

（3）工艺创新

效果（每年新工艺和显著改进工艺的数量）、速度（工艺引入时间）、开发成本、持续改进（平均每个员工的改进提议数量、采用的比例等）、工艺参数年均改进率（质量成本、设计提前时间、工作进度、可靠性、停工时间、生产能力）。

（4）技术获取

平均每个新产品的研发/技术获取成本，产生新产品或改进产品、工艺创新、许可证和专利的R&D项目，最近三年（接受和发出）技术许可数量，最近三年专利数量，已完成研发项目的成本效益比。

（5）领导

来自技术和产品开发部门的人员在董事会的比例，知晓、理解创新政策和价值的员工比例，年终报告中关于创新和技术的页数。

（6）资源供给

产品开发和技术部门中从事一个职能以上工作的员工人数，因缺乏资金而延期或取消项目的比例，因人力资源不足而延期或取消的项目比例。

（7）系统和工具

利用CAD的设计师/工程师人员比例，利用CAD数据库的产品数量比例，利用专门项目的比例（QFD、快速原型等），受到DFM（面向制造的设计）训练的人员比例，受到创造性培训的团队领导比例，通过验证的工艺。

2.创新过程整体业绩审计指标体系

（1）单个创新对公司竞争力的影响（同竞争者/期望结果相比）

销售收入（当地市场、区域市场、全球市场）；市场占有率（当地市场、区域市场、全球市场）；利润。

（2）单个创新对公司产品组合的影响

创新前及创新后产品组合的销售收入，创新前及创新后产品组合的利润。

（3）系统创新对公司竞争力的影响

销售收入、市场占有率、利润。

（4）一段时间内创新对企业竞争力的影响

最近三到五年引入新产品占销售收入和利润总额的比例，最近三到五年引入的重大改进产品占销售收入和利润总额的比例。

复习思考题

1.技术创新审计模型有哪些？

2.技术创新审计的基本步骤是什么？

3.技术创新审计的指标体系有哪些？

第十三章

人力资源管理审计

主要知识点

人力资源管理是对人力这一推动整个经济和社会发展的智力资源进行有效的开发和科学合理利用的管理。在知识经济飞速发展的时代，越来越多的人力资源问题摆在了我们的面前，例如，如何确保目标与组织的整体策略步调一致、哪些领域急需改进并在问题恶化之前提出解决方案等。人力资源管理审计是针对组织内部人力资源管理的政策、制度、执行程序、操作流程和相关信息运用全面稽核等方法，以保证人力资源核算与管理的真实性、正确性和公允性。定期的人力资源管理审计可以帮助人力资源管理部门良好地发展运作。同时，审计结果可以证明人力资源管理部门是否与其他部门一样履行了既定工作任务，完成了既定目标、节约成本、保持自身的目标与组织的整体战略步调一致等。

本章介绍人力资源管理审计，主要内容包括：人力资源管理审计理论与内容，人力资源管理审计效果，人力资源管理审计案例分析。

关键概念

人力资源管理审计；人力资源管理外部审计；人力资源管理内部审计

●第一节　人力资源管理审计理论与内容

一、人力资源管理审计的发展历程

人力资源管理审计是管理审计的组成部分，它的起源可以追溯到20世纪30年代。1932年，英国机械工程师协会、生产工程师协会和英国管理协会这三大协会会员兼管理专家罗斯撰写的《管理审计》在英国伦敦出版，这可以说是探讨管理审计科学的第一部著作。在《管理审计》一书中，罗斯倡导以职能部门评价和业绩评价为核心的管理审计，即审查评价每一个职能部门的效率和业绩，这自然也包括对人力资源管理部门及其活动的审计与评价。

另一位对管理审计——包括对人力资源管理审计——作出开创性贡献的是曾任美国管理协会（AMA）主席的詹姆斯·麦肯锡（James McKinsey）。他创造性地主张应对企业定期实行管理审计，其内容包括审核企业的总体目标和政策，未来或持续进行的规划、人事、管理以及财务状况，实现从总体到个体，从各个分部到所有业务活动的全面分析与评价。应该说，到了麦肯锡时代，人力资源管理审计已经在管理审计中被明确提出。

20世纪50年代，杰克逊·马丁德尔（Jackson Martindell）出任美国管理协会会长之后，对美国数百家大公司实施了管理审计，从而推动了管理审计实务的发展。在其出版的《对管理的科学评价》一书中，马丁德尔系统地阐述了对组织中管理能力的评价问题，并明确提出10项评价标准，其中，对公司组织结构、董事会业绩分析以及对经理人的评价等领域都属于人事管理的范畴。特别重要的是，人事管理审计已经被明确表明属于美国注册会计师管理咨询服务的九大领域之一，即综合管理、财务、生产、销售、行政管理、采购、交通和运输、人事、研究与发展。①

这一时期，许多国际性会计公司纷纷设立管理咨询部门，提供人事管理审计服务。例如，厄思斯特扬兄弟合伙公司将第二次世界大战前设立的专门从事税务和管理咨询的服务部改组为管理服务部，管理服务部的职责就是为会计公司本身和客户提供有关数据处理、作业研究、组织与人事、会计与预算、市场营销的专业知识。

在管理审计与咨询发展的进程中，人事管理审计也开始呈现出相对独立的特征。1955年，纽约麦格劳希尔（McGraw-Hill）公司出版了托马斯·J.卢克（Thomas J. Luck）的《人事管理审计与评估》一书，这应该是第一部人事管理审计著作。②

20世纪60年代中期，美国产业会议委员会出版了《致高级管理层的人事管理审计与报告》。这份报告是美国产业会议委员会出版的人事管理政策研究系列中的第三份研究成果。其目的是向公司提供了解人事管理政策与程序是否得以执行的方法。在这里，人事管理审计被定义为对决定公司人事管理效果的人事政策、程序和实践的分析与评估。

到了20世纪七八十年代，随着美国对公用事业管理审计的加强，人力资源管理审计也随之得到强化与发展。1974年6月至1975年1月，纽约州公共服务委员会（PSC）对全部九大私营电力公司和煤气公用事业公司进行了一次管理审计，其中每家公司都接受了人力资源管理审计。

进入20世纪80年代，纽约州的公用事业管理审计经验引起了广泛关注。美国霍夫施特拉大学的管理学教授霍华德·戈林鲍姆发起并组织对纽约州公用事业管理审计实践进行一次系统的调查研究并出具了一份报告，将管理审计作为管理工具列

① MARTINDELL J. The appraisal of management: for executives and investors [M]. New York: Harper, 1962.

② LUCK T J. Personnel audit and appraisal [M]. New York: McGraw-Hill Inc., 1955.

人。该报告由八章组成，其中第五章专门讨论和分析了人力资源管理审计。根据普赖斯·沃特豪斯会计公司在1979年所进行的调查，管理审计范围主要有12个职能领域，包括执行管理、系统计划与设计、组织结构、燃料管理、财务管理、人力资源管理、生产效率、公司供给服务等。

20世纪90年代之后，无论从实践上，还是从理论上，人力资源管理审计开始成为一个相对独立的管理领域。除了管理咨询公司（含会计师事务所、审计师事务所）提供越来越多的人力资源管理审计咨询服务之外，政府、企业乃至非营利组织内部也都对人力资源管理审计日益关注，这种实践发展也体现在理论研究和专业教材之中。人力资源管理审计逐渐成为人力资源管理教材中独立的一章，并有专门的人力资源管理审计专著问世。比如，1999年，帕特森的《人力资源管理审计》就已经出版了第三版。[①]2003年，由爱德华兹（Jack E. Edwards）、斯科特（John C. Scott）和拉尤（Nambury S. Raju）共同主编的《人力资源项目评估手册》，为组织内部实施人力资源管理审计和专业咨询公司提供审计咨询服务准备了完整的指南。[②]

虽然人力资源管理审计已经历了80多年的发展，但无论从学科的历史还是从审计咨询实践的历史来看，人力资源管理审计都还不成熟，深度的发展才刚刚开始，这可以从关于人力资源管理审计界定和结构的经典文献中清楚地体现出来。

人力资源管理审计的早期形式为人事审计（Personnel Audit）。Geneva将人事审计定义为对人事政策、程序和实践的分析和评价，其目的是评价企业人事管理的效果。审计的程序包括收集和整理信息、分析和解释数据、评价数据和根据分析结果采取行动。早期的人力资源管理审计着重描述人力资源信息，检查管理过程的合法合规性。[③]

随着程序及制度等作用的下降、管理文化的兴起以及企业对绩效目标的重视，人事管理开始向人力资源管理转变，因而在人事审计强调人事活动和程序合法合规性的基础上，人力资源管理审计开始着重审查人力资源活动的经济性、效率性、效果性及其对现实绩效目标的影响。美国国防部审计处（The Defense Contract Audit Agency，DCAA）1997年进行的人力资源质量评估，实质上是人事审计向人力资源管理审计转变的典型案例。人力资源质量评估在关注具体的认识活动和数据的同时，开始寻求对企业目标的实现程度进行分析。

随着战略人力资源管理和人力资本理论的发展，人力资源管理审计开始朝着促进企业战略的实施和人力资本投资等方面拓展。这一阶段，人力资源管理审计的一个重要特征，就是更加强调人力资源管理的目的性，而具体审计形式则趋向于多样化，诸如战略人力资源管理审计、能力审计、生产技术准备审计、顾客满意度审计和人力资源管理合法性审计之类的多种审计形式在实践中得到广泛应用，大量的问

---

① PATERSON L T. The human resource audit［M］. 3rd ed. New York：Lexis Law Publishing，1999.

② EDWARDS J E，SCOTT J C，RAJU N S. The human resources program - evaluation handbook［M］. Thousand Oaks，CA：Sage，2003.

③ GENEVA S. Personnel audits and reports to top management［R］. New York：National Industrial Conference Board，1964.

卷调查表、平衡计分卡工具、定性和定量绩效指标、数据包分析技术等也得到开发和应用。

二、人力资源管理审计的含义和分类

（一）含义

人力资源管理审计的内涵是什么？也就是说，人力资源管理审计是如何界定的？它的结构是怎样的？对人力资源管理审计有代表性的界定来自米尔科维奇、布德罗、德斯勒、多伦和舒尔乐·柯伊等著名学者。

乔治·米尔科维奇和约翰·布德罗认为，人力资源管理审计像财务和税收审计一样，考察人力资源政策与业务是否实行并得到了遵守；是否在规定的日期内完成了对每个员工的业绩鉴定；对即将离开的员工是否进行了退出访谈；当新员工进入时，健康保险是否运行正常；每一项活动或程序是否按计划进行，是否按步骤实施，是否有适当的个人参与等。许多人力资源管理部门将人力资源管理审计看作质量管理过程中的另一个步骤。通过审计可以揭示事情是否在按计划进行，但不能揭示业务是否得当，这些业务之间是否互补，是否与实现公司目标有关。①

与米尔科维奇和布德罗更关心人力资源管理审计“事物”不同，加里·德斯勒教授更为看重人力资源管理审计的“标准”。他在《人力资源管理》一书中写道：“对于任何一家企业来说，人力资源管理审计都是一项最基本的工作，这项工作的目的是使企业的高层管理者认识到人力资源管理工作的效果如何。人力资源管理审计通常包括两部分内容：考察企业的人力资源管理应当是什么样的，以及它们实际上做得如何。其中，‘应当是什么样的’是指人力资源管理部门在广义上的使命和目标。它表明了人力资源管理是从一种什么样的哲学或基本观点出发的，确定了人力资源管理的基调。‘它们实际上做得如何’是指对实际人力资源管理状况的认识。”②

多伦和舒尔乐·柯伊的界定试图兼顾“事物与标准”。更重要的是，他们提出了一个“一般化”的定义，多伦和舒尔乐·柯伊将人力资源管理审计界定为对一个企业的所有人力资源政策与规划的系统的、规范的评价。它的重点包括：人力资源管理部门如何提高运行能力；人力资源管理部门目前的目标及战略如何支持企业的目标与战略；人力资源管理部门如何实施各种人力资源功能，诸如配置、绩效评价、处理不满情绪等。类似于财务审计，人力资源管理审计依赖于现存的记录，诸如人力资源预算和分配、培训与发展项目的类型与数量以及绩效评价记录。因此，审计可以包括一切项目，也可以具有针对性地选择某些项目。

太和顾问认为，所谓人力资源管理审计，一般是指对公司人力资源管理的政策、制度、执行程序和管理水平进行全面的稽核，以保证公司人力资源各项管理等得到有效的运行并且支撑公司的发展战略。应该说，人力资源管理审计自身是一个诊断性工具，而不是一个处方性工具，它能帮助明确组织所缺失的或需要改进的功

① 米尔科维奇，布德罗．人力资源管理［M］．彭兆祺，等，译．8版．北京：机械工业出版社，2001.
② 德斯勒．人力资源管理［M］．曾湘泉，译．10版·中国版．北京：中国人民大学出版社，2007.

能，而不能指出组织应该如何来解决这些问题。其目的在于为公司营造人力资源优势，是推动公司人力资源管理层次不断提升的重要手段，是企业人力资源管理不可或缺的重要组成部分。

人力资源管理审计是公司管理的一种基本工具，其目的不仅包括控制和量化结果，而且包括为确定公司未来人力资源管理活动而进行的广泛审核。因此，人力资源管理审计必须履行两个基本职能：第一，为了促进管理过程或人力资源的发展，人力资源管理审计必须是一个管理信息系统，该信息系统的反馈提供了有关环境的信息。第二，人力资源管理审计必须是一种对现行政策和程序进行控制和评价的方法。

（二）分类

人力资源管理审计，一般根据审计者的不同，分为内部审计和外部审计两类。相应地，人力资源管理审计的要素也因为内部审计与外部审计的不同而各有侧重。

人力资源管理内部审计，其主要的关注点是执行的过程与执行的结果，目的是要保证公司政策、制度的规定与员工行为获得一致，审计的侧重点在于做得怎么样。因此，内部审计的要素可以包括人力资源管理的全部职能，一般有人力资源管理政策与环境的适合度、人员任用、薪酬激励、绩效考核、员工的培训与发展、管理者的继承计划、人力资源信息运用、人力资源管理部门的专业化程度、人力资源各项工作的操作流程规范性等重点要素。当然也可以就某一项职能做特别审计。内部审计既可以由人力资源管理部门完成，也可以采用管理者/事业部自我检查的方式，因而，工作量相对较小，对涉及的范围、深度要求相对较低，可以定期举行。

人力资源管理外部审计，往往是关注人力资源体系对公司发展的支持程度，目的是保证人力资源体系始终能为公司达成战略目标作出贡献，能够真正在帮助公司赢得竞争优势方面发挥作用。因此，外部审计的要素一般会从管理角度出发，选择合适的审计要素。首先，要考虑外部竞争情况，在行业内选择一个竞争对手公司作为审计标杆，在条件允许的情况下，可以考虑对行业内优秀企业进行综合选择以形成标杆。对各项指标进行对比，比较人力资源体系在公司竞争中的贡献度。其次，审核公司的人力资源政策在行业内或是在同等环境中的竞争力程度。最后才是检查整个人力资源管理审计上的有效性和执行的情况。

三、人力资源管理审计的范围

（一）行政管理审计

检查组织的人事记录保存的完整情况，包括个人人事档案存放地点的安全性和保密性、一般人事文件的分类保管（如工作申请材料、薪资情况、绩效评估等）以及机密文件的保存。此类审计同时也要检查常规的人事职责，包括工资支付流程、薪资福利管理及出勤记录。

（二）员工记录审计

员工记录审计包括招聘和雇用员工的实际操作。这一领域的审计将对组织人员的流动趋势进行量化，揭示组织在满足员工需求方面存在的差距，以及帮助预测未来的人才需求。

（三）员工关系审计

员工关系审计可以通过问卷调查的方式来检查员工对人事部门处理问题的满意程度和他们的培训需求是否得到满足，同时也可以了解员工对组织所采取的有效激励机制的看法。此项审计也应对流动性和工作满意度的面谈结果进行审核。

（四）福利细项审计

福利细项审计是对公司福利方面的问题进行集中审计，如对保险公司的整体索赔管理程序进行全面审计等。

（五）多样性审计

多样性审计即对组织机构是否做到多样性进行审计。除对员工按不同的种族、宗教及性别进行分类以外，它还会测试员工对公司多样性方案的理解程度。

（六）人事信息系统审计

在组织进行合并或人事信息系统软件的更换、升级时，人事信息的整合是必不可少的，相应的审计就会很有帮助。该审计将会审计所有的软件、硬件设施以及数据集成问题。通过结果可以分析出组织究竟是需要降低信息技术的预算还是需要进行新技术的采购。

四、人力资源管理审计的项目

（一）人力规划与组织

人力规划与组织的审计要点是：是否建立了人力规划制度；审查人力规划的内容是否包括岗位职务规划、人员补充规划、教育培训规划、人力分配规划等。其包括如下内容：人力资源统筹/组织设计；人力资源规划/职位和工作分析；人力资源管理/岗位人员设置；组织信息处理/人力规划。

（二）人力配置与使用

人力配置与使用的审计要点是：招聘制度/甄选过程；人力需求/录用与使用；招聘准备工作/招聘工作的评估；内部招聘管理/人员配置；外部招聘管理/人事跟进。

（三）工作绩效的考聘

（1）绩效考核体系/工作能力考评；

（2）绩效管理制度/工作态度考评；

（3）人力资源部门角色/考评结果评估；

（4）工作业绩考评/考评结果运用；

（5）团队工作绩效。

（四）能力开发和培训

（1）员工能力开发/实施培训管理；

（2）培训制度文本/培训效果评价；

（3）培训需求设计/员工现状与心态；

（4）培训费用预算/员工职业生涯规划；

（5）员工训练项目。

（五）薪酬和福利

（1）薪酬制度/薪酬执行方式；

（2）薪酬管理/福利管理；

（3）薪酬的功能/福利的功能；

（4）工资构成体系/福利设施；

（5）工资等级与调节/社会保险审核。

（六）劳动人际关系

（1）工作目标清晰度/沟通制度；

（2）人际关系协调/沟通与理解；

（3）劳动关系管理与沟通技巧；

（4）人事行政工作/工作传递方式；

（5）细腻交流状况。

五、人力资源管理审计的应用模式

按照人力资源管理审计的概念框架所界定的受托责任主体和审计评判标准来划分，国外现有的人力资源管理审计大致可以分为合法性审计、制度审计、价值导向审计和绩效审计四种。

（一）合法性审计

合法性审计关注的焦点是企业是否遵循了相关的劳动法律法规。合法性审计产生的直接动因在于雇佣关系中的法律风险。日益复杂的法律条文和不断变化的环境，使得企业经营者在人力资源管理实践中，不得不考虑如何最大限度地避免因人力资源管理不当而产生的高昂法律诉讼成本和由此可能导致的诉讼损失等问题。由于这种审计总会或多或少地涉及组织的商业机密，包括可能已经存在的违法事实，因此这种审计往往由具备胜任能力的外部审计人员来承担。

合法性审计的一般程序是，将人力资源管理划分为若干面，如人力资源政策、人力资源档案文件管理、人力资源管理的具体程序和活动等；采用文件查阅、现场观测、调查访谈等审计技术和方法，对照现行法律法规的要求进行对比分析，评价组织人力资源管理活动的合法性，识别可能引起诉讼的风险因素；针对违反有关法律或可能引起法律诉讼的制度和程序，提出改进意见和建议，最终形成组织人力资源管理实践的合法性评价报告。

在审计内容上，合法性审计涵盖法律法规对企业雇佣关系的所有规定。审计人员应当审查公司的政策、实践以及相关的雇员招聘、使用、培训、辞退和后续管理等活动是否公平、合法。再如Spognardi指出，合法性审计应当关注的问题包括雇员操作手册、雇佣和惩罚政策、招聘和选拔程序、薪酬政策和时间、工作说明、绩效评价和雇佣关系的接触等。①

① SPOGNARDI M A. Conducting a human resources audit：a primer［J］. Employee Relations Law Journal, 1997, 23（1）：105-123.

（二）制度审计

这种人力资源管理审计首先按照一定的程序确定需要评价的人力资源管理问题。在服务复杂化、外部劳动力市场发展变化等因素一定的情况下，可以将企业的人力资源管理实践细分为不同方面分别来进行审计，如可以着眼于整个服务，也可以从其中的任何方面来考虑人力资源问题；对人力资源的利用，可以从雇主也可以从雇员的角度考虑。一般按照人力资源职能理论，人力资源管理应划分为人力资源计划、招募与配置、培训、绩效管理、薪酬与激励、人力资源信息系统等方面。

在审计领域划定后，人力资源制度审计主要关注以下问题：企业是否根据目标设定了内部控制制度？企业对这些制度遵循得如何？企业是否制定了适当的人力资源政策？这些政策的实施结果是否达到了目标？

典型的制度审计程序为：识别内部控制制度参数和管理目标；检查现行制度，并确定相关控制目标；确定能够实现控制目标的期望控制制度；将现行制度与期望制度进行比较；对控制制度进行测试；在对审计证据进行分析、综合的基础上，就控制制度是否为有效控制提供了制度保障以及在实际中是否得到了遵守等作出评价。

制度审计的目标是确定企业是否建立了能够确保人力资源有效利用的内部控制体系，检查这类制度的实施状况，并针对不足之处提出改进意见和建议。人力资源管理制度审计的隐含假设是存在最佳管理实践，如果依照最佳管理实践确定的制度或人力资源管理原则能够有效地付诸实施，人力资源管理职能就有可能经济、高效地发挥作用。有助于实现绩效目标的管理原则包括公平对待雇员，经济、有效地管理雇员，掌握全面、可靠的雇员绩效信息，识别未能实现预期绩效的雇员和根据绩效进行适当的激励。

（三）价值导向审计

价值导向审计的基本指导思想是，人力资源管理是为企业的特定价值目标服务的，通过将人力资源管理的期望结果与实际情况进行比较，可以发现企业人力资源管理的薄弱环节，从而有针对性地制订改进计划。这种审计的一般程序为：首先，识别并确定企业的目标价值及其期望状态，可以同时或顺次确定企业人力资源管理各专项内容的期望状态。其次，通过一定的技术方法，如生产技术准备审计中的技能和知识应用矩阵，对比分析组织现状与未来期望的差距。最后，根据差距分析，制订未来行动计划。这种审计的具体形式有生产技术准备审计、组织能力审计、战略贡献审计等。

（四）绩效审计

绩效审计是指通过定量或定性分析，审查和评价企业人力资源管理活动的绩效，并提出改进意见或建议，以促进人力资源管理和组织绩效改善的审计过程。绩效审计关注的焦点，就是人力资源管理在企业运营中的地位和作用。人力资源管理在组织内部（为其他部门提供服务）和组织整体两个层面上发挥作用。前一层面上的绩效评价就是将人力资源管理部门作为一个生产服务单位，考察其为服务对象

（顾客）提供人力资源管理服务的经济性、效率性和效果性，相关审计评价方式是顾客满意度审计。在考察人力资源管理对企业总体绩效的作用和影响时，往往进行人力资源管理功能审计。

人力资源管理功能审计主要关注相关程序是否得到充分运用，是否正确地发挥了作用，也就是检查目标和程序之间的关系是否合理，是否呈现最佳的成本效益关系。其审计步骤为：第一，对人力资源管理领域进行划分，并设定适当的绩效指标。第二，获取被审计单位的绩效数据，通过将绩效数据与同类企业、历史或行业的平均水平等基准进行比较，来判断企业绩效管理的薄弱环节，并提出改进意见和建议。

由于很难全面获得有关企业人力资源管理绩效的量化信息，而且很难定量分析人力资源管理活动对企业绩效的贡献程度，因此通常采用一种依赖定性分析，将顾客的主观评价与定量分析相结合的顾客满意度审计方法。这种审计方法强调人力资源管理部门对企业其他部门的服务作用，从投入、产出和满足顾客需要等角度评价企业人力资源管理的绩效。其基本理念是，所有人力资源管理活动都能够被理解为投入、产出和顾客三者相互作用的过程，强调顾客对人力资源管理绩效评价的参与。

●第二节 人力资源管理审计效果

一、人力资源管理审计的方法

（一）比较分析法

由公司人力资源管理审计小组或是公司的内部审计部门将本企业内部的人力资源管理的活动情况与另一类似企业或部门的有关情况进行比较，以发现本企业人力资源管理中的差距，此方法通常被用于审计特定的人力资源管理活动或计划的成效。

（二）外部借鉴法

审计小组利用经企业外部人力资源管理咨询专家鉴定或已出版的研究成果作为评价内部人力资源管理活动的成效标准，来诊断企业内部人力资源管理方面的问题。

（三）统计核算法

审计小组通过对以往企业内部人力资源管理活动记录进行统计分析，归纳出衡量本企业人力资源管理活动的标准，以对人力资源管理现状作出评价。

（四）法规衡量法

根据已颁布的有关法律、政策以及企业内部既定的有关政策和程序，来检查实际的人力资源管理活动，目的在于敦促和保证各级人力资源管理严格遵守这些法律、政策和程序。

（五）目标管理法

根据事先确定的人力资源管理活动目标，衡量人力资源管理活动的实际结果。

二、人力资源管理审计的程序

（一）准备阶段

（1）人力资源总监/经理与公司内部审计部门召开计划会议，针对审计的工作范围、时间、方法进行讨论，确定对被审核部门的期望及确定两部门恰当的专项负责人。

（2）内部审计部门对被审计领域的内部审计有充分的了解。获得和讨论与人力资源有关的材料；和内部审计组其他成员讨论在相关被审计领域人力资源部已经完成的工作；查阅并了解以前有关人力资源方面的审计报告；回顾人力资源的政策和程序，以期获得全面的了解；考虑在计划和执行审计阶段与人力资源专家讨论的必要性。

（3）由内部审计部门将包括审计范围、途径和时间的通知书以及具体的文件清单发送给专项负责人，其中清单内容包括以下方面：现存的人力资源政策与程序；组织架构与工作的流程图；新入职人员的名单；在岗工作人员的名单；已离职人员的名单；查阅人事档案的权限；进入人力资源系统的用户名和密码（如适用）；人力资源部的信息管理制度。

（4）召开人力资源部门的审计说明会，由专项负责人说明审计的范围和时间的安排，确保上述事项的准备达到审计要求并在规定时间内完成。

（二）现场审计阶段

1.审计前的沟通会

由审计小组组长介绍审计小组成员并说明各成员负责的审计项目；与人力资源部专项负责人再次沟通审计时间的安排、审计范围及审计方式；列出需要由人力资源部门提交的审查文件清单交由人力资源部专项负责人。

2.审计阶段——员工档案的审核

记录劳动合同专管员对于员工档案管理流程与制度的理解，通常对以下情况进行确定与询问：员工的档案是否有专门的地方存放并保证安全、保密；员工的档案是否保存了员工在公司工作期间最新的人事记录，包括员工的劳动合同、岗位说明书、身份证、个人资料、工资记录、员工的入职记录等信息；检查员工档案内容的完整性；检查员工的各人事记录档案及资料完全按照人事流程办理，并有相关负责人员的签字；查阅人力资源部所提交的在职员工花名册，并随机抽取15名不同部门的员工档案进行审核；检查人力资源系统内所记录的员工信息与员工档案内保存的信息是否一致（如有人力资源系统）；审核员工档案内的相关资料是否有信息等级的分类；查阅人力资源部所提交的离职员工花名册，随机抽取15名不同部门不同时间段离职的员工的档案进行审核，检查是否按要求进行了保存，并保证了安全与保密；针对档案内的员工照片及员工个人信息，做员工个人访谈，以防止出现公司雇用童工与未成年工的情况；针对审计情况由审计人员现场填写审计表格，并由人力资源部门相关人员签字确认；对于审计中发现的问题，需要同人力资源专家或法务部讨论的，进行汇总讨论；每日审计工作结束后，根据审计表格将审计中发现的问题汇总上报给审计组长；审计组长将疑问与人力资源专家、公司法务部人员沟通；编写审计报告。

3.审计后的说明会

审计结束后，由人力资源部与内部审计部门召开说明会，就审计结果及审计中发现的问题逐项逐条向人力资源部门作出说明，对于制度流程方面的问题，由人力资源部门作出更改计划；对于疑问项，由审计组将专家及法务部门的意见传达给人力资源部门，并由人力资源部门完善相应的流程与制度，以上均应列明整改计划、完成时间与相关的责任人。

4.后续审计阶段

在后续审计阶段，审计的重点应放在第一次审计中发现的问题上。

三、人力资源管理审计中的计量技术

审计的方法和技术直接影响到审计结果的准确性。现行的人力资源管理审计计量技术包括数据收集技术和数据分析技术。数据收集技术是指获得进行管理审计所需要的数据、文献、资料的技术，而数据分析技术主要是指对所获得的数据进行再加工并为最终的审计结论提供支撑的技术。广义地说，数据收集技术也可以被理解为初步的数据分析技术。

（一）数据收集技术

为进行人力资源管理审计而采取的数据收集技术有以下几种：

（1）面谈：在职员工及经理面对面访谈以提出改进建议或确定何处需要额外的信息和教育，或评估组织文化与亚文化；与离职员工面谈以确定公司的优势和劣势。

（2）问卷与调查：通过问卷调查了解员工对公司与工作的态度，保密可得到更诚实的回答；说明长期趋势，进行组织内与组织间的跨机构比较。

（3）记录分析：寻找潜在的原因并消除根源——健康与安全，生产率、缺勤与流失，不满、抱怨与询问；人权；雇佣、配置、薪酬、晋升、培训机会；人力资源项目与政策的执行情况，以确定是否正在做那些计划要做的事情。

（4）外部信息：使用劳动力市场、经济、竞争者和行业信息作为基准（政府统计、专业机构信息）。

（5）人力资源实验：专业实验可以通过实验组与控制组在现实条件下的比较来进行，难以控制的是外部因素的影响。

（6）聚焦小组：基于给定的主题，由有经验的主持人对8～12名员工或人力资源服务的使用者进行深度访谈。

实际上，我们可以将这些数据收集技术再归纳一下，即文献审阅、统计数据、审计面谈、问卷调查、管理实验。

（1）文献审阅：是对组织对外的有关人力资源管理的文件、资料、报道等成文数据的阅读与审核，以获取人力资源管理审计所需信息。文献审阅是管理审计最常用的获取信息的技术，通常这种技术被认为是最简单的技术，但在实际应用过程中很少能做到恰如其分。为保证文献审阅的完整性，在实际审计过程中，审计人员通常需要列一个文献审阅清单，了解如下项目：公司战略、组织制度、公司责权体系、人力资源管理战略、职位系统、招聘甄选、绩效考核与改进、教育培训、薪酬、福利与保险等。

（2）统计数据：它与文献审阅的唯一区别在于统计的数据是数字；而文献审阅的是文字。它与问卷调查的区别在于统计数据体现的是事实；而问卷调查的结果反映的是人们的态度和倾向，它可能会成为某些统计数据出现的先兆。统计数据是定量分析的基础。在人力资源管理审计中，全国性（乃至全球性）、地区性、行业性的统计数据都值得关注，但组织内部统计数据和竞争对手统计数据最为重要。

（3）审计面谈：这是人力资源管理审计中应用最广泛的技术。审计面谈有很大灵活性，但面谈方式的选择会影响面谈效果。在通常情况下，设计一个结构化的面谈提纲会有很大的帮助。

（4）问卷调查：它被认为是收集信息最客观并且最经济的方法。南克维斯（Nankervis）总结了员工态度调查的五大好处——发现大量的发展建议，寻求政策与实践变革的证据，就员工参与组织决策进行沟通，让员工有机会宣泄情绪以及发泄潜在的不满。[①]

（5）管理实验：在人力资源管理审计中应用较少，且难度较大。组织行为学家认为，实验是最具活力的科学研究技术。在一项实验研究中，必须包含两个要素：对一些变量的操纵（自变量）和对结果的观察及测量（因变量），而保持其他所有变量不变。现场实验存在的不足是，研究者不能像在实验室一样，控制所有的可能影响因素（即使他们知道这些因素），而且研究者在场与不在场时人们的行为可能不一样，特别是如果他们注意到自己在参加一个实验。

（二）数据分析技术

即便是数据收集技术，也可以被看作初步的数据分析技术，但单纯依靠数据分析技术来进行人力资源管理审计还远远不够，因此需要开发更为复杂一些的技术对数据进行再处理，以便能够更清晰地揭示人力资源管理中存在的问题与机制。数据分析技术有定性分析技术和定量分析技术。在人力资源管理审计中，这两种技术相互补充，缺一不可。定性分析技术的核心是将成文的管理规则或对管理活动的成文规定与一个特定的基准进行比较。通常情况下，这些基准包括目标基准、理论基准（也称外部基准）、法律基准、行业基准及历史基准。而定量分析技术在人力资源管理审计中的应用主要是统计分析技术。

目标基准是指人力资源管理实践及其改进是否达到了预先设定的目标；理论基准（外部基准）是指从专业理论上来判断管理规则与活动的合理性；法律基准是确定管理规则与活动的合法性；行业基准则是将某一组织的管理规则和实践与其竞争对手或行业最佳实践进行比较；而历史基准更多地关注组织管理实践的改进速度，

① SPOGNARDI M A. Conducting a human resources audit: a primer [J]. Employee Relations Law Journal, 1997, 23 (1): 105-123.

如果拥有行业资料，也可以与行业实践的改进速度进行比较。这一类定性分析技术使用的效果，主要取决于技术使用者的专业理论功底与实际管理经验的积累。

在人力资源管理审计中，运用最多的统计分析技术是描述统计。最常用的描述统计是指对集中趋势的测量。这种统计方法通过确认群体中典型成员或大多数成员具备某一特征的程度，对群体或事件进行描述。最常使用的测量指标有三种：众数、中值和简单算术平均值。而对波动性的测量技术通常有监督频率统计、数值范围、内部四分位数、方差、标准差及图表分析。

●第三节　人力资源管理审计案例分析

路桥公司是一家国有建筑公司，旗下的多家所属单位基本上都是独立施工、独立管理。其人力资源管理活动有一定的自主性和不规范性。这给路桥公司的人力资源管理和项目管理带来了极大不便。为了更好地监督、评价和指引以及控制各单位的人力资源管理活动，人力资源管理审计刻不容缓：第一，通过人力资源管理审计，能够确保各项目的目标与企业的总体战略目标保持一致，避免各项目因为其自主性而不能产生合力。第二，审计完一些比较优秀的项目后，可以将好的人力资源管理经验推而广之，让其他下属单位加强学习，少走弯路。第三，总部能够借助人力资源管理审计活动，实时地对各项目部从中标、组织施工到竣工的全过程活动进行评价、监督和指引，尽快发现现有内部控制机制可能出现的问题。第四，通过对人力资源管理活动的审查，发现人力资源管理中存在的问题。比如，员工工作情绪不高、考核激励机制存在问题等，提出审计意见或审计建议，从而帮助企业合理、有效地调配职工，提高企业经济效益。第五，对人力资源管理进行审计是遵守国家法律法规的必然要求。我国的《中华人民共和国劳动合同法》《中华人民共和国宪法》《中华人民共和国未成年人保护法》《工伤保险条例》等法律法规中明确规定了劳动者在劳动过程中所享有的权利，为依法保护劳动者权益，同时规避企业的用工风险，对企业的人力资源管理施以审计就显得尤为重要。人力资源管理的合法性审计和制度审计只是人力资源管理审计内容中的一部分，笔者希望借助路桥公司人力资源管理的合法性审计与制度审计实践的研究抛砖引玉，引起更多的人对人力资源管理审计话题的关注，推动人力资源管理审计的研究更加深入。

一、路桥公司的人力资源管理合法性审计

1.用工合法性

《中华人民共和国劳动合同法》实施后，对劳动用工提出了非常严格的要求，特别是建筑行业，其自身特点决定了劳动用工有许多不规范之处，如果不加以有效控制，则劳动用工风险将不断增大。按照集团公司《强化用工管理的规定》，正式聘用职工必须报集团公司批复，聘用的劳务工也要由路桥公司批准。鉴于此，路桥公司人力资源部门专门组织各单位人事部门的人员进行了研讨。随后也下发了《关于规范用工管理、明确用工关系的通知》，对各单位聘用人员进行规范，并提出了

具体要求。但是，在审计过程中，我们发现许多单位没有严格按照相关规定执行，擅自聘用人员、与聘用人员私自签订劳动合同、不履行报批手续的情况很多，而且劳务分包时未分包给有资质的劳务队伍，造成实际工作中非常被动。

2.农民工工资管理

路桥公司属于中央企业，此前国资委及集团公司曾三令五申要求加强对农民工工资管理，并对农民工的雇用情况进行调查，对农民工工资是否有效发放非常敏感，这就需要各单位采取各种有效手段，对农民工的工资发放加以监督与管理。路桥公司也曾多次下文要求，并提出了一些具有可行性的操作方案。但在实际审计过程中，仍然发现部分单位未严格执行，部分项目甚至发生农民工跑到路桥公司机关来索要工资的情况。

3.职务分析

路桥公司有岗位职务说明书制作范本，要求各单位结合实际情况对现有岗位职务进行分析，并制作符合各项目特点的具有可操作性的本单位职务说明书。遗憾的是，在审计过程中，我们发现许多单位的职务说明书，大部分照搬照抄路桥公司印发的样本，根本没有进行职务分析，更谈不上结合实际情况进行更新，由此导致岗位职责不清、权责不对等，无法有效组织考核，干好干坏一个样，这大大影响了职工工作的积极性。

4.员工培养与职业发展

许多单位领导心态浮躁，只想拿现成人员为其所用，不注重员工的培养与发展，更无实际可行的人才规划与培养方案。有些项目单位在缺乏相关人员时，直接打报告向路桥公司申请，而不是主动挖掘自身潜力、做好员工职业规划、努力培养所需要的人才。还有一些单位，甚至在路桥公司组织对相关人员进行培训时，提出各种理由拒绝让职工参加。以上种种原因，导致员工的归宿感很差，离职情况增多。

二、路桥公司的人力资源管理制度审计

人力资源部门根据部门的岗位职责与人力资源工作者的岗位责任，结合路桥公司人力资源发展现实，在2008年对各个项目的六个方面的人力资源管理制度情况进行了两次审计。主要通过现场询问、抽查、访谈等多种方式审计各单位人力资源管理的规范程度以及对制度的执行程度。现场询问、抽查、访谈的内容都是围绕这六个方面的管理制度及审计内容进行设计的。这几种方式的有效结合，能保证资料的全面性、真实性。

这六个方面的人力资源管理制度如下：员工考勤及假期管理（满分20分，其中员工出勤信息10分、假期申请5分、考勤报表报送5分）；薪酬福利管理（满分20分，其中薪酬发放管理8分、薪酬福利报表报送12分）；员工档案管理（满分5分，主要是人员信息的管理）；人员证件管理（满分10分，其中关键岗位人员台账5分、项目临时证件管理5分）；员工关系管理（满分30分，岗位职务说明书、人员调配、人员聘用管理、临时员工管理、人员离职管理、职工离职率项目各5

分）；员工培训及开发管理（满分15分，其中培训管理5分，后备人才培养10分）。

通过2008年进行的第一次审计，审计人员发现了存在的问题及做得好的地方。存在的问题包括：岗位职务说明书无或有但尚未组织签订；证件管理台账、格式不符合要求，临时保管证件无记录；培训登记卡的记录不完善。做得好的地方包括：员工离职管理及离职率控制；各类报表报送；人员调配。总体而言，在第二次管理审计中，各单位比此前更加重视，第一次检查所暴露的问题得到明显改观。但是随着检查的深入也暴露出一些问题，共性的问题有：项目岗位职务说明书虽有但大都流于形式，不能结合项目实际制定，项目领导层岗位说明书没有报公司签订；人员信息更新不及时，存有许多空白信息尚未填写；培训登记卡记录不完善；拖欠工资。各项目在检查中不便执行的考核指标有：项目后备人才培养，因人员调动频繁，短期内难以衡量；取证人数，公司正式员工大部分是学生，符合报考条件的人数不多。

鉴于一些不便执行的指标和不够完善的地方，2009年审计小组对审计考核指标进行了改善，新的指标体系新增了“项目人力策划”（含项目组织结构、人员配备策划、项目履约人员要求）并整合了“报送资料管理”（含花名册、薪酬福利报表报送、其他要求临时上报的资料），删除了实际审计中不宜操作的“后备人才培养”项。此外，还根据各个项目的具体情况出具了审计报告，希望各个项目都能不断完善。从2009年度人力资源管理制度审计结果来看，各项目得分均有所提高。各单位重视程度普遍较此前有了大幅提高，人力资源管理制度审计有效地推动了各单位人力资源管理制度的贯彻落实。从根本上保证了人力资源管理审计的初衷得以实现，同时，针对各单位出具的审计报告给了各项目有针对性的指导，并及时整改，进一步提高了制度的执行力。

业务题

选择本地或者熟悉的一家运行超过三年的公司，收集一手和二手资料，结合本章的学习，根据问题导向，运用数据收集技术和数据分析技术，制作一份该公司人力资源管理审计的审计项目、数据收集方法和数据分析方法、审计的相应程序的方案。

第十四章

运营管理审计概论

主要知识点

运营管理就是对运营过程的计划、组织、实施和控制，是与产品生产和服务创造密切相关的各项管理工作的总称。运营管理也可以指为企业的生产或者服务创造系统进行设计、组织、评价和改进，其中评价和改进体现的是运营管理审计的职能。企业组织是通过各种特定的业务流程来提供产品或服务的，为了快速响应市场需求变化、应对同业者的竞争、追求经营的差异化优势，各类业务流程本身、流程之间必须建立起合理有效的作用结构关系，即运营模式或商业模式。运营管理审计（运营审计）则是对运营模式内各流程设计、组织、实施以及流程间分工与协作的合理性进行审核与优化的全过程（事前、事中、事后）控制活动。其作用导向在于：通过咨询性的管理介入来发现和识别增值效应强大的运营模式。

关键概念

运营管理审计；运营战略审计；运营效率审计

●第一节　企业运营管理的内涵

运营管理审计实际就是企业内部审计在“投入→转换→产出”系统优化、实现价值增值方面的具体职能体现。它所涉及的问题是：企业专业审计人员在既定的内部审计组织模式下，以符合国际内部审计师协会（IIA）的职业规范去识别企业运营系统中各类抑制效率的问题因素，并有效提取问题证据，向运营系统各个流程负责人提出咨询性优化、变革措施建议以确保企业运营适应其战略需要。

以响应顾客需求为例，任何一个组织，无论它是制造型还是服务型、私营还是国有、营利性还是非营利性，它的成功都取决于吸引和保留顾客的能力，它必须以一种有效的运营模式为顾客提供其所期望的产品或服务。没有被满足的顾客可能去寻求其他的供应源，这样会造成企业在收入和名誉上的损失，为此，运营管理审计人员必须要清楚企业提供产品的主要特性，必须能够判断和识别在产品质量、运营柔性、成本、交货期四个领域存在的瓶颈因素以及价值实现机会。表14-1说明了产品特性与过程特征的对应关系，为了更好地满足顾客需求，企业内部审计人员可以针对这些对应关系来识别瓶颈因素，进而提出优化咨询建议。表14-1左栏“产品特性”列出了一系列产品系统的外在表征，如产品成本、产品交货期、产品品种规格、产品质量等。然而，运营审计的工作重心并非在产品生产、质量、交货期、花色款型等领域发现上述表征问题，而是依据产品系统的过程特征（表14-1右栏）识别表征问题产生的系统成因，并根据成因间的主次关系，有针对性地为产品系统流程乃至整个运营模式提供优化建议。例如，对任何企业而言，同时追求低成本、高质量、快速交货、品种多样化是不切实际的，由于这四个特性目标间不是共生关系，而是相竞关系，因此必须针对具体的经营情境，对产品质量、柔性、成本、交货期四个业绩特征进行重要性排序，从内部审计的角度提出增值性问题的解决措施。

表14-1　　**产品特性与过程特征**①

产品特性	过程特征
产品成本（价格或使用成本）	过程成本（固定成本、可变成本、管理成本等）
产品的交货期或反应时间	过程的通过时间（加工、服务、物流等耗费时间）
产品的品种/批量	过程的柔性（产品、技术工艺、生产方式等转换的便捷性）
产品的质量（性能与可靠）	过程的质量体系（可控性）

●第二节　运营战略及运营战略审计

在市场竞争中表现出色的企业离不开正确的经营战略。英文“Strategy”一词是从古希腊的军事术语statégia演变而来的，它的意思是“将军的艺术”。由于现代市场竞争日趋激烈，这种最初来自军事活动的战略思想和“艺术”更多地体现在企业的经营哲学和运营模式中。第二次世界大战之后，美国企业通过其市场营销和财务部门来开发其企业战略。战争期间产品极为匮乏，使得第二次世界大战后的美国对产品的需求十分旺盛，当时美国企业能够以相当高的价格出售它们生产的任何产品。在这样的企业环境中，人们不注意运营战略问题，只关心大量生产产品供应市场。但是，到了20世纪60年代末期，哈佛商学院被称为“运营战略之父”的管理大师威克汉姆·斯金纳教授（Wickham Skinner）针对美国制造业的这一隐患提出将运营战略作为市场营销和财务战略的补充，强调应该用一种长期的战略眼光去引导、开发出企业行之有效的运营模式，以使企业的知识资源、财务资源获得优化整合，从而获得强大的运营竞争优势，保障企业战略目标的实现。在这里可以看到，

① 邱灿华. 运营管理［M］. 北京：化学工业出版社，2011.

运营战略是指在企业经营战略的总体框架下，如何通过运营管理活动来支持和完成企业的总体战略目标，运营战略是对企业运营模式及其内部流程的一种战略性谋划，是企业战略体系中的一项职能战略。

例如，企业将成本领先作为自己的经营总战略，则要求企业加强对费用的控制，以及最大限度地减少研究开发、服务、推销、广告等方面的成本。为了达到这些目标，企业有必要在管理方面对成本控制给予高度重视。尽管质量、服务以及其他方面也不容忽视，但贯穿于整个战略的主题是使成本低于竞争对手。显然，处于低成本地位的企业可以获得高于行业平均水平的收益。因为它的低成本意味着当别的企业在竞争过程中已失去利润时，这个公司仍然可以获取利润。如果企业在特定时期，针对具体的市场竞争形式执行总成本领先的运营战略，那么运营战略审计的主要关注点则集中在研发、信息管理、加工制造、销售、物流、供应链关系协调等环节的成本生成状况及机制方面（如图 14-1 所示）。

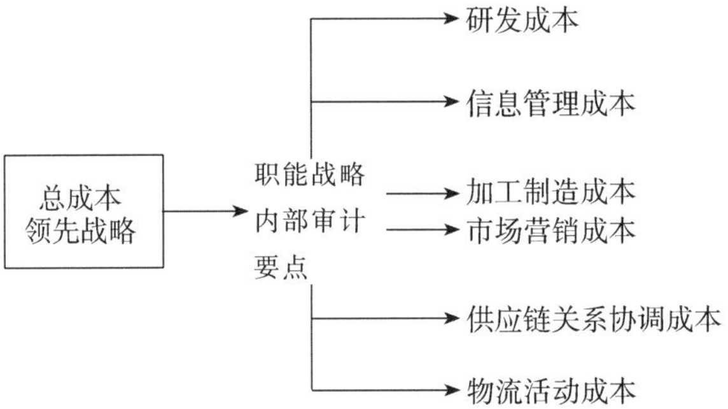

图 14-1 基于总成本领先运营战略的内部审计要点

企业若实施差异化经营总战略，则要求公司产品或服务在一个或几个方面与竞争对手的产品有所不同。如产品特殊的功能、高超的质量、优质的服务、独特的品牌等。这种战略将增加公司在产品设计、研发等方面的投入，使产品的成本上升。但是，顾客对产品偏爱而愿意接受较高的价格，这将弥补公司采用差别化战略而带来的成本上升。为了适应和支持企业的差异化运营战略，运营战略审计的重点自然应放在产品或服务的设计开发理念、产品的功能定位、技术工艺的创新、潜在客户需求的开发、经营及组织模式的创新等流程或环节，在此，企业内部审计显然已经转变为基于技术及管理咨询、以价值为导向的审计活动了（如图 14-2 所示）。

假如企业推行的是目标集聚总战略，即一种市场细分战略。推行这种战略的前提是企业能够以更高的效率、更好的效果为某一细分市场中的特殊顾客群服务，采用目标集聚战略的公司通常将全力集中在某一特定区域的市场或顾客群。这类公司要么采用低成本战略，要么采用差别化战略，但仅关注特定的目标市场。采用低成本战略的公司，将资源集中在整个市场的一个或几个细分市场，旨在成为服务于该细分市场的最低成本的公司。考虑到企业实施目标集聚战略这一实际情境，内部审计活动除了要分析和检查产品、服务的市场细分或者顾客细分的合理性（两个组

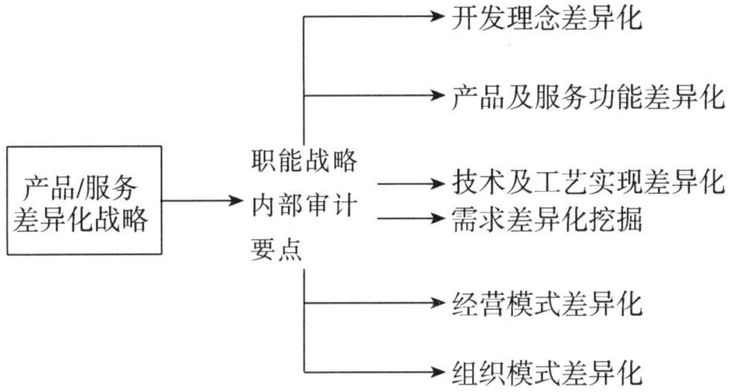

图 14-2　基于差异化运营战略的内部审计要点

合：基于市场细分的顾客细分、基于顾客细分的市场细分）外，还要审核细分后的战略跟进过程。例如，究竟是采用成本领先运营战略来匹配市场或顾客细分战略，还是采用差异化运营战略来匹配和跟进，这要视具体的市场情境予以选择（如图 14-3所示）。

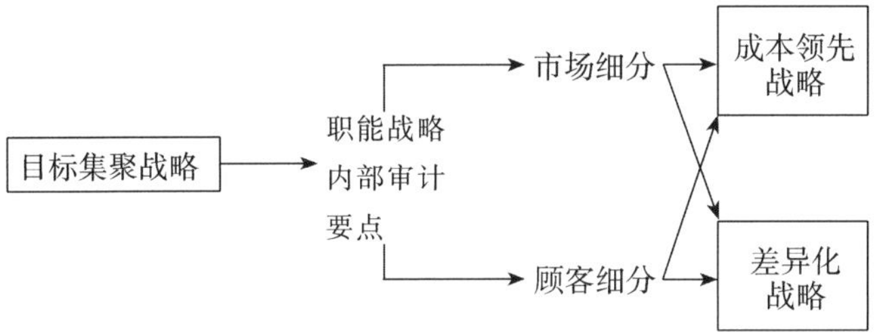

图 14-3　基于目标集聚运营战略的内部审计要点

当前，人类社会已经进入信息化时代，产业模式正经历着深刻的变革，服务型经济愈发主导着市场，企业的运营战略具有越来越重要的作用。运营战略一般分为两大类：一类是结构性战略——包括设施选址、运营能力、纵向集成和流程选择等长期的战略决策问题；另一类是基础性战略　　包括劳动力的数量和技能水平、产品的质量问题、生产计划和控制以及企业的组织结构等时间跨度相对较短的决策问题。

过去的几十年，企业运营战略理论随着社会技术与经济结构的改变发生着深刻的调整，其演进的总体特征在于：由过去注重财务收益、注重规模扩张的外延型思维模式朝着打造运营系统差异化优势、注重动态竞争力培养的运营战略思想转化。运营战略观的转变意味着企业内部审计应该以运营模式及流程增值为导向，以战略的眼光对整个运营系统的竞争力状况、瓶颈成因、运营模式的优化进行审视和咨询，而不是仅仅驻足于流程技术与财务的有限视角。实施运营战略审计，能够提高企业战略决策和战略执行的效率，可以充分发挥企业内部审计的增值性咨询职能，可以进一步完善公司的治理结构。由于运营战略是在企业总体战略框架下的一项职能战略，旨在以战略性的谋划来保证、促进企业运营活动与其总体战略保持一致。为此，运营战略审计主要有以下具体职能：

其一，运营战略审计是企业各类运营作业计划过程的重要工具，是企业制定运营战略之前必须实施的准备工作，包括对企业资源条件、市场需求、行业技术发展趋势、竞争者威胁、企业运营系统现存问题、过往运营战略实施效果等因素的调研、分析与评估。

其二，运营战略审计的最根本任务在于：判断战略依据的合理性以及战略制定的正确性。这里涉及两个关键问题：第一，整个战略流程是否合理与科学（战略依据问题）。运营战略不同于企业经营总战略，后者更多体现了企业经营方向、经营哲学等战略意识形态，前者虽然也是一种长期性的战略谋划，但涉及的是具体运营内容，诸如经营模式、人力资源、市场定位、质量控制、经营柔性等，因此，运营战略的制定更依赖于一个科学、专业、合理的决策机制。第二，运营战略是否是一个能够有效执行并具有良好预期的运营战略，即作为职能战略的运营战略的操控性如何。尽管某种运营战略总体方向正确，但是其执行成本（组织制度成本、市场交易费用）高昂，与其他运营战略甚至经营总战略产生冲突，这将会严重削弱企业的市场竞争力。

其三，运营战略审计是企业运营战略控制与评估的重要工具，可以用于评估企业运营系统各环节与流程的管理绩效。同时，运营战略审计更是一种增值性的管理咨询服务，是公司运营战略执行及其绩效的评估与诊断工具。

●第三节　运营效率审计

斯金纳等人最初定义的“四种基本竞争优势要素”为：成本、质量、交货期和柔性。企业内部审计的一项极为重要的职责就是在上述四个业绩特性领域里识别、判断现实的或潜在的效率瓶颈，依据系统成因主次、价值优先原则提出改善建议。下面首先给出四个业绩特性领域的价值判断准则：

1.产品成本目标：低成本

价格是顾客必须对产品或服务支付的金额。显然，在质量、功能相同的条件下，顾客将选择价格较低的产品或服务。价格竞争的实质是成本竞争，生产运营成本越低，企业在价格上就越有竞争优势。

2.产品质量目标：提供优质产品

质量分为两类：产品（服务）质量和过程质量。产品质量包括产品的功能、耐用性、可靠性、外观造型、产品的合格率等，质量的好坏反映产品满足顾客需要的程度。质量的竞争力表现在两个方面：一是保持产品的高质量水平；二是提供更好的产品或服务。过程质量的目标是生产没有缺陷的产品，可以预防性地解决产品的质量问题。

3.交货期目标：快速安全交货

顾客对交付产品或提供服务在时间上的要求，包括快速或按时的交货能力。在同一质量水平下，企业间竞争优势的差异的重要表现就是时间性。国外资料分析表明：高质量、高功能在国际竞争中的作用逐步下降，取而代之的是其作用呈上升趋势的准时或快速交货的竞争能力。

4.柔性目标：形成动态、权变的市场竞争力

从战略的观点看待企业的竞争力，柔性是由与企业运营过程设计直接相关的两个方面构成的：

其一，企业为客户提供多种产品和服务的能力，最大的柔性意味着提供顾客化的产品与服务的能力，以满足独特的需求，这常被称为“大规模定制”。

其二，企业快速转换工艺生产新产品的能力或者快速转换服务流程提供服务的能力。

事实上，除了20世纪60年代斯金纳教授提出的“四种基本竞争优势要素”外，20世纪90年代还出现了第五种竞争优势要素——服务，这是企业为获取差异化竞争优势而首选的竞争优势要素。在当今的企业环境中，为获取竞争优势，企业开始为客户提供“增值”服务。这不论是对提供产品还是提供服务的企业都是重要的。原因很简单，正如范德墨菲说：“市场力来源于服务，因为服务可以增加客户的价值。”目前，又出现了两种可能为企业提供竞争优势的趋势：环保工艺和环保产品的运用（统称为环保因素）。消费者对环境越来越敏感，更倾向于购买对环境无害的产品。越来越多的企业意识到绿色制造对提高自身利益的竞争机制的深远意义。六类业绩特征要素关联作用示意图如图14-4所示。

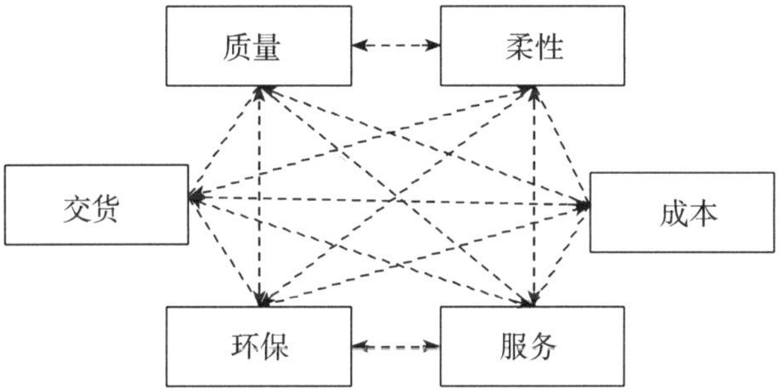

图14-4　六类业绩特征要素关联作用示意图

运营管理审计的主要工作范畴就是在认识质量、成本、交货期、柔性、服务、环保六类效率业绩领域存在问题的基础上，系统、深刻地识别和判断诸效率领域问题之间的关联作用、相互影响，而不仅仅是专注于某项效率领域的问题成因分析，这种审计方法被称为对运营系统问题成因的系统性分析，以此判断制约运营系统效率的根本性瓶颈因素，进而对系统罗列问题加以排序优化，分主次、有侧重地提出运营系统的优化建议。

复习思考题

1.如何进行运营战略审计？

2.如何进行运营效率审计？

第十五章

产品系统审计

主要知识点

产品系统及其设计对组织目标实现具有战略性的作用，它影响着诸如顾客满意度、产品质量、服务质量、生产成本等关键要素。顾客主要通过购买、使用企业提供的产品以及获得的服务感受来判断一家企业的价值。事实上，无论是产品质量，还是服务质量都与设计过程密切相关，同时，设计环节在很大程度上影响着产品成本。因此，产品系统审计对产品或服务系统而言具有重要的控制作用，它主要对产品或服务开发的目标动机（提升市场占有率、技术领先、时尚引领、公众形象塑造等）、设计的科学性、其他技术工艺的匹配性、产品系统成本控制、环保品质、逆向物流、公众与竞争者反应等因素进行系统、综合的评估，并基于问题发现提出针对产品系统的增值优化建议。

关键概念

产品系统设计审计；工艺过程审计；产品标准化审计；“串行缺陷”审计

●第一节 产品系统设计审计

一、产品设计过程审计

企业产品系统设计过程审计如图15-1所示，营销部门了解顾客的需求和期望，并将这些需求理念（款型、色泽、品味、文化等）解释给设计部门，在设计过程中，设计部门需要了解企业的运营能力及约束，设计出符合顾客需要、符合本企业生产能力的产品，最终通过运营系统加以转化实现。相应地，此时产品设计过程审计的着力点一定分布在顾客需求识别、产品设计理念解释、生产工艺与运营方案、产品与服务输出四个环节，通过对上述环节进行审计来发现产品系统的优化机会。产品设计过程审计是典型的增值型咨询审计，具有前向性（在开发设计阶段实施审计以实现对后续流程的规制或影响效果）、动态性（审计目标重点随流程的推进而做调整）、合作性（以优化整个产品系统、增进流程价值为宗旨，而非以揭露问题和查缺补漏为根本目的）特征。

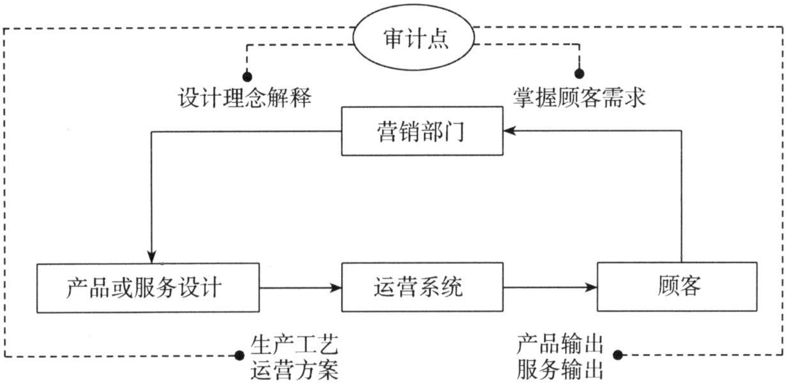

图15-1　产品系统设计过程审计

产品设计过程审计的关键在于：对整个产品系统进行审核与优化，除了在产品的开发设计阶段就必须使审计职能介入之外，针对产品系统任何环节的问题发现都应该以因素关联的方式进行系统分析。例如，当发现产品交货延迟导致顾客满意度降低这个问题（审计证据）后，应该联想到产品运营过程中的加工、配送环节是否存在问题，而加工与配送速度由制造工艺、产品体积与重量等设计因素决定，从设计问题再追溯到设计理念，最终设计理念问题还可能归因于产品的市场调研，唯有如此，才能通过系统分析的方式为产品或服务的设计环节获得有价值的问题发现，并给予有针对性的及时优化。

为了做好产品系统的设计过程审计，审计人员首先需要知道设计过程所包含的几个部分，通过对这些组成部分进行有效的设计，才能使设计过程产生价值。任何产品和服务的设计都可以分解成以下三个组成部分的设计：

①概念——为顾客提供的一组预期利益；

②集合——提供概念所确定的这些利益的产品和服务组件的总和；

③过程——界定转化产品和服务各个环节之间的相互关系。

二、产品或服务的概念：界定顾客需求

顾客购买的是“概念”。当顾客购买公司的产品时，他并不是单纯地在买一种产品或服务，他实际上是在购买一组符合其需求和期望的预期利益。这就是我们所说的产品或服务的概念。例如，当顾客在购买香水时，她就是在购买以下这些预期利益：能够带来香味；这种香味与众不同；能显示她的特殊品位；能给她带来满足感和迷人的气息。产品或服务的概念就是指期望利益的组合，即顾客对产品或服务的总体意图，它不是对我们买到的物品的物理描述，而是顾客对产品或服务的利益的认知。

三、产品和服务的集合：概念的实现

概念由产品和服务的集合实现。通常，“产品”一词指的是一个有形的物质实体，例如一台洗衣机或一块手表；服务指的则是一种相对无形的感受或经历，例如在饭店度过的一个夜晚。但事实上，企业创造的都是产品和服务的一种混合体。

这些产品和服务的总和通常被称为顾客购买的“集合”。其中，有些产品和服务居于核心地位。它们对于顾客的购买行为起着决定性的作用；如果没有它们，集合的性质就会被破坏。而集合中的其他部分则是为这些核心服务的，它们被称为辅助性产品和服务。在香水的例子中，迷人的瓶子属于辅助性产品和服务，香水本身才是核心产品。通过改变核心产品或服务，增减辅助性产品或服务，企业可以获得不同的集合，从而设计出风格迥异的产品或服务。例如，香水的分量可以少一些，瓶子优雅一些，强调品牌以体现高档香水的产品概念，也可以提供简易包装出售，以体现“经济实惠”的特点。

产品系统设计审计就是要针对产品系统或服务系统中的设计要素（主要是概念要素、概念实现要素）进行观察、分析和评价，检查产品或服务开发理念（Idea）中的概念因素是否健全客观、是否有新奇力和创新意识、是否有良好的市场号召力等；同时审核产品概念实现的环境条件、技术支撑、设计规划、营销策略组合是否合理、充分等，以此为依据为整个产品或服务系统提供具有增值价值的产品设计建议。

●第二节　产品系统中的工艺过程审计

产品系统设计审计除了触及产品概念与概念实现外，还要考虑产品或服务的各组成元素、产品制造或服务提供的各个环节之间的逻辑关系与活动次序——工艺过程。设计者必须以工艺过程的形式将这些元素或环节的关系表现出来。在产品系统设计审计活动中，工艺过程审计是重要的职能组成环节，它主要针对产品系统内的结构关系、功能次序安排进行审核与优化，工艺过程审计的主要内容如下：

一、产品图纸的工艺分析和审查

产品图纸的工艺分析和审查，是保证产品结构工艺性的重要措施。产品图纸的工艺分析和审查的主要内容有：产品结构是否与生产类型相适应，是否充分地利用了已有的工艺标准；零件的形状、尺寸和配合是否合适，所选用的材料是否适宜，以及在企业现有设备、技术力量等条件下的加工可能性和方便程度。

二、工艺方案审核

工艺方案是工艺计划的总纲。在对工艺方案进行审计时，要对产品制造过程中存在的主要问题、加工方法、工艺路线设计、工艺装备的原则和系数确定标准进行重点审核。工艺方案的内容一般包括：确定产品所采取的工艺原则，规定生产时应达到的质量要求、材料利用率、设备利用率、劳动量和制造成本等技术经济指标，列出产品的各类加工关键环节，确定工艺路线，进行工艺方案的经济效果分析与

评估。

三、工艺规程审核

工艺规程是最主要的工艺文件，它是安排生产作业计划、生产调度、质量控制、原材料供应、工具供应、劳动组织的基础数据，是具体指导工人进行加工制造操作的文件。工艺规程审核内容包括：产品及零部件制造方法和顺序的确定；设备的选择；切削规范的选择；工艺装备的确定；设备调整方法的选择；产品装配与零件加工技术条件的确定等。

四、工艺装备的审核

在制造业中，工艺装备的审核内容有：工艺过程所需要的工具、夹具、卡具、量具、模具等，总称为工艺装备。工艺装备的设计与制造对贯彻工艺规程、保证加工质量、提高生产效率，具有重要作用。

五、工艺过程的审核

产品设计过程中包含设计相应的工艺流程，为保证工艺流程的合理性，使运作过程更有效率，在产品设计过程中就要考虑其以后是否便于生产和装配，对于服务而言，要保证服务设计易于以后的服务管理。确定合适的工艺过程对提高运作效率具有至关重要的作用。

六、工艺方案选择审核

工艺方案选择指的是一个组织选择用来生产产品和提供服务的方法。事实上，它涉及技术以及其他相关问题的选择，并且对生产能力计划、工厂和设备的布置以及工作系统设计有着重要的影响。工艺方案选择通常产生于新产品或服务的计划过程中，然而，周期性的设备技术性改进，也会产生工艺方案选择问题。

一个组织如何进行工艺方案选择取决于该组织的工艺战略，其关键内容包括如下几个方面：

①自制或外购的选择，指一个组织是靠自己生产产品或提供服务，还是依赖外部组织生产和提供这些产品或服务。

②生产流程类型，其决定了工艺的资本密集度，也决定了用以加工产品或提供服务的机器和劳动力的组合。

③工艺技术的选择，工艺技术主要指选择的设备所具有的特性，柔性和效率是工艺技术考虑的主要标准。系统能够在多大程度上适应由于产品服务设计、加工作业量以及技术变化等因素引起的对工艺要求的变化。

七、工艺方案审计

工艺方案审计活动领域主要包括工艺方案的稳健性、效率性、经济性、可操控性等。其中，工艺方案的稳健性是工艺审计的重点，这是因为产品或服务工艺方案的稳健性是保证顾客体验产品（服务）概念、获得产品（服务）价值的关键条件。这就要求产品（服务）必须具有较高的技术保障，在应用环境变更的情况下具有较强的柔性品质。例如“田口方法”（日本工程师田口玄一，1958）可以用来测试产品工艺或服务设计的稳健性，其基本思想是：产品或服务即使在极端情况下也必须能够正常发挥功效。例如，驾驶员误将遥控型车钥匙丢在了汽车后备箱内，且后备箱和车门已经锁死，而驾驶员必须返回100公里之外的家里才能拿到备用钥匙，或者请求同样在100公里外的4S店来帮助开锁。因此，现在许多4S店销售服务设计里都设置了顾客汽车远程遥控开锁（发送无线射频信号）的项目，驾驶员只需拨打4S店电话报出发动机车架号码即可解决问题。

一种产品（或服务）越具有稳健性，因为使用环境的变化而发生故障的可能性就越低。因此，设计者在产品或服务中引入的稳健性越好，它的耐久性就越好，从而顾客的满意水平就越高。同样的观点也适用于生产流程中的稳健设计，环境因素对产品或服务的质量会有消极影响，一种设计对这些影响的抵制能力越强，它受消极影响的可能性就越低。例如，许多产品要经历加热程序，如食品、陶瓷、钢铁、石油产品和医药制品。熔炉可能不是均匀加热的，热量也可能由于加热位置或时间的差异而不同。解决这个问题的方法可以是设计一种更好的熔炉，也可以设计一种系统以便在加热时能翻动产品使它们均匀受热。如果采用后一种方法修改流程，那么即使熔炉加热不均，这种流程也可以使产品不受影响。这就是具有稳健性的生产流程设计。

●第三节　产品系统的标准化审计

在产品/服务设计及流程设计中经常提及的一个重点是标准化程度。标准化指同一种产品、服务或流程下的不同个体之间是没有差异的。标准化产品可以大批量生产，其生产效率高，如计算器、电脑就是这样的例子。标准化服务指每一个顾客或项目流程接受的是本质一样的服务。

标准化的产品意味着产品零件可更换，从而在提高生产力的同时极大地降低了生产成本；而且与定制的零件相比，它的更换或维修更加方便。通常它的设计成本也更低。汽车的自动清洗就是一个很好的例子，每辆车，无论它是干净的还是脏的，都接受同样的服务。例如，通用汽车公司（General Motors，GM），近来已尝试将通过生产线的关键汽车部件都进行标准化生产。所有GM车型中，如制动系统、电力系统及其他车身内部的部件都是一样的。由于减少了产品零件的差异性，GM公司节省了时间和资金，也提高了产品的质量和可靠性。

标准化的另一个优点是减少培训员工的时间和费用，并缩短设计工作的时间。同样，工作安排、存货处理，以及采购和财务活动都更加常规化。

缺少标准化经常带来严重的困难和竞争危机，特别是当系统在不同条件下运行而又无法相互兼容时更是如此。当录像机初次面市时，它的盒带有两种制式：VHS和Beta。机器只能播放其中的一种盒带。这意味着厂商需要制造两种系列的盒带。高清晰彩电在美国本可能更早地上市，但由于厂商提出了三种相互竞争又互不兼容的系统，为此进行的讨论和研究延误了时间，直到人们接受一种系统作为标准。电脑软件和操作系统（Macintosh v.s. IBM）缺少标准化给用户带来选择的困难，因为用户很难从一种系统转换到另一种系统。

标准化既有许多重要的好处，也有一些缺点。其缺点主要在于产品多样性的降低。这会限制一种产品或服务所能吸引的顾客的范围。顾客对一种产品可能是很勉强地接受，因为没有其他产品能满足他们的需要。因此，这种做法会产生一种风险，即竞争对手会推出一种更好或更多样的产品（这是精益生产的一个特征），从而取得竞争优势。另外，制造商可能在设计不成熟时就将它固定（标准化），而一旦固定之后，就会有种种强制因素使设计难以修改。这方面人们熟悉的一个例子是打字机和电脑键盘的按键排列。出现这种情况的部分原因是过早固定了产品设计。显然，设计者在做选择时，必须考虑与标准化相关的重要问题。表15-1归纳了标准化的主要优缺点。

表15-1　**标准化的主要优缺点**

优点	①在存货和制造中需要处理的零件更少 ②减少培训费用和时间 ③采购、处理及检查程序更加常规化 ④可按照清单订购产品 ⑤产品能长期并自动化生产 ⑥所需零件的减少证明执行设计和改善质量控制程序时所花的费用是划算的
缺点	①可能在设计仍有许多缺陷时就固定设计 ②变动设计的高额费用提高了改善设计的难度 ③产品缺乏多样性导致对顾客的吸引力降低

产品系统的标准化审计任务在于：分析和识别产品系统乃至整个运营模式的标准化需求领域，重点思考系统标准化所导致的柔性与刚性、效率增进与竞争力损失的权衡问题。标准化是一种管理手段，而绝非管理目标，其应用与否取决于具体的组织与市场情境。

●第四节　产品系统开发的“串行缺陷”审计

一、传统的串行产品系统设计

按过程分析的方法，产品开发由许多过程组成。过程中存在两种类型的活动：一是专业活动，如需求分析、结构设计、工艺设计。另一类是协调活动，通过协调顾客域、功能域、物理域、制造域的方案和建议，取得各方面一致认可的决策。

多年来，企业的产品开发一直采用串行的方法，即从需求分析、产品结构设计、工艺设计一直到加工制造和装配，是一步步在各部门之间顺序进行的。产品开发的工作流程首先由熟悉顾客需求的市场人员提出产品构想，再由产品设计人员完成产品的精确定义之后，交制造工程师确定工艺工程计划，确定产品总费用和生产周期，质量控制人员作出相应的质量保证计划。串行的产品开发过程存在着许多弊端，主要问题是以部门划分的组织结构严重地妨碍了产品开发的效率和质量。产品设计人员在设计过程难以考虑到顾客的需求、制造工程、质量控制等约束因素，易造成设计和制造的脱节，所设计的产品可制造性、可装配性较差，使产品的开发过程变成了设计、加工、试验、修改的多重循环，从而造成设计改动量大，产品开发周期长，产品成本高。串行产品开发缺陷是管理审计中尤其需要关注的问题，它所导致的效率延滞必然波及整个产品运营系统，从而导致经营柔性的损失、运营成本的增加。归纳起来，串行的产品开发过程存在的主要问题如下：

（1）开发部门所具有的知识难以加入早期设计。越是设计的早期阶段，降低费用的机会就越大，而发现问题的时间越晚，修改费用就越高，费用随时间成指数增加。

（2）一个部门对其他部门的需求和能力缺乏理解，目标和评价标准的差异和矛盾降低了产品整体开发过程的效率。

审计人员如果发现产品在系统开发过程中存在“串行缺陷”，就需要在有充分审计证据支撑的前提下，向分管部门提出效率审计建议，最有效的方式就是提出采用“并行工程”来优化和改造当前的“串行”产品系统开发。

二、并行的产品设计方法

为加速产品开发过程，并行工程（Concurrent Engineering，CE）方法开始得到了广泛的运用，CE不是由一个阶段进入另一个阶段的简单系列方法，而是侧重于交叉职能的集成、产品的同步开发及相应的实现过程。它能够并行地集成设计、制造、市场、服务等资源。根据Winner等人（1988）对并行工程的定义，并行工程是对产品及其相关过程，包括制造过程和支持过程，进行并行、一体化设计的一种系统化方法。这种方法力图使产品开发者从一开始就考虑到产品整个生命周期从概念形成到产品报废的所有因素，包括质量、成本、进度和用户需求。

并行工程是一种强调各阶段领域专家共同参加的系统化产品设计方法，其目的在于将产品的设计和产品的可制造性、可维护性、质量控制等问题同时加以考虑，以减轻产品早期设计阶段的盲目性，尽可能早地避免因产品设计阶段不合理因素对产品生命周期后续阶段的影响，缩短研制周期。

复习思考题

1. 如何开展产品系统设计审计？
2. 如何开展工艺过程审计？
3. 如何开展产品标准化审计？

第十六章

运营流程审计

主要知识点

产品和服务是由企业的投入资源通过特定的机制（生产函数）转化而来的，因此，企业审计人员如果要发现转化过程中的效率瓶颈、识别其中的风险，并以此为基础提出提高转化效率的咨询建议，就必须学习运营流程的分析方法、研究转化过程的形式及效率。

关键概念

运营流程审计；业务外包运营审计

第一节　运营流程概述

一、运营流程概念

运营流程是指从一定的投入（Input）变换成一定产出（Output）的一系列环节，这些环节也可被称为任务，这些任务由物流和信息流有机地连接在一起。运营流程的设计，就是要设计把投入变换成产出所需的资源、资源的组合方式、任务的进行方式、物流和信息流的流动方式等方案。

与转换流程相关的概念还包括："运营系统"、"运营组织方式" 和 "运营流程" 等名词。

其中的细微区别在于，"运营流程" 通常指企业组织内某一个子系统（一个部门、一个车间、一条生产线等）的投入产出过程；而 "运营系统" 和 "运营组织方式" 通常指整个企业的投入产出过程，它由一系列 "流程" 构成。企业的运营流程是非常关键的。运营流程应该适合企业的战略，不适合的流程将严重制约企业的发展。

二、运营流程的构成要素

运营流程包括几个基本要素：投入、产出、任务、物流和信息流以及库存。

1.投入

投入是指一个运营流程为了生产产品或服务所需的人力、物料、设备、能源等资源要素。为了在某一个流程得到一定量的产出，首先必须决定各种资源要素的数量，例如，多少人工、多少电力等。有些投入要素（如人工和物料）在某些具体产品的产出过程中完全被消耗掉，因此易于计算（如食品厂烘烤一批面包需要多少面粉和电力）；而另外一些投入要素是由整个运营系统长期利用的（如食品厂的面包烘烤机），而不是由某几批产品消耗掉的。

2.产出

一个流程的产出可以是两种形态：产品或服务。但是为进行运营流程的选择设计，还需要进一步了解产出的一些特性。在制造业企业的生产流程中，产成品在流程中可以单独存放，在需要的时候交给顾客。而在另外一些流程中，产成品库存根本不可能存在，比如服务业的产品，服务和消费是同时发生的，此时，产出是不能存储的，大多数服务企业的运营流程都具有这种特性。

3.任务

任务也被称为作业，任务是生产流程内部一系列相互关联的环节，是指把投入的资源要素向产出方向转换的行为或活动。例如，在机床上改变金属毛坯的形状；用仪器检查部件尺寸是否符合技术标准；驾驶飞机飞往目的地；病人手术之前进行麻醉等。一项任务的完成要使用一定的人力和设备，但在一些自动化流程中，也有可能用设备取代人力。每一个任务需要考虑的因素是人、机器、方法等各种要素的结合，还需要考虑各任务之间各种要素的适合程度。

4.物流和信息流

任何一个运营流程中都存在物流和信息流。例如，在面包生产流程中，其信息流的形式主要是生产指令和面包制作规程。在生产开始之前，必须将要生产的面包种类、所需原料的种类和数量的信息送达搬运工人，以便其在必要的时间，将必要的物料送到必要的地方；原料混合方法和混合时间的信息必须送到混合工序；烘烤时间和烘烤温度的信息必须送到烘烤工序；包装工序也必须预先知道下一批到达的面包是什么种类，以准备相应的包装材料。所有这些任务的完成，都离不开信息。而物料的移动，即物流也必须在信息的指挥下才能进行。

物流和信息流可以同步发生，可将信息附在流动的产品上。例如，烘烤工序在收到生面包的同时也收到关于这批面包的烘烤方法（时间、温度等）的指令。信息流也可以不与物流同步发生。例如，每天早晨将当天的生产指令同时送达各个工序，使各个工序对自己全天的任务都了如指掌。在设计和分析一个流程时，预先考虑信息的流动方式是很重要的。因为它在很大程度上影响物流以及库存水平。在当今信息技术飞速发展的情况下，有很多种信息流动方式可供选择，这一方面增强了流程设计的灵活性，另一方面也加大了流程设计的难度。

5.库存

进入一个流程的物料如果既不在被执行任务，又不在被运送，那就是作为库存而存在。处于停滞或储藏状态的这些库存不增加产品的任何价值，因此应当越少越好。流程设计中的一个重要任务，就是尽量减少流程中的库存。

三、运营流程类型

在设计运营流程之前，有必要将运营流程进行归类。通过对运营流程的快速归类，我们能看出运营流程之间的相同点和不同点。

将运营流程归类的第一步是分清它是单步运营流程还是多步运营流程。单步运营流程指所有操作在一个工作位置内完成，而多步运营流程则有多个工作位置，每个工作位置上作业和作业之间有特定的工作顺序。作业指某一工作单元或工作位置上的一项或多项活动的组合。两种运营流程如图 16-1 所示。

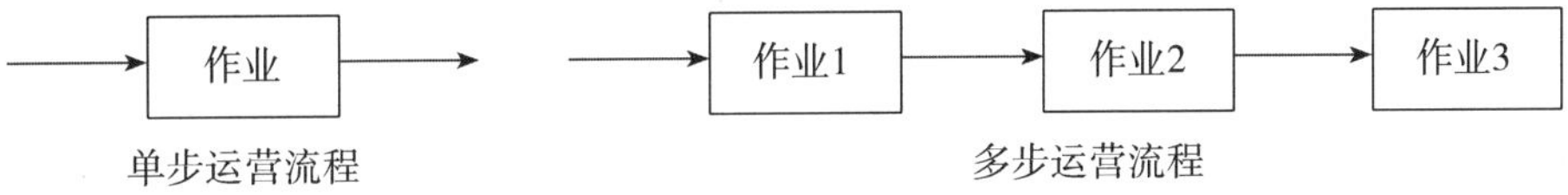

图 16-1　两种运营流程

在存在多步运营流程的情况下，可能有阻塞、窝工等现象出现，同时也会存在某个作业因为能力限制而成为瓶颈的现象，下面分别讨论这几种现象。

①阻塞。该现象发生在因为无处存放刚完成的项目而使得活动必须停止时。

②窝工。该现象发生在因无工作可做而使得这个环节的活动必须停止时。

③瓶颈。该现象发生在工序能力小于其他工序能力的时候，一般来说是该道工序的能力不能满足后道工序的生产而造成后道工序的窝工，该道工序则成为瓶颈。瓶颈限制了整个流程的产出。

④缓冲区。缓冲区是指两个环节之间的存储区域，其中存储的上一环节的输出物被优先用于下一环节。缓冲区使得各环节可以独立工作。如果当前环节的输出物直接进入下一环节而没有中间缓冲，那么我们就认为这两个环节是直接联系的。如果这样设计运营流程，最常见的问题就是阻塞和窝工。

理论上平行地运营两个同类的活动将会使生产能力加倍。换句话说，两套不同活动也许可以同时在相同工作位置上进行。在分析具有平行的活动或步骤的系统时，理解上下步之间的关系是很重要的。在平行运营流程可供选择的情况下，比如说，菱形图案的流程图，要考虑从它里面出来的不同的运营流程应按多大比例向不同的方向运行。有时两条或两条以上不同的运营流程可能终结于一个共同的库存缓冲区。这通常表示两条运营流程生产同类的产品，这些产品归于一个库存缓冲区。如果平行运营流程的输出物不同，我们在流程图中就应使用分离的库存缓冲区。

第二节　企业的运营流程审计

影响企业运营流程效率的因素很多，企业内部审计人员应该主要从提升产品/服务市场竞争力、优化和创新经营模式等方面着手运营流程的审计，为各业务流程的优化和再造提供关键基础信息依据。综合来看，影响企业运营流程效率的因素主要包括如下几个方面：

一、产品/服务需求性质

生产系统要有足够的能力满足用户需求。审计人员首先要了解产品/服务需求的特点，从需求的数量、品种、季节波动性等方面考虑对生产系统能力的影响，从而确定目前的生产流程是否合理、有无调整或优化的必要。有的生产流程具有生产批量大、成本低的特点，而有的生产流程具有适应品种变化快的特点，因此，生产流程设计首先要考虑产品/服务特征。

二、资本集约度

无论是新设计一个流程，还是改进现有流程，运作管理人员都需要考虑哪些任务由人完成、哪些任务由机器完成的问题。运作过程中的设备成本越高，资本集约度也就越高。随着现代技术的飞速发展，从基本手工操作、机械化操作、半自动化操作到几乎无人的全自动化操作等，运作管理人员在流程设计中面临着广泛的选择。人们通常认为提高自动化水平有助于提高竞争力，但事实上并不完全如此。在运营审计过程中，审计人员主要应该考虑生产运作技术选择中的可实现性、可操作性、经济性、成本效益比等问题。

三、生产柔性

在讨论竞争重点的选择时，柔性（顾客化产品、产量柔性）可以作为一个主要的竞争重点。而这种柔性的实现在很大程度上取决于生产运作流程的柔性。这就是为什么要在流程设计中考虑资源柔性。所谓资源柔性，是指一个生产系统应对产品品种变化和产量变化的能力。

生产柔性是指生产系统对用户需求变化的响应速度，是对生产系统适应市场变化能力的一种度量，通常从品种柔性和产量柔性两个方面来衡量。所谓品种柔性，是指生产系统从生产一种产品快速地转换为生产另一种产品的能力。在多品种小批量生产的情况下，品种柔性具有十分重要的实际意义。为了提高生产系统的品种柔性，生产设备应该具有较大的适应产品品种变化的加工范围。产量柔性是指生产系统快速增加或减少所生产产品产量的能力。在产品需求数量波动较大，或者产品不能依靠库存调节供需矛盾时，产量柔性具有特别重要的意义。在这种情况下，生产流程的设计必须考虑到具有快速且低廉地增加或减少产量的能力。

在生产运作系统和流程设计中通常需要考虑两种柔性：设备柔性和人员柔性。如果企业的产品具有市场寿命周期较短、产品顾客化等特点，在生产运作系统和流程设计中就需要考虑设备的通用性和人员的多技能化。市场寿命周期较短的产品或顾客化产品的产量通常也较低，这就带来了在流程设计中追求资源柔性和高资本集约度之间的矛盾。因为高资本集约度需要从大批量生产中得到回报。

四、产品/服务质量水平

产品质量过去是、现在是、将来还是市场竞争的武器。生产流程设计与产品质量水平有着密切关系。生产流程中的每一个加工环节的设计都受到质量水平的约束，不同的质量水平决定了采用什么样的生产设备。

五、接触顾客的程度

运营流程审计的一个重点就是：检查产品系统开发与目标顾客的贴近性。对于绝大多数的服务业企业和某些制造业企业来说，顾客都是生产流程的一个组成部分，因此，顾客对生产的参与程度也影响着生产流程设计。例如，就理发店、卫生所、裁缝铺的运营而言，顾客是生产流程的一部分，企业提供的服务就发生在顾客身上。在这种情况下，顾客就成了生产流程设计的中心，营业场所和设备布置都要把方便顾客放在第一位。而另外一些服务企业，如银行、快餐店等，顾客参与程度很低，企业的服务是标准化的，生产流程的设计则应追求标准、简洁、高效。

这个问题对于服务流程的选择设计更重要。在很多服务业行业，服务流程与顾客有频繁的接触，在这种接触中，有时顾客为了省钱或为了方便宁愿自己做流程中的一部分工作。因此，企业应当在流程的选择设计中有意识地引导顾客参与。例如，大部分零售商店都采取自我服务的方式，这种方法有可能带来人员成本的节约，尤其是在以价格为竞争重点时。对顾客来说，他们也愿意更自由自在地挑选商品。不仅服务业企业，制造业企业也有可能利用顾客自我服务的方式，有些做玩具、自行车、家具的企业，让顾客最终装配这些产品，这样生产、运输以及库存成本都更低，在存储、运输中可能造成的损害也更小，而且还增加了顾客对产品的兴趣，因为顾客有可能按照自己的意愿装配独特的产品。

顾客参与的另一种形式是让顾客参与产品设计。一些以顾客化产品为竞争重点的企业允许顾客提出自己对产品构成、配置等方面的要求，即允许顾客参与到产品设计中来。例如，著名的戴尔公司，让顾客自己提出对计算机配置的要求，然后按照顾客的要求为顾客装配产品；在自选餐厅，顾客可任意组合自己想要的饭菜并根据自己的喜好增减调味料；在住宅建设和室内装饰行业，这种方式用得更普遍，顾客在整个建筑过程和装修过程中可随时参与。在当今市场竞争越来越激烈的环境下，企业一方面要不断地降低产品和服务的成本，另一方面也必须不断地提供更符合顾客要求的产品和服务。

流程中的顾客参与和资本集约度、资源柔性都有一定关系。传统的看法认为，顾客参与程度高的流程资本集约度比较低，资源柔性比较强，尤其是在纯服务（如法律、管理咨询等）、顾客化服务（如美容美发）、上门服务（如家电维修）等情况下。但现在例外的情况很多，例如，自动电话交换系统、自动售货机、银行的自动柜员机等，在这些情况下，资本集约度很高，但顾客参与度也很高，几乎不用企业提供人工服务。随着技术的进步，这三者之间的关系也在发生变化，在流程设计中必须随时考虑到这些可能的变化，最大限度地利用各个方面的优势。

●第三节　业务外包运营审计

传统的过程组织比较关注企业内部的生产过程组织，但随着竞争的加剧和对企业核心竞争力更高的要求，企业有更多的业务活动外包给其他企业来完成。外包的业务是多方面的，既可以是零部件供应物品的外包，也可以是服务方面的外包。同时，随着对供应链管理的认识的提高，企业越来越关心自身企业与其他企业的合作。因此，当前的运营审计活动已经不可避免地延伸至企业的业务外包领域，即由过去仅仅关注内部运营效率的审计模式转变为更多地考虑企业外部协作的合理性及效率。

如若对企业间的过程组织方式（业务外包）及效率进行审计，就必须了解纵向集成（Vertical Integration）这一概念。所谓纵向集成，是指在一个从原材料供应到产品加工制造、装配完成，再到产品最终交付顾客的完整供应链的活动中，一个企业的生产运营所包括的环节的多少。

企业生产某种产品，与产品有关的全部材料或零部件都在自己的企业内进行生产是不现实的。第一，标准的辅助材料（如机器加工用的润滑油）一般不会在企业内自己生产；第二，许多主要原材料（如机械企业所需的钢材）也不会自己生产；第三，许多零部件、标准件也是采用外购的方式购进。当然，在福特汽车大量生产的年代，福特公司实行非常传统的纵向集成战略，有很多工厂是福特自己建立的，用于生产自己的钢材、轮胎、玻璃等，但这种模式已经越来越不适合当代的竞争环境，在这种环境中，企业不可能在所有的方面都做到最突出，因此，需要把自己不擅长的业务交给别的企业来做，这就需要对企业间的过程组织方式进行深入的研究。

一般来说，在产品转化的过程中，前一生产环节产出的产品，只是后一环节要投入的原材料，如果产品的工艺环节很多，企业内部的生产运营系统包括的环节就多，企业的复杂程度就高，就不容易把事情做好。所以，企业应该首先确定自身应该包括哪些环节，哪些环节可以利用别的企业的能力。只有确定了这一问题之后，接下来才能考虑企业内部的生产运作组织方式。

另外，当产品全部组装完成以后，从产品出厂到交付最终顾客，也还有一系列的分销配送环节，企业也需要考虑是否拥有其中的一些或全部环节。企业运作所包括的环节越多，则纵向集成度越高，自身的供应链也越复杂。当今企业所面临的市场环境变化越来越快，可以选择的运作技术也越来越多，因此，企业必须对供应链结构和纵向集成度进行认真的思考和设计。纵向集成程度的考虑和安排涉及的问题是哪些环节由自己来做、哪些由别人来做，根据这些选择来决定自身内部过程组织的环节和要素。

一、纵向集成的方式及特征

纵向集成可以分为向前集成和向后集成两种。企业从目前所从事的生产阶段进一步向生产的前一阶段发展，即供应链的上游，称为向后集成。考虑向后集成的主要目的，通常是保持原材料、零部件供应的稳定性，保证供应质量、按时交货以及低成本等。例如，一个向后集成的例子是，杜邦公司在20世纪80年代中期收购了一个主营业务是石油、天然气的公司，扩大了杜邦公司的向后集成度，以降低原料供应的风险。又如，一家食品公司，规模扩大以后可能向后集成，拥有自己的养牛场、包装制品厂等，以充分利用规模效益，降低成本。

所谓向前集成，则正好与向后集成相反，指企业从目前所从事的生产阶段向接近最终消费市场的方向发展，也就是说，向供应链的下游发展。例如，专门从事零部件生产的厂家进一步发展为生产完成品的厂家（如汽车发动机厂有可能成为汽车装配厂，生产集成电路和电子元器件的公司介入计算器、手表等电子产品的生产），制造业企业拥有自己的分销公司和零售网点等。制定向前集成的运作战略时，企业可能主要考虑的是技术的积累、生产能力比较充足，以及通过原有产品已在市场上具有了一定影响力等。

企业也有可能考虑同时向前和向后集成，实现供应链的高度集成控制。最典型的例子是石油精炼企业。诸如壳牌、阿莫克等世界著名的大型跨国石油集团，向后拥有原油开采（甚至勘探）、管道运输等业务，向前拥有成品油配送直至汽油零售（加油站）等的全部业务，有时还拥有自己的石油化工厂，自己生产以石油为原料的化工产品。

企业考虑生产运作活动的纵向集成时，无论是向前还是向后集成，都必须慎重。因为，在不同的情况下，无论是向前集成，还是向后集成，可能各有不同的利弊。一般来说，提高纵向集成度容易带来的问题有：因为所跨越的供应链环节越多，所需投资也越大，要想退出或转换也就越难，这容易导致资源柔性的降低；各个环节的生产运营容易产生不平衡，从而限制生产运营能力的充分发挥，难以保证各个环节都收到好的效益；如果不同阶段的生产运营内容差别较大，管理将变得复杂，需要高层次的经营技术和管理方法。特别是向后集成时，通常原材料生产的优势在于规模经济，专门生产原材料的厂家，其生产能力肯定要占优势，所以企业在考虑向后集成时更应该慎重。一个著名的事例是，福特汽车公司曾倾向于高纵向集成度，不仅是汽车的零部件大部分由自己生产，甚至还曾经进行过炼钢、玻璃制造等汽车所需的原材料生产，但因为不成功，很快就放弃了。

但提高纵向集成度也有一定的益处，这些益处主要表现在：与供应链上的各个环节由不同企业拥有相比，如果一个企业拥有较多的环节，这些环节之间的交易成本就有可能降低；在向后集成的情况下，能够降低供应风险，在向前集成的情况下，有助于赢得和长期保持顾客；有利于协调整个供应链上的生产运作计划和实施控制，降低库存水平；有助于提高竞争壁垒，因为纵向集成度越高，竞争者要想加入所需的投资也越高。

纵向集成的方式体现了产权一体的关系，强调以拥有或控制的方式来形成由较强资产关系作为纽带的集成方式，当这种纵向集成完成后，其表现为一种企业内部之间的关系，对于这种内部的组成模式，企业更容易做到集中控制，并得到集中控制所带来的利益。

不管集成程度如何，企业已经不可能包打天下，其必然有外购或分包的环节，当涉及这些环节时，过程组织就体现为企业间的组织方式，这种关系是不以产权关系为纽带的，也需要对其进行有效的管理。

二、业务外包的运营模式

企业间的流程组织方式（业务外包）体现为合作的模式，传统的企业间的关系通过采购实现，即通过每次向不同的供应商订货，或者同时向几个供应商发出订货询问、招标，货比三家，最后选择质量好、价格低的供应商进货。而在当代，体现为更多合作关系的组织方式为分包方式。分包是指诸如与某些零部件生产厂家建立较长期的固定关系，本企业的生产计划同时就是这些零部件供应商生产计划的一部分，由这些零部件供应商固定送货的方式。以汽车产业为例，美国的汽车公司倾向于采用订货方式，由此可以获得价格优势。而日本的汽车公司大都采用分包方式，与分包商有固定的关系，甚至帮助他们提高技术、筹措资金、培训人员等，其目的是保证零部件质量的稳定性以及严格遵守交货期。

国内许多“大而全”“小而全”的企业，实际上可以说是在纵向集成度上采取的基本方针有问题，尤其是加工装配型企业。在很多企业中，从毛坯制造到加工装配，几乎全部零部件都靠本企业自己加工完成。企业内各车间的生产能力都是针对该企业的产品配置的。这样一方面生产规模不大，难以产生规模效益；另一方面一旦市场需求发生变化，企业往往需要花费大量资金和很长时间进行改造，才有可能改换产品。这种生产组织方式已经很难适应技术飞速发展、市场需求多变的时代发展要求。而在西方发达工业国家，制造主机的企业一般只生产关键的零部件和进行产品总装配，其他一般零部件通常外购。它们在社会生产中有很强的零部件协作生产体系。这些零部件生产企业一般规模不大，生产的品种很少，专业化程度很高，生产上采用专用的先进生产技术，所以不仅生产效率高、产品质量稳定，而且成本也低。主机制造企业从这些企业订购零部件比其自己生产更经济、更划算。对于我国企业来说，有必要根据上述原则与思路，重新制定生产运作战略。

这种分包合作的思想在现代供应链管理中体现得非常充分，供应链管理很好地表达了这种没有产权关系但又有密切的合作和共享的企业间组织过程方式。这种企业间过程组织的更高境界被称为虚拟集成（Virtual Integration），虚拟集成是相对于纵向集成的一个新概念。所谓虚拟集成，是指企业不通过纵向集成而利用外部资源的一种手段。进行虚拟集成的企业不拥有大量的设施设备，也不拥有大量的各方面的专业技术人才，而只是根据产品开发、市场开发、满足顾客订单等企业的具体需求，随时寻找外部资源，与外部资源结成一种合作关系。一旦任务完成，这种关系也就结束。采取虚拟集成战略的企业具有很大的柔性，能够很灵活地进出某一市场，很灵活地追赶产品时尚和新技术潮流。在当今市场需求日益多变、技术进步日新月异的环境下，越来越多的企业开始采用或部分采用这种战略。而且，网络技术的飞速发展也给这种战略的采用提供了极大的便利条件。

采用虚拟集成的一个著名例子是戴尔（Dell）计算机公司。该公司利用因特网等手段实现了零部件、制造装配、运输以及顾客等供应链各个环节的高度虚拟集成。另一个著名例子是香港的利丰公司（Li & Fung），这是一家进行全球贸易的公司，该公司没有自己的制造工厂、设计院、运输设备等，但是与全球的7 500多家开发、设计、制造、运输等企业有密切的合作关系，每一时刻同时有2 500家企业在与该公司合作开展业务。采用这种方式，利丰公司可以控制从接受订单、开发设计产品、原材料采购、产品加工制造，直至最后的运输配送的全过程，以最快的速度将产品运往全球各地，形成了一种独特的全球供应链。

第四节　运营流程审计的柔性机制

根据市场环境以及企业战略使命的不同，根据全球产业经济发展的时代特征，企业的运营流程审计究竟应定位为控制与监督，还是服务与增值，还是二者间取其平衡、进行折中化处理，或更确切地说，是应该把运营流程审计活动收缩在具体、狭窄的监督性管理职能范畴内，还是使其拓展到决策、计划、研发、生产、营销等所有的管理活动中去，或者仅仅作为一个高度机动的职能附件，存在于特定的工程项目中。从根本而言，这取决于企业对运营流程审计作用导向的思考和界定。在这里，一个具有高度柔性品质的企业运营流程审计学习机制将有助于增强企业对环境的适应力，不断自省运营流程审计活动的方法模式和资源局限，为业务流程持续带来增值效应。

一般而言，组织的学习模式通常有两类：组织惯例学习模式和动态能力学习模式。在惯例学习模式下，运营流程审计活动遵循如下学习机制：在传统常用的财务、会计、法律、业务规制、职业判断等认知基础上去比对和察觉业务环节中的问题信息，及时采用惯例性应对措施（审计报告、改进意见等）来督促被审计单位付诸具体行动予以纠偏。在这种惯例性的审计过程中，对于固有知识理论、法规、职业判断的认同反复得以强化，从而使得运营流程审计作业成为一种规制与惯例强化、突破与创新弱化的闭环增益学习系统。而在动态能力学习模式下，当问题信息（审计证据）被发现时，与仅仅上报审计结果、责成被审计方对审计报告所呈列的问题逐一进行纠正的被动的惯例式学习模式不同，动态能力学习模式则强调积极、主动地探索问题信息产生的系统原因、问题业务流程面临的系统环境、运营流程审计活动作用于业务流程的瓶颈及缺陷，以及如何通过运营流程审计活动为具体业务流程，乃至为整个企业价值链活动带来增值效应等。在动态能力学习模式下，运营流程审计作业被认为是一个动态、开放、与原有知识经验存在断点、非连续的开环增益学习系统。无疑，动态能力式运营流程审计学习机制突显了企业运营流程审计活动的问题导向特征、对流程业务环境的主动适应特征、强大的工作模式自省特征等高级柔性品质。下面以一个典型案例来分析企业运营流程审计学习机制的柔性化演进问题。

案例：SG设备制造公司的外协件核价流程审核

[问题发现]

在对外协件核价时，SG公司将按照下料的生产用量和材料单价计算的材料成本，按照加工工序、工时定额计算的人工生产成本，以及其他辅料成本相加，得到外协件的生产成本，据以进行价格谈判。但检查中发现以下问题：

（1）“零部件协作加工价格核算表”中虽已列明零部件的钢材利用率，但未对下料的生产用量超过图纸用量的生产余料折价核算，形成对外协件价格的高估（很多零部件钢材利用率仅为30%～70%）。该因素对外协件价格核定的准确性产生影响。

（2）由于SG公司目前的生产方式主要为外购或通过配套厂家加工零部件，再自行装配出售，不需采购钢材，因此对钢材市场价格的了解只能来源于相关网站或者向其他单位询价。由于钢材市场价格变动频繁，SG公司难以获得准确的市场采购价格，故对外协件价格核算的准确性不够。审计发现部分外协件钢材核价偏高。

[改善建议]

（1）细化外协件价格核算，为外协件价格谈判提供相对合理和准确的价格依据

SG公司应完善“零部件协作加工价格核算表”，对下料的生产用量超过图纸用量的生产余料进行折价核算，力求使价格核算结果相对合理、准确。

（2）采取多种渠道了解市场钢材价格信息

目前，集团各单位钢材采购渠道、付款条件、议价方式等存在较大差异，导致采购价格各不相同。而各家单位又互相保密，甚至在中国联合钢铁网等收费信息网站上也是各自交费注册会员，不能共享，未能实施集中采购来增强谈判力量以降低原料价格。建议由公司有关职能部门考虑统一运作，使集团内部共享钢材采购价格信息，既可用于各单位比较、印证采购价格，又可用于外协件核价中合理确定钢材市场价格。

上述案例是SG公司典型的管理审计活动，从中可以看到相当程度的咨询性审计及增值性审计活动的内涵。例如，对完善外协件加工核价的建议、整合集团采购活动以及构建钢材价格信息共享机制的建议等。上述管理咨询已具备了某种柔性化品质，但总体上依然属于惯例式运营流程审计学习模式，因为整个作业活动缺乏对于问题信息的系统环境及系统成因的分析、缺乏对于运营流程审计模式及资源瓶颈的自省、缺乏对整个外协件加工价值链活动的增值及优化考虑，从而决定了公司当前的运营流程审计学习模式并没有演进到动态能力学习模式，还主要停留在传统的“运用知识经验—发现问题—问题整改建议”的惯例式学习阶段，因而运营流程审计活动的突破与创新受到抑制。在本案例的基础上，一个经过改造的运营流程审计学习模式还应该包括对以下问题的积极思考：

[柔性化运营流程审计机制问题延展]

Q1：除了从财务核算流程中发现“零件外协生产用量超过图纸用量的生产余料”未进行折价核算导致零件外协价格高估外，还要清楚地知道外协单位的生产流程及技术工艺是否存在不合理之处，是否需要改善。

Q2：如果展开对外协单位技术及工艺流程的审查，现有的运营流程审计成员的知识结构及专业能力能否匹配？如果存在瓶颈，如何整合、优化人力资源？

Q3：SG公司为何至今没能实施集中招标采购钢材，该问题的成因及（历史）

系统环境是什么?

Q4：SG公司为何没有建立统一的钢材市场价格信息共享平台？与该问题高度关联的集团组织与职能模式约束是什么?

从Q1、Q2、Q3、Q4问题的提出（如图16-2所示），可以看到动态学习能力模式下的运营流程审计活动机制涵盖了对问题信息形成的系统环境的分析和思考；具备了对于运营流程审计职能、方法模式及资源约束的内省品质；纳入了增值性作业内容。这类管理审计模式具有主动适应环境、以问题为导向、以业务增值为目的、不断自省和持续革新的高级柔性能力品质。

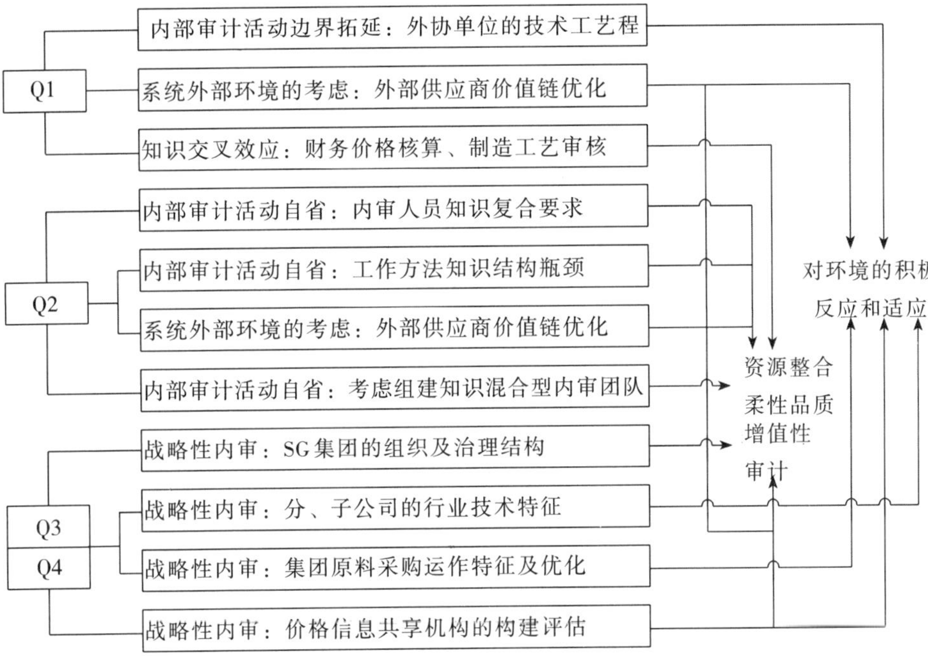

图16-2　具有高级柔性品质的运营流程审计学习模式

复习思考题

1. 如何开展运营流程审计?
2. 如何开展业务外包运营审计?